中文第2版

潜水指南

（全彩图解第4版）

[英] 丹尼斯·K. 格雷弗（Dennis K. Graver）著　苑耀文 译

人民邮电出版社

北　京

图书在版编目（CIP）数据

潜水指南：全彩图解：第4版 / （英）丹尼斯·K.
格雷弗（Dennis K. Graver）著；苑耀文译. -- 2版
. -- 北京：人民邮电出版社，2024.10
ISBN 978-7-115-57932-4

Ⅰ. ①潜… Ⅱ. ①丹… ②苑… Ⅲ. ①潜水运动—指
南 Ⅳ. ①G861.5-62

中国版本图书馆CIP数据核字（2022）第049139号

免 责 声 明

　　作者和出版商都已尽可能确保本书技术上的准确性以及合理性，并特别声明，不会承担由于使用本出版物中的材料而遭受的任何损伤所直接或间接产生的与个人或团体相关的一切责任、损失或风险。

内 容 提 要

　　本书是一本休闲潜水指南，全面系统地讲解了水肺潜水、潜水科学、潜水调整、潜水装备、潜水环境、潜水技能、潜水计划和潜水机会8个方面的内容，并配以精美的图片。同时，本书对一些复杂的知识（如气体定律、与潜水相关的物理学与生理学知识等）进行了深入浅出的讲解，内容完整清晰、引人入胜。此外，本书还介绍了世界各地的潜水胜地，并提供了许多理想的潜水地点，以满足不同潜水者的需要。本书适合潜水教练、潜水学员和潜水爱好者使用，可以帮助他们深入了解潜水这项运动，并提高潜水技能，从而享受潜水运动带来的乐趣。

◆ 著　　　　[英] 丹尼斯·K.格雷弗（Dennis K. Graver）
　　译　　　　苑耀文
　　责任编辑　刘日红
　　责任印制　彭志环

◆ 人民邮电出版社出版发行　　北京市丰台区成寿寺路 11 号
　　邮编 100164　电子邮件 315@ptpress.com.cn
　　网址 https://www.ptpress.com.cn
　　北京九天鸿程印刷有限责任公司印刷

◆ 开本：700×1000　1/16
　　印张：16　　　　　　　　　　2024 年 10 月第 2 版
　　字数：250 千字　　　　　　　2024 年 10 月北京第 1 次印刷
　　著作权合同登记号　图字：01-2015-5657 号

定价：118.00 元
读者服务热线：(010)81055296　印装质量热线：(010)81055316
反盗版热线：(010)81055315
广告经营许可证：京东市监广登字 20170147 号

目 录

修订说明　　　VI

前言　VII

致谢　IX

第一章　水肺潜水　1

潜水的乐趣 2·如何开始潜水活动 3·潜水圈 4·潜水训练 5·能力水平测试 5·前提 6·潜水的风险 7·选择合适的潜水培训课程 8·潜水的责任 9·总结 9

第二章　潜水科学　11

潜水解剖学 12·呼吸和循环 15·在空气和水环境中形成的对比 19·气体定律 23·空气消耗量 27·热量、湿度、光和声音 29·总结 35

第三章　潜水调整　37

热量调整 38·浮力调整 41·压力平衡 43·呼吸调整 47·心脏和肺 52·平衡调整和晕船 53·视觉调整 54·入气和排气 55·预防脱水 60·移动性调整 61·总结 63

第四章　潜水装备　65

潜水者所需的基本装备 67·防护服 72·配重系统 80·浮力补偿器 82·潜水气瓶 85·气瓶阀门 91·水肺调整器 93·备用气源 99·仪表 100·潜水刀和其他装备 106·特殊装备 110·总结 113

第五章　　**潜水环境　　115**

水生生物学 116 · 有潜在风险的水生生物 120 · 预防和保护 123 · 水环境 129 · 船潜 143 · 总结 146

第六章　　**潜水技能　　149**

浮潜准备工作 150 · 浮潜技能 153 · 水肺潜水准备工作 162 · 水肺潜水的基本技能 168 · 应对生理问题 189 · 解决潜水中的身体问题 193 · 处理潜水事故 199 · 总结 203

第七章　　**潜水计划　　205**

潜水计划的影响因素 206 · 事先计划和准备 208 · 短期计划和准备 209 · 现场计划和准备 209 · 对潜水区域的考察和评估 211 · 潜水配置计划 212 · 潜水减压表 213 · 潜水计算器和潜水计算机 226 · 潜水后回顾 228 · 总结 229

第八章　　**潜水机会　　231**

继续学习 232 · 当地的潜水机会 233 · 潜水旅行 234 · 潜水目的地 237 · 就业机会 240 · 领导机会 241 · 总结 241

参考书目　242
关于作者　243

V

修订说明

　　《潜水指南（全彩图解第 4 版）》（原书第 4 版，中文第 2 版）原名《潜水圣经（全彩图解第 4 版）》，于 2017 年首次出版。本书全面系统地讲解了水肺潜水、潜水科学、潜水调整、潜水装备、潜水环境、潜水技能、潜水计划和潜水机会 8 个方面的内容，并配以大量精美的图片。因此，本书得到了广大读者的认可。为了进一步直观地呈现本书的定位和特点，在本次修订中将《潜水圣经（全彩图解第 4 版）》更名为《潜水指南（全彩图解第 4 版）》。此外，这次本着严谨求实、对读者负责的态度，对书中的内容进行了修订。修订后，本书内容更加准确，也将更加方便读者使用。最后，如本书仍有疏漏或尚需改进之处，敬请同行专家以及广大读者指正。

2023 年 8 月

资源与支持

配套服务

扫描右侧二维码添加企业微信。

1. 免费观看本书专属演示文档（PPT）。

　·首次添加企业微信，即刻观看本书专属 PPT。

　·非首次添加企业微信，请先回复"潜水"，而后根据操作提醒观看本书专属 PPT。

2. 加入交流群。

3. 不定期获取更多图书、课程、讲座等知识服务产品信息，以及参与直播互动、在线答疑和与专业导师直接对话的机会。

前言

对于没有亲身经历过潜水的人而言，水肺潜水是无法用语言描述的。潜水者能体会到很多乐趣，包括失重的感觉、相对安静的水下世界及那里的种种美景。正如雅克·库斯托所说，每一次潜水，都是一场潜入"寂静世界"之旅；每一次旅行，都使潜水者对水体环境更为欣赏和珍惜。无论是在湖泊里还是在海洋里潜水，水下之旅永远让人兴奋不已、收获颇丰。

休闲水肺潜水已经有近60年的历史（本书数据截至英文版成稿时），它在第二次世界大战期间蓬勃兴起。战争促使实用调整器和高压气瓶出现，而海军潜水者则将它们应用到了民用领域。潜水爱好者，尤其是美国东西海岸的那些自由潜水者急切地想要获得新装备、从事新活动，因此，一大批培训机构应运而生。洛杉矶县和美国基督教青年会引领了美国水肺潜水教育的发展，这促使现在的水肺潜水培训课程的最终形成。无论是过去还是现在，水肺潜水教育的初衷一直都是让潜水者获得安全和有趣的体验。

随着潜水界对潜水医学和潜水安全的了解不断加深，潜水教育也不断发展。医学家了解到更多人体对潜水的反应，这些新的发现带来了新的变化。结果是，潜水医生和其他专业人士给出了新的专业意见，这使得潜水尽可能安全地进行。同时，潜水装备制造商持续改进潜水装备，给不同身材、具备不同技能的潜水者提供了多种选择。基于以上几点，潜水教育也必须跟上潜水运动发展的脚步，这也是为什么本书会印刷第 4 版。无论是参加接下来的潜水课程，还是继续自己的潜水训练，本书都会成为对你来说非常有价值的参考资料。

衷心希望大家能享受本次潜水课程，也希望大家在课程结束后能够继续从事水肺潜水教育工作和参加潜水运动。潜水乐趣无穷，欢迎加入我们，让我们一起进入水下世界吧！

汤姆·莱尔德
国际潜水教育机构 CEO
丹·马雷利
国际潜水教育机构项目发展部总监

致谢

感谢众多组织及个人在我写本书的过程中给予的大力支持。首先我要感谢雷纳·马滕斯——人体运动出版社（Human Kinetics）的出版商，他坚持说服我写本书。同时，我也十分荣幸能与人体运动出版社的各位工作人员共事，他们都非常优秀和专业。

很多人为本书提供了照片。我想要感谢灯塔潜水中心（Lighthouse Diving Center）的哈里·特鲁伊特和DUI的迪克·朗，感谢他们借给我们拍照设备。我尤其要感谢斯基普·克马格尔——Force E的老板，他为我们提供了潜水支持和模特。感谢烟点潜水（Smokey Point Diving），他们为我们提供了练习拍摄潜水技巧所需的装备及泳池。感谢来自西雅图NOAA（National Oceanic and Atmospheric Administration，美国国家海洋和大气管理局）的克里夫·纽厄尔，他允许我拍摄NOAA的减压舱。还要感谢我的老友兼潜伴——弗雷德·汉弗莱，他为我提供了进浪及出浪的照片。书中有多位潜水者的照片，特别感谢以下几位：米歇尔·安德森、比尔·布莱克、斯基普·克马格尔、贝丝·法利、芭芭拉·格雷弗、斯科特·哈里森、阿龙·金、汤姆·麦克拉登和珍妮弗·奥尔森。

感谢所有的审稿人，特别感谢一直陪伴在我左右的潜水圈的伙伴们，40年来，你们教会了我很多，希望今后能继续向你们学习。能把我毕生所学分享给大家，也是人生一大幸事。

最后，我特别要对我的妻子说："亲爱的芭芭拉，谢谢你。没有你的支持，我不可能完成本书。"

海葵，圣克鲁斯岛，美国加利福尼亚州

第一章

水肺潜水

潜水大发现

通过本章的学习，你将能够做到以下事项。

1. 讲述潜水的乐趣。

2. 正确认识开路式自足水下循环呼吸器、闭路式氧气循环呼吸器、水肺潜水系统、半封闭式循环呼吸器和认证卡。

3. 了解潜水所需的装备。

4. 列出两种不适合潜水的身体状况。

5. 描述潜水的 3 项潜在风险。

6. 列出在挑选初级潜水培训课程所需的装备时应该提出的几个问题。

7. 了解成为一名有经验的潜水者之后你需要承担的责任。

潜入水面以下，你就进入了一个美丽的新世界。你有机会观赏到各种各样令人赞叹的水生生物，在这个世界上，只有极少数人有机会见到它们。你可以想象自己在一个巨大的水族馆里游泳，你见到的绝对符合你对水下世界的所有期待。

潜水的乐趣

额斑刺蝶鱼，
英属维尔京群岛

当你潜水时，你会感受不到重力，可以自由移动，如同飞鸟在三维空间里自由翱翔，你也可以在这片巨大的水体中享受自由。阳光透过水面照射到水底摇曳的水草丛里，你在其中无重力地自由穿行，这样的体验，仅仅是潜水能带给你的众多体验中的一种。

就像水面之上的世界有高山、平原等各种各样的自然环境，水面之下的世界也同样丰富多彩。珊瑚礁、海草林、令人惊叹的海底岩石及其他不同类型的海底地貌和物种资源，因地理区域的不同，会展现出不一样的美。而且，潜水者还可以去码头、堤防和其他建筑群中探险。水下景观的多样性似乎无穷无尽。对大多数人而言，水下世界可能比他们一辈子所能见到的水面之上的世界要精彩得多。潜水时还可以进行一系列活动，如水下摄影、渔猎和捕捞等，这些活动大大增强了潜水的挑战性，也会带给潜水者成就感。水肺潜水就通过这样的活动来吸引人们。

潜水爱好者为人友善、易于交往。他们的友善广为人知。潜水是一项群体活动，潜水者有很多东西可以分享。你如果喜欢旅行，那么很可能会爱上潜水。潜水游是休闲潜水产业中市场规模最大的业务，现在市场上有很多价格合理的小岛潜水游产品。很多潜水爱好者每年会计划 1～2 次潜水游。

潜水的感觉特别奇妙，但是又很难用语言来表达。没有文字能够形容潜水时内心那种平静而孤独的感觉。潜水有益于健康，不仅可以帮助你释放工作压力，而且可以帮助你提高自我认知水平，增强自信心。你需要去经历这样的感受，当你有这样的经历时，你就会爱上潜水。

如何开始潜水活动

人类对水下世界的探索之心与生俱来。不管是出于好奇心，还是出于对食物的需要，人类潜入水下作业已有数千年的历史。在古代，潜水所采用的方法有两种：一种是屏住呼吸，另一种是使用一种倒扣过来的充满空气的钟形物体（大且重）。英国人约翰·莱思布里奇在 1715 年发明了一个橡木桶潜水引擎，能够将空气灌入潜水钟。1770 年，手动空气压缩机问世。1772 年，法国人弗雷米内发明了头盔系统，该系统让潜水员无须使用潜水钟就能进行潜水工作。1837 年，人们对潜水装备的研究取得了早期最伟大的进展，居住在英国的德国人奥古斯图斯·西贝发明了第一套全封闭的防护服，这套防护服后来也被称为"硬盔潜水装置"。这套潜水装置非常有效，在以后长达 100 年的时间里，它主导了水下作业，并且沿用至今。

休闲潜水的起源可以追溯到 1825 年。就在那一年，英国人威廉·H.詹姆斯发明了第一个开路式自足水下循环呼吸器（水肺潜水）系统。虽然这个系统不是很实用，但它确实解决了水下空气软管打结的问题和氧气供应不足会限制下潜深度的问题。1865 年，法国采矿工程师贝努瓦和法国海军军官奥古斯特发明了呼吸面具，他们的发明被认为是现代水肺潜水装备的起源。

1878 年，英国人亨利·弗劳斯和罗伯特·戴维斯制作出了闭路式氧气循环呼吸器系统，该系统解决了空气软管对潜水者的束缚问题，使他们可以在水中自由移动。由于气泡不会排到水中，因此这套系统在军事领域有着重大的应用价值。在第二次世界大战期间，氧气循环呼吸器系统被意大利和英国的"蛙人"们广泛使用。然而，氧气循环呼吸器系统的使用范围被限制在水深 25 英尺（约 7.6 米）以内，因为在更深的水下吸入纯氧会导致压力加大，从而使人体抽搐，这会导致潜水者面临致命的危险。

1920 年年初（具体时间有争议），法国人伊夫·勒普里厄尔发明了手动控制开路式潜水系统。不过，直到 1943 年，法国人埃米尔·加尼昂和雅克·库斯托才在原有的潜水系统的基础上进行了完善，最终制造出了水肺潜水系统。潜水者可以通过含在口中的一个压力调整器，靠一个简单的吸入动作，从一个钢瓶中"索取"压缩空气。1950年，水肺潜水系统被引入美国，并从那时起一直流行至今。

美国军方不断地改进水肺潜水系统，并发现这一系统已被用于休闲潜水活动。最新的水肺潜水系统是半封闭式循环呼吸器，这种呼吸系统通过精密的电子仪器来控制氧气混合物，使得潜水者每一次呼吸仅释放出极少量的气泡。当然，为了稳妥地使用这些昂贵的呼吸器，潜水者需要进行专业的培训、频繁的练习及良好地保养它们。

潜水圈

休闲潜水圈包括设备制造商、设备经销商、潜水学家、潜水培训机构、潜水度假村、潜水监督者、潜水教练、潜水俱乐部和协会、出版公司及通过认证的潜水者。商业开发、科研探索和专业潜水都是由单独的机构或团体组织参与和组织的，因此并不算在休闲潜水的范围内。本书只涉及水肺潜水和浮潜两种形式，两者的区别在于：水肺潜水时，潜水者在水下会吸入压缩空气；而浮潜时，潜水者在下沉时会屏住呼吸。

目前，与休闲潜水相关的法律很少，而现有的法律也并没有规定谁有权利潜水。潜水行业基本依靠自律。潜水行业的共识就是，在没有完成业界认可的相关培训的情况下进行潜水活动是极其危险的。因此，在你想要为潜水气瓶充气或想要进行潜水活动时，从业人员都会要求你出示相关培训的结业证明；不少地方甚至会要求你提供近期的潜水日志。你如果有一年以上的时间没有潜水了，可能还需要在专业教练的监护下至少完成一次潜水。如此严格的规定有助于保证技术水平尚待提高的潜水爱好者的安全。

完成所有培训以后，潜水者会获得一个被称作"C 卡"的认证卡。在大多数情况下，认证卡并不需要定期更新，但是业内普遍建议，如果你获得认证卡之后超过半年时间没有潜水，那么你在再次潜水之前应该再进行一次潜水培训。获得认证卡的潜水者可以在没有人监护的情况下自主潜水，也可以请潜水导游进行指导。不能仅仅因为对方潜水经验丰富或会驾驶潜水船，你就理所当然地认为对方可以指导你潜水。潜水导游服务并不一定包含在潜水行程内，如果你需要对方在水下为你做向导，向你介绍景观，你就需要提前知会对方安排导游服务。

随着潜水经验的累积，你会更深入地了解潜水圈，这里有很多乐趣等待你去发现。因此如果你取得了认证卡，那就赶紧加入潜水圈这个大家庭吧！

潜水训练

必须有一个国家级的机构来判定潜水认证卡是否有效。该机构需要制定和颁布相关标准，只有达到这些标准，你才能获得认证卡。你的教练需要获得教练资格证，并且要保证该资格证当前有效，这样才能够保证你完成训练后所获得的认证卡真实有效。一定要记得确认你的教练是否取得了真实有效的教练资格证。

入门级的潜水培训课程通常由一系列理论知识、几次泳池或限制水域（如公共水域中类似泳池的区域）训练及开放性水域（即实际潜水地点）训练组成。首先在课堂上学习理论知识，接着在受控条件下学习和训练技能，最终在实际潜水环境中运用技能，这种逻辑思维方式在现有的潜水培训课程中很常见。

潜水培训课程的最低要求如下：4次或以上理论课程，4次或以上限制水域训练，4次或以上开放水域水肺潜水训练。如果有条件，开放水域浮潜训练也应该成为潜水培训课程的一部分。

初始潜水培训课程应包括30～40课时的说明介绍，而且说明介绍应该持续数周而不是在短短几天内完成。比起密集的训练安排，课程之间的空当会让你有时间好好体会和消化所学到的东西，这有助于你更好地吸收知识和巩固技术。

能力水平测试

在完成一系列浮潜和水肺潜水训练之后，你需要在你接受培训的机构接受一次能力水平测试。能力水平测试可能包括一些既具挑战性又具娱乐性的潜水体验，例如维护与清理浮潜面具、模拟船潜、使用备用气源呼吸、共气、处理设备、脱穿防护服及背卸救生装置等。

前提

任何年满 12 周岁、身体健康、体能良好的人都可以尝试水肺潜水。即使是在有成年人在场的情况下，未满 12 周岁的人群也不适合进行这项运动，因为他们处理水下突发状况的智力及情绪条件尚未成熟。如果有成年人在旁边监护，那么对他们而言，浮潜是个不错的选择。

要想进行水肺潜水，游泳是一项必备技能，但是水肺潜水对游泳技术的要求不高。课程开始时，在没有时间限制的情况下，能够以任何姿势在水面不间断地游出 200 码（约 183 米）就可以了。比起游得快，在水中感到怡然自得更为重要。同时，你也需要能够在水下没有推力的情况下，游出 25 英尺（约 7.6 米）。到课程结束时，你应该可以在水面以任何姿势不间断地游出 300 码（约 274 米），在水下没有推力的情况下，游出 50 英尺（约 15.2 米）。课程的目的是在这个过程中逐步增强你在水中的生存能力。

健康状况良好则意味着你的心脏、肺和循环系统的功能健全，没有任何重大疾病。任何身体疾病，即使在日常条件下可控，当你进入水中，也有可能变得致命。你的身体里的空气空间包括鼻窦、耳朵和肺，必须没有任何疾病，因为压力的变化会极大地影响到它们。孕妇在参加潜水相关的活动前，请先咨询专业医生，听从专业医生的建议。

潜水时，情绪稳定和身体健康一样重要。如果你害怕水或认为水会给你带来很大的压力，那么潜水活动就不适合你。正常合理的担心是可以接受的，但是恐惧则是万万不行的。

开始训练前，你最好进行一次体检，尤其是在超过一年没有进行体检的情况下。你可以请你的教练推荐一位合适的潜水医生，就是那些了解潜水相关医疗状况的医生。

潜水人生，点滴智慧

我在 4 岁时有过一次差点儿被淹死的经历。从那以后我就变得有些怕水。8 岁那年的夏天，我去位于美国俄亥俄州的叔叔家度过了一个暑假。他带我到伊利湖，告诉我如果我能够走到水漫过我肚脐的位置，他就给我几美分。11 岁那年，作为一名"童子军"，我学会了游泳。尽管我在 16 岁那年完成了一次急救培训，但我对水仍然有畏惧。直到学会了浮潜和水肺潜水，我才发现，原来我可以在水中彻底地放松，水变成了我最亲密的伙伴之一。我真正摆脱了童年对水的畏惧，享受在水中的感觉。有些人遇到水时会焦虑，但这并不意味着他们无法享受潜水的乐趣。如果你能够游出 200 码（约 183 米）远，你就可以学习潜水并且逐渐爱上在水下的经历。

潜水的风险

所有活动都存在一定的风险，即使是走在大街上或是驾驶汽车。为避免参与活动时受伤，人们会采取预防措施，这在水肺潜水中同样非常重要。潜水的风险水平类似于开飞机。在严格按照规程维护好潜水装备及周围环境良好的情况下，两者都属于低风险活动。然而不幸的是，如果忽视那些能最大限度降低风险的规则和建议，这两项活动就会变得很无情。

本书旨在让你了解潜水者可能会受到的伤害。这些信息可能使得你对潜在的伤害有所防备，更为重要的是，可以教你如何避免伤害。如果你认真遵守那些教给你的规则，风险将可能被降到最低，而潜水的乐趣则会增长到最大。

在水下，压力会随着深度的变化而变化，如果你的身体状况不好或者你无法很好地平衡水压，这样的压力变化可能会对身体造成极大的伤害。因此平衡水压技术将是训练中非常重要的一部分。在潜水的过程中，如果上浮得太快，体内的气体会瞬间变成气泡，从而导致一种叫作减压病的严重伤害的出现。调节下潜的深度和上浮的速度可以避免减压病带来的伤害。如果不注意潜水的深度、时间及上浮速度，则有可能导致严重的永久性伤害。

海葵，卡梅诺岛，美国华盛顿州

有时，潜水可以被视为剧烈运动。你需要足够的体能和耐力进行长距离游泳训练，以及应付洋流和其他可能出现的状况。如果你在爬楼梯时出现气喘吁吁的情况，那么在学习潜水之前，你可能需要进行体能锻炼来提高身体素质。在水下，体力耗尽是非常危险的，使用脚蹼和呼吸管的游泳训练则是很好的增强体能的锻炼方式。

潜水是水下活动，你处于陌生环境中，使用潜水装备进行潜水，但这些装备不能完全保证你的安全和健康。水下生存能力是必不可少的。对于那些水下生存能力弱的人而言，一个微小的装备问题都可能致命；然而，对于那些水下生存能力强的人而言，他们可以很轻易地应对和解决这些问题。

对于水肺潜水爱好者来说，在水下，你一定要感到舒适而不是一直担心是否会出现问题、是否会造成永久性伤害等。你可以通过学习来最大限度地降低风险，同时最大限度地增加在水下世界感受到的乐趣。

选择合适的潜水培训课程

社会上有很多潜水培训机构和成千上万名经验丰富的教练。你可能有一个长长的潜水培训课程列表。很多大学、社区学院和娱乐场所都提供潜水培训课程。你可以在你方便的区域内多咨询几家潜水培训机构，比较它们的经验和口碑。下面几个问题可以供大家参考。

1. 潜水专门机构是否认可此培训？

2. 这位教练从事潜水培训多久了？

浮潜装备、脚蹼和潜水靴是训练所需的基本装备

3. 这位教练可以教授何种级别的培训课程？

4. 可以和最近一批完成培训的人沟通吗？

5. 同其他同类课程相比，这门课程的优势是什么？

6. 培训课程是否包括协助和营救技能培训？

7. 在开放水域授课时，有几位教练在现场监护？

潜水培训一般需要支付学费。你要确认学费包含了哪些费用，最重要的是，确认这是你成为一名认证潜水者所需的所有费用。你不需要购买潜水所需的全部装备，但是需要购买面镜、呼吸管和脚蹼，通常还有潜水靴和手套。学费通常会包含购买其他必要装备所需的费用。

另外，需要确认学费是否包含课程所需的材料及认证费用，在哪些情况下可能会额外收费，如去开放水域训练时产生的交通、住宿、停车、乘船和租用装备等费用。在开始培训前应确认所有的费用。

选择了合适的潜水培训课程并且开始培训以后，你应该会收到

第一个阶段的阅读任务，如果你能够预习，在课堂上听课的效果将会变得更好。好的教练会提供阅读任务的相关指导。

潜水的责任

当你成为一名认证潜水者后，你将承担很多责任。你要对自己的安全负责，对你的潜伴的安全负责，对潜水者的形象负责，也要承担起保护潜水环境的责任。潜水界鼓励潜水者们对自己的行为负责，做一名有责任感的潜水者。

> **潜水者守则**
> - ✓ 我将在我的能力范围和受训范围内潜水。
> - ✓ 每次潜水之前，我都会评估潜水条件，确保以我的能力可以进行潜水。
> - ✓ 我会熟悉我所有的装备，并在每次潜水之前和潜水之后对它们进行仔细检查。
> - ✓ 我尊重潜伴制度及认识到其优势。
> - ✓ 我会对我每次潜水时的安全负责。
> - ✓ 每次潜水时，我都会保持环保意识。
> - ✓ 我会对我自己、我的潜伴和潜水环境负责。

总结

潜水可以成为一个巨大的快乐源泉，很多让人兴奋的体验在前方等待着诸位。在潜水之前，你必须先完成所有的潜水培训，才能取得认证卡和潜水日志。但是潜水并不适合所有人，你必须拥有健康的身体、良好的技术和不错的体能。潜水有风险，但是一名训练得当，灵敏而又健康的潜水者可以最大限度地规避风险。你需要找到最适合自己的潜水培训课程。最快的或最便宜的，并不一定就是最好的。牢记一点，在成为一名认证潜水者后，你需要承担一系列的责任。发生事故时，不要认为你可以将责任推给别人。最后，你还需要在水下控制自己的行为。成为一名称职的、独立的潜水者，坚持安全练习，你将会发现潜水的巨大乐趣！

鱼群，圣卡塔利娜岛，美国加利福尼亚州

第二章

潜水科学

潜水大发现

通过本章的学习，你将能够做到以下事项。

1. 列出潜水者需要关注的 3 个身体空气空间。

2. 了解在水中听到声音的基本原理。

3. 了解二氧化碳对呼吸的影响。

4. 准确描述下列专业术语：鼓膜、中耳、咽鼓管、氮麻醉、过度换气、通气不足、密度、浮力、压强、表压力、绝对压力、玻意耳定律、盖－吕萨克定律、道尔顿定律、挤压、逆向阻隔、入气、排气和分压。

5. 了解上浮的原理。

6. 了解压力及温度对一个柔性容器里一定体积的空气的作用。

7. 了解为什么在水中上浮时，排出肺部气体如此重要。

8. 学会将任何温度转化为绝对温度。

9. 了解入气和排气的过程。

10. 描述影响潜水者消耗空气的两个主要因素。

11. 列出散热的 4 种方法。

12. 描述 3 个湿度可能引起的潜在问题。

13. 描述水对视觉和听觉的影响。

小丑鱼，塞班岛，
北马里亚纳群岛

我们的身体是一台非常了不起的机器，它能够自动执行许多复杂的任务。在空气充足的陆地环境下，我们的身体运行良好；进入水下，它也可以进行多方面的调整以适应水下环境。在本章中，你将了解那些对潜水而言非常重要的身体结构和功能，学习陆地环境和水下环境的差异以及压力的变化会如何影响你的身体。作为一名潜水者，在水下环境中，你将面临很多挑战，但是这些挑战都是可以应对的。

潜水解剖学

　　人体内有很多被空气填满的空间，这些空间会受到压力变化的影响。潜水者需要注意 3 个身体空气空间：肺、耳朵和鼻窦。了解咽喉的作用对于一名潜水者来说也是很有帮助的。图 2.1 说明了鼻窦、咽喉和肺的功能。

　　鼻窦　鼻窦使吸入的空气变得温暖湿润，同时分泌黏液来捕捉空气中的细菌以保护身体。连接鼻窦和鼻腔的小气道通常呈开放状态。鼻窦堵塞会给潜水者带来各种问题。下一章将更详细地介绍关于鼻窦的问题及如何预防这些问题。

　　咽喉　除了作为发声的器官，咽喉还有助于防止异物进入肺部。如果外界物体（如食物或水）进入咽喉，与喉接触，反射性动作会引起喉痉挛，从而导致咳嗽，将异物排出。你一定有过物体"进错了通路"的经历。在潜水训练中，你将学习如何防止水进入咽喉，以免引起咳嗽或在水下呛水的问题。

　　肺　健康的肺对潜水来说是必不可少的。肺是一个包含数以百万鼻窦形成的空气空间可以减轻头部的重量。鼻窦通过小气道与鼻腔相连。

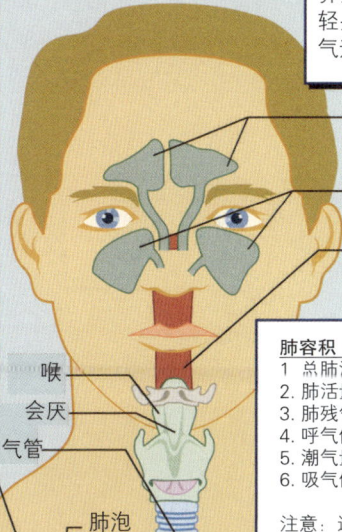

鼻窦
硬腭
软腭
会厌

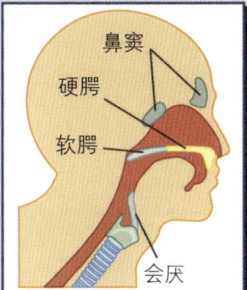

当你吞咽时，会厌和咽后部的软腭会封住你的气道。

额窦
上颌窦
咽

喉
会厌
气管
肺
细支气管
肺泡

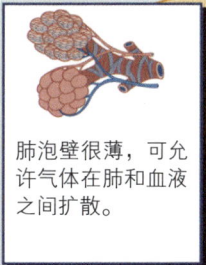

肺泡壁很薄，可允许气体在肺和血液之间扩散。

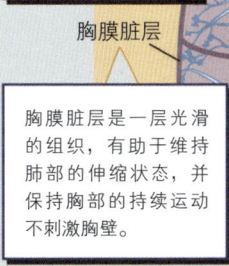

胸膜脏层

胸膜脏层是一层光滑的组织，有助于维持肺部的伸缩状态，并保持胸部的持续运动不刺激胸壁。

支气管

肺容积（升）	小	中	大
1. 总肺活量	4.0	6.0	8.0
2. 肺活量	3.0	4.5	6.0
3. 肺残气量	1.0	1.5	3.0
4. 呼气储量——无定值			
5. 潮气量——无定值			
6. 吸气储量——无定值			

注意：这些项目编号对应下面的箭头编号。

空气升数（普通人）

6
5
4
3
2
1
0

6
2 1
5
4
3

与其说肺像气球，倒不如说肺像海绵。空气沿着气管直下，经过支气管，再经过超过 20 次的分流进入细支气管。细支气管的末端位于微观的呼吸气囊中，称为肺泡。

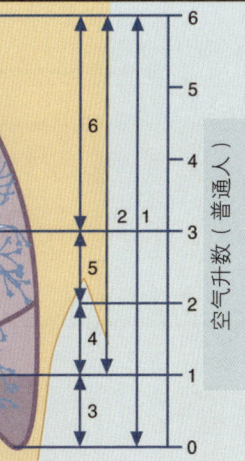

计的微小气囊的巨大器官。人的肺有最大容量和最小容量。当你完全呼气时，你的肺叶并不是空的，里面有大约 2 品脱（约 0.9 升）的空

图 2.1

鼻窦、咽喉和肺的功能

气。这些留在你肺里的空气量称为残气量；在你一呼一吸之间，通过你的肺部的空气量则称为潮气量。尽力吸气后，从肺内所能呼出的最大气量为潮气量，通常为 6 ～ 8 品脱（约 2.8 ～ 3.8 升）。下一章将探讨为何肺是潜水活动中最重要的空气空间。

耳朵　在耳蜗后面有一处空气空间，叫作中耳，如图 2.2 所示。中耳的压力必须与外耳的压力保持一致，否则耳蜗就不能自由移动。

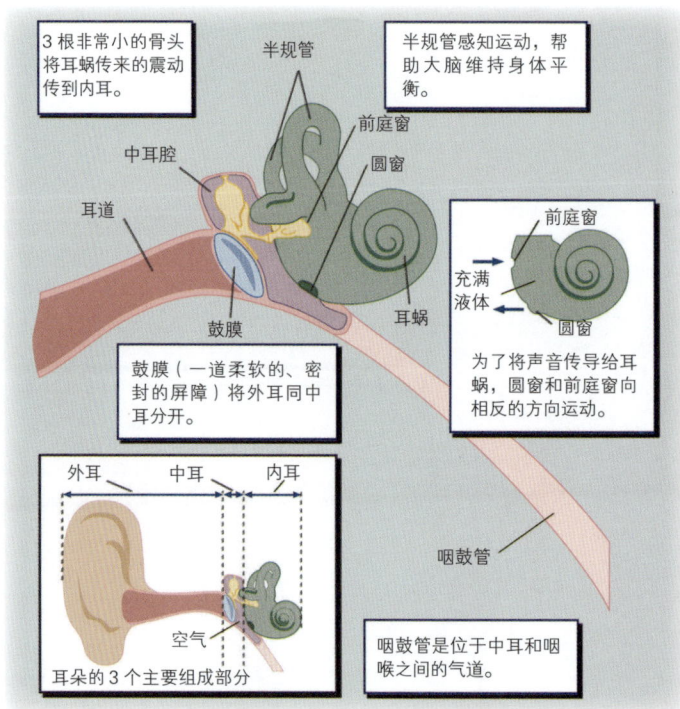

3 根非常小的骨头将耳蜗传来的震动传到内耳。

半规管

半规管感知运动，帮助大脑维持身体平衡

前庭窗

中耳腔

圆窗

耳道

前庭窗

充满液体

圆窗

鼓膜

耳蜗

鼓膜（一道柔软的、密封的屏障）将外耳同中耳分开。

为了将声音传导给耳蜗，圆窗和前庭窗向相反的方向运动。

外耳　　中耳　　内耳

空气

耳朵的 3 个主要组成部分

咽鼓管

咽鼓管是位于中耳和咽喉之间的气道。

下一章会解释如何使耳朵内外的压力保持一致。你的咽鼓管使得中耳内部的压力保持平衡。在充满液体的耳蜗中，有很多毛状凸起，我们称其为纤毛。纤毛可以将机械运动转化为大脑能够接收的电波信号。中耳内部的一根细小骨头牵引前庭窗进行运动，从而引起耳蜗内部的液体和纤毛前后运动。如果没有听力系统中的第二个窗户——圆窗，就无法

图 2.2

在空气中听到声音的过程

形成前庭窗运动。当前庭窗向内运动时，圆窗向外运动；当前庭窗向外运动时，圆窗向内运动。

当我们的眼睛接收到的视觉图像和半规管感知到的运动不一致时，就会出现晕车的状况。中耳的温度和压力的突然变化会影响半规管，并导致暂时性失去方向的情况出现。下一章会谈到潜水时可能遇到的与耳朵相关的问题，以及如何预防和应对实际会发生的问题。

牙齿　也许你会很惊讶地发现，原来牙齿也是潜水者需要注意的地方。牙齿中有问题的气穴会被压力影响，从而导致牙疼。如果你的

牙齿只有在压力下和潜水后才疼，你应该去看一下牙医，告诉他们你所遇到的问题。有些上臼齿的齿根会一直延伸到鼻窦。拔牙之后应该缓几个星期再进行潜水。

我们的口腔和下颌是为了均衡咬合而设计的。如果你只用前门牙用力咬住口含器一段时间，你的下颌就会产生酸痛感。特别设计的口含器有助于解决这个问题。从理论上讲，你并不需要紧紧咬住口含器来固定它，因此如果你发现你的牙齿必须用力才能将其固定住，那么你需要更换比较轻的装备。长时间咬合力度不合适，会引发下颌和耳朵的炎症。

名词缩写

✓ 绝对气压　ATA
✓ 标准大气压　atm
✓ 一氧化碳　CO
✓ 二氧化碳　CO_2
✓ 摄氏度　℃
✓ 华氏度　℉
✓ 淡水英尺　FFW
✓ 海水英尺　FSW

✓ 英尺　ft
✓ 米　m
✓ 氧气　O_2
✓ 每平方英寸的绝对压力　psia
✓ 每平方英寸的表压　psig

呼吸和循环

人体能够轻易地吸入空气并让氧气在人体组织中流通。当劳累加剧时，你的心脏和肺会自动调节，以满足身体对氧气和营养的需求。了解呼吸过程中的气体以及呼吸与循环的基础知识有助于我们了解潜水对肺和心脏的需求和影响。

我们吸入的气体

人在潜水时会受几种气体影响，而我们需要知道它们对身体的具体影响是什么。空气中78%是氮气（N_2）。在海平面以上，氮气对你的身体没有任何影响。在约100英尺（约30.5米）深的水下，增加的气压将使得氮气对你的身体产生不良影响，这就是所谓的氮

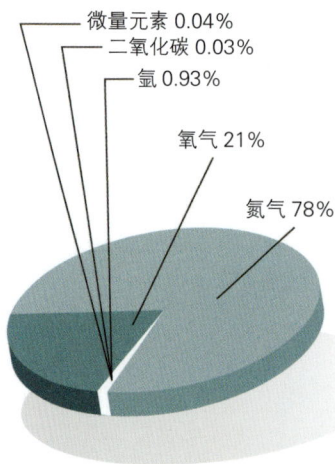

微量元素 0.04%

二氧化碳 0.03%

氩 0.93%

氧气 21%

氮气 78%

图 2.3

空气的组成

麻醉。潜水结束时，过多的氮气留在体内可能导致一种被称为减压病的严重疾病。下一章将详细讲解氮麻醉和减压病。

氧气（O_2）是人类生存必需的气体。与氧气混合的其他气体，只能作为激发氧气的媒介。空气中约 21% 是氧气（见图 2.3）。人体需要吸入氧气含量至少为 10% 的空气才可以保持清醒。但是，在高压下吸入的氧气是有害的，并可能引起抽搐，因为在压力增加的情况下，吸入的氧气会影响神经系统。潜水气瓶可以提供压缩空气，但不能提供纯氧。

一种特殊的潜水气体是氮气和氧气的混合物，其中氧气的比例比在普通空气中的比例更高，这样可在深水中减少氮气的影响，这种混合气体被称为氮氧混合气。要想使用特殊的混合气体，包括氮氧混合气，需要特殊的培训、装备和流程。

我们的身体吸收使用氧气后，会产生二氧化碳（CO_2）。二氧化碳是呼吸的主要刺激因素。体内二氧化碳的含量越高，呼吸的欲望就越强烈。如果体内二氧化碳含量过高，就会导致神志不清。

一氧化碳（CO）是天然气或石油不完全燃烧产生的有毒气体。内燃机产生的废气中含有一氧化碳。有一种油润滑的空气压缩机，过热会产生一氧化碳。即使是微量的一氧化碳，在水肺潜水中都可能导致潜水者昏迷甚至死亡。潜水气瓶充气站必须注意避免一氧化碳污染。

呼吸和循环力学

当你需要呼吸时，大脑底部的传感器会发出信号，刺激你的膈收缩。这种将空气吸入肺部的方式和使用老式的波纹管吸入空气的方式是一样的。膈膜和胸肌会扩张胸腔，吸入空气。图 2.4 说明了心脏、肺和循环系统在呼吸过程中的工作方式。

血液由血浆（一种无色液体）和多种细胞构成。血红蛋白是血液中最重要的携氧物质。血液中大约 45% 是血红蛋白。血红蛋白到达需要氧气的组织并释放氧气。

组织吸收使用氧气后，会产生二氧化碳，二氧化碳扩散到静脉系

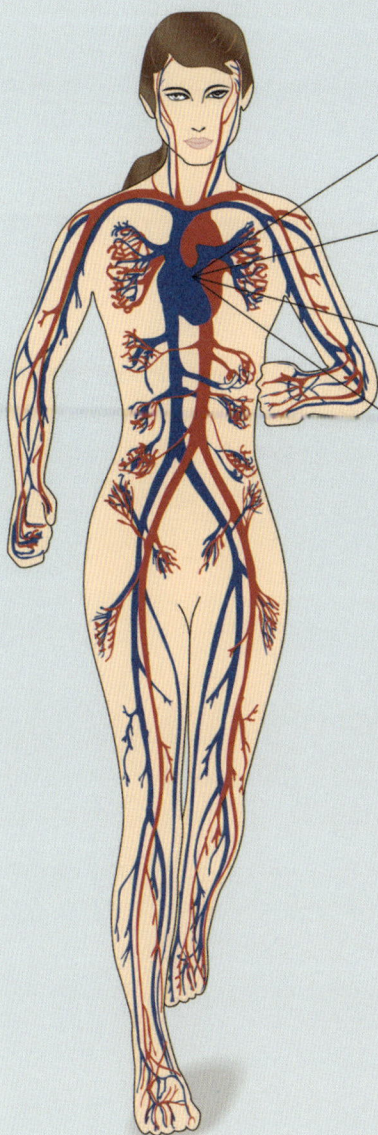

主要由氮气和氧气组成的空气进入肺泡。氧气通过肺泡壁进入毛细血管，使血液中的氧气含量上升。

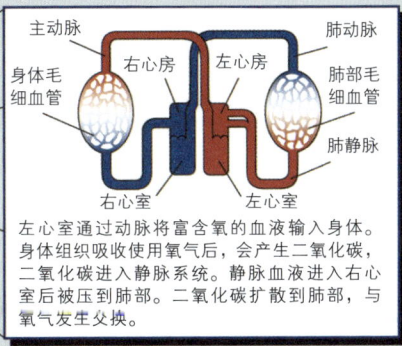

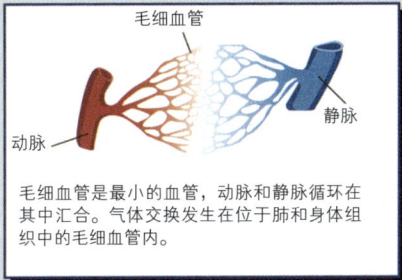

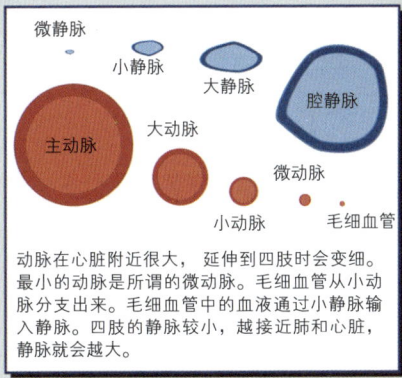

主动脉　　　　　　　　　　肺动脉
身体毛　　右心房　左心房　　肺部毛
细血管　　　　　　　　　　细血管
　　　　　　　　　　　　　肺静脉
右心室　　　　　　左心室

左心室通过动脉将富含氧的血液输入身体。身体组织吸收使用氧气后，会产生二氧化碳，二氧化碳进入静脉系统。静脉血液进入右心室后被压到肺部。二氧化碳扩散到肺部，与氧气发生交换。

毛细血管

动脉　　　　　　　　　　　静脉

毛细血管是最小的血管，动脉和静脉循环在其中汇合。气体交换发生在位于肺和身体组织中的毛细血管内。

微静脉
　　小静脉
　　　　　大静脉
　　　　　　　　腔静脉
主动脉
　　大动脉
　　　　　　微动脉
　　　　小动脉　　毛细血管

动脉在心脏附近很大，延伸到四肢时会变细。最小的动脉是所谓的微动脉。毛细血管从小动脉分支出来。毛细血管中的血液通过小静脉输入静脉。四肢的静脉较小，越接近肺和心脏，静脉就会越大。

统中，并进入肺以交换氧气，这就形成了一个循环周期。完成这一循环周期大约需要 30 秒。

图　2.4
心肺系统

颈部两侧的动脉在循环系统内感知血压。在运动中，颈动脉压力过大会导致心脏跳动放缓，但这时反而需要心脏努力工作，以满足身体对氧气的需求。心跳放缓可能会使大脑缺氧，从而导致昏迷。颈动脉窦受压所造成的晕眩（见图2.5）是颈动脉窦反射。因此，请注意紧紧固定在颈部两侧的潜水装备。

呼气通常是一个被动的过程。从肺中呼出含有二氧化碳的空气，膈肌放松，胸腔缩小将空气排出肺部。在休息的时候，肺每分钟需换气 12 ～ 20 次。呼吸的关键是循环系统中的二氧化碳含量。当体内的二氧化碳含量达到一定程度后，大脑将促使你呼吸。

当你屏住呼吸时，体内的二氧化碳含量会促使你呼吸。许多人认为是氧气含量在控制呼吸，其实主要是二氧化碳含量在调节呼吸。

过度换气使快速的深呼吸超过了人体的需要。3 次或 4 次限制性过度换气有助于屏气（见图2.6a）。但是如果在过度换气后屏气，则可能会失去意识（见图2.6b）。由于缺氧而失去知觉的屏气潜水者通常会在上浮过程中接近水面处昏迷。

在接近水面时突然失去意识被称为浅水昏迷。在水中失去意识会导致溺水。因此，潜水者应该避免过度换气。如果你的呼吸快而急促，体内会持续产生二氧化碳，二氧化碳却无法从肺部排出。这种不充分的呼吸被称为通气不足。呼吸急促是很危险的，尤其是在筋疲力尽的时候，你可能因为缺氧而昏迷。因此，你需要充分呼吸才能完成肺部的气体交换。

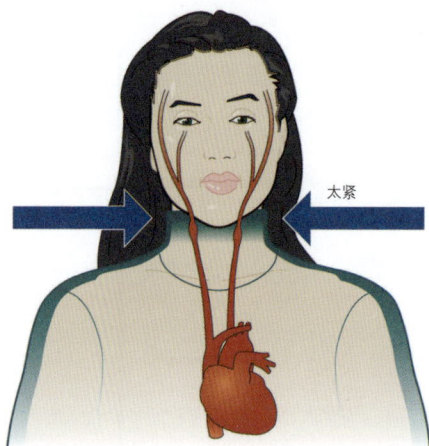

太紧

图 2.5

颈动脉窦承受过大的压力可能会导致昏迷

图 2.6

限制性过度换气（a）和过度换气（b）

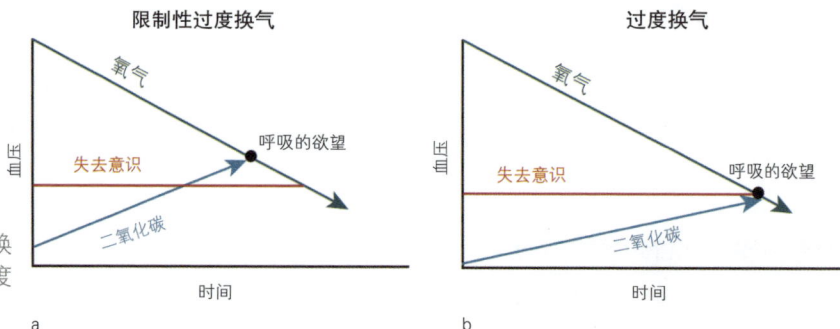

限制性过度换气

氧气

失去意识

呼吸的欲望

二氧化碳

血压

时间

a

过度换气

氧气

失去意识

呼吸的欲望

二氧化碳

血压

时间

b

在空气和水环境中形成的对比

我们生活在流动的空气中，空气有质量和体积。我们容易忽视空气是因为我们已经适应了这种环境。我们一直生活在空气中，但是看不见空气。事实上，空气的密度每时每刻都在影响着我们。

在海平面上，空气的密度约为 0.08 磅每立方英尺（约 1.3 千克每立方米）。随着海拔的升高，空气变得稀薄，因此山上单位体积的空气质量要比海平面上的轻。当乘坐飞机或在山间行驶时，空气密度的变化会影响我们耳朵内的空气空间。

密度

密度是物体每单位体积的质量（单位可为磅每立方英尺）。水是流体，但它的密度比空气密度大得多。海水密度约为 64 磅每立方英尺（约 1025 千克每平方米），约为空气密度的 800 倍。淡水密度比海水密度小一些，约为 62.4 磅每立方英尺（1000 千克每平方米）。温度会影响空气和所有液体的密度，冷水的密度比温水的密度大一些。

空气可以被压缩，但水基本上是不可被压缩的。随着海拔的升高，空气变得稀薄，而水的密度保持不变。

阻力是阻碍运动的力。水中的阻力比空气中的阻力大得多，影响阻力的因素包括流体的密度、运动速度，以及在流体中移动的物体的尺寸和形状。流体密度越大，运动速度越快，体积越大，或在流体中移动的物体的形状越不规则，阻力就越大（潜水者在水中受到的阻力示意图如图 3.9 所示）。因为水的密度比空气的密度大，所以水分子之间的距离就比空气分子之间的距离更近。分子之间的距离会影响光、声、热的传输（见表 2.1）。光在水中的传播速度比在空气中的传播速度慢约 27%。声音在水中的传播速度大约是在空气中的传播速度的 4 倍。水的导热性比空气强。流动的水传导热量的速度比空气快得多。水具有强大的吸收热量的能力。潜水时，密度大的水会在许多方面影响你。后文会解释如何应对水的密度对你的影响。

表 2.1　空气与水的对比

属性	空气	水	比较	影响
密度	约 0.08 磅每立方英尺（约 1.3 千克每立方米）	淡水：约 62.4 磅每立方英尺（约 1000 千克每立方米） 海水：约 64 磅每立方英尺（约 1025 千克每立方米）	水的密度约为空气密度的 800 倍	对运动产生阻碍
可压缩性	有	无	空气的密度会发生变化，水的密度基本不变	影响身体和空气空间
光的传播速度	300 000 千米每秒	约 225 000 千米每秒	光在水中的传播速度比在空气中的传播速度慢约 25%	影响视觉
吸光性	弱	强	水能很快吸收颜色	损失光与颜色
声音的传播速度	340 米每秒	1497 米每秒	声音在水中的传播速度大约是在空气中传播速度的 4 倍	不能够辨别声音的来源
导热性	0.17	3.86 ～ 4.12	在水中损失的热量是在空气中损失热量的 23 ～ 24 倍	身体持续失去热量
热容量	0.24	0.94 ～ 1.0	水的热容量约是空气的 4 倍	很快吸收热量

浮力

　　物体能否漂浮在液体上，取决于物体密度和所浸入的液体密度之比。浸入水中的物体会同时受到来自水的各个方向的压力，甚至是向上的压力。当你想把某个物体按到水中时，你就会感受到水对它施加的向上的力（浮力）。浮力产生于物体上下表面的压力差。物体的重力和流体（空气、水或两者）对物体施加的向下的压力共同形成了一种向下的作用力，流体也对物体有向上的推力，这两种力之间的差值就是物体受到的浮力。

　　古希腊科学家阿基米德发现水中物体受到的浮力大小等于该物体所排开的水

的重力（这就是"阿基米德定律"）。潜水者受到的浮力等于他所排开的水的重力（见图 2.7）。如果你和装备的总重力小于你和装备所排开的水的重力，那么你会漂浮，或者说受到正浮力。如果你和装备的总重力大于你和装备所排开的水的重力，那么你会下沉，这时你受到的浮力是负浮力。如果你和装备的总重力正好等于你和装备所排开的水的重力，那么你既不会上浮也不会下沉，而是会悬浮在你所处的深度，这时你受到的浮力是中性浮力。

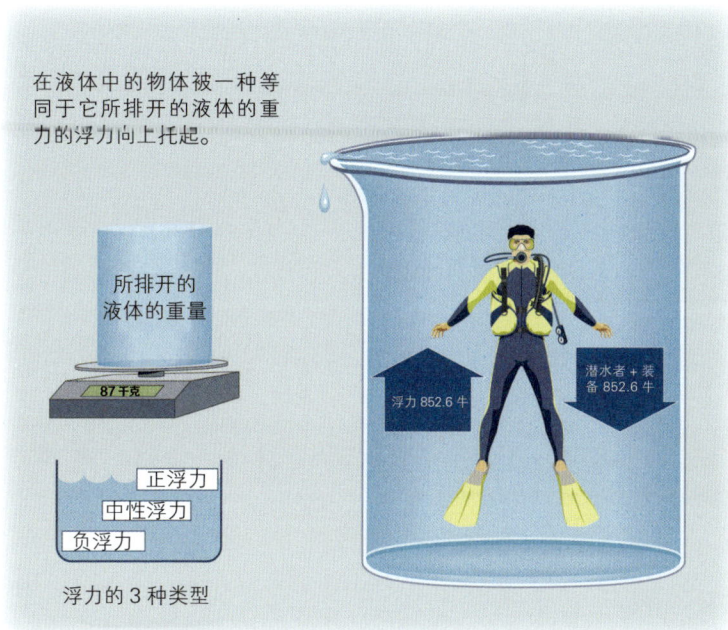

在液体中的物体被一种等同于它所排开的液体的重力的浮力向上托起。

所排开的液体的重量

87 千克

正浮力
中性浮力
负浮力

浮力的 3 种类型

浮力 852.6 牛

潜水者 + 装备 852.6 牛

图 2.7

浮力的基本原理

作为一名潜水者，你可以浮在水面上，沉入水底，或停留在水底和水面之间。如果物体的体积增加而质量几乎不变，则浮力增加。向充气外套或背心充气，就是利用了这个原理。下一章将讲解影响浮力的因素和控制浮力的原理。

压强测量

单位面积所受到的力（通常指重力）是压强，如磅力每平方英寸或克每平方厘米。地球被大气包裹，海平面处 1 平方英寸的大气的质量是 14.7 磅（约 1.03 千克每平方厘米），或 1 标准大气压（atm）

（1标准大气压 ≈ 0.1013 兆帕）。当进入水中后，随着你的下沉，作用于身体每平方英寸的水的重力即压力增大了。高度为 33 英尺（约 10.1 米）的海水对 1 平方英寸受压面所产生的压力，即为 1 标准大气压。高度为 34 英尺（约 10.4 米）的淡水对 1 平方英寸受压面所产生的压力也等于 1 标准大气压，因为水不会被压缩（在休闲潜水所及范围的压力下），它遵循每增加 33 英尺的海水（33 FSW）或 34 英尺的淡水（34 FFW），水压就增加 1 标准大气压的原则。图 2.8 显示了如何测量大气压和水压。

压强的基准要么是海平面大气压，要么是零气压（外部空间）。压力表在海平面的读数为零，它只显示超过 1 标准大气压的数据。胎压计和深度计是很好的测量气压的仪器，测量结果可以用磅力每平方英寸、英尺或米来计量。

对潜水者来说，施加在他身上的总压力才是最重要的。大气压和水压都施加于潜水者身上。总压力的参照值是零，就像处在真空中。总压力称为绝对压力，也就是作用在每平方英寸上的磅数的绝对值。绝对压力在大气中的增量用绝对气压（ATA）来表示。把大气压和表压力相加即可获得绝对压力。你需要理解这个概念，因为在后面的章节中讲解压力的影响时，我们将使用绝对压力。

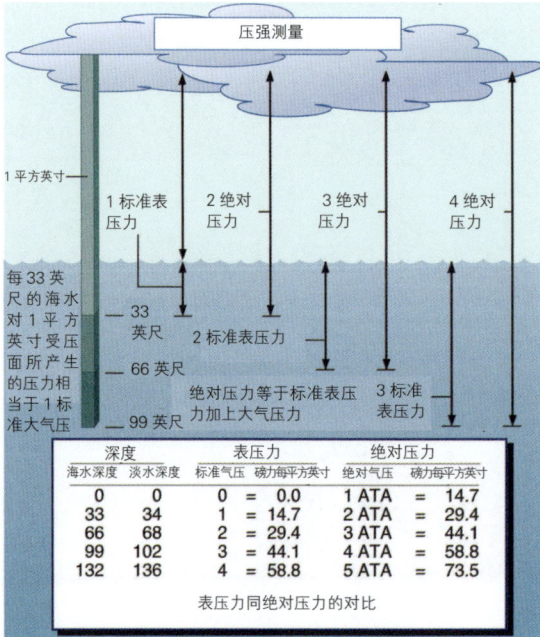

压强测量

1 平方英寸

每 33 英尺的海水对 1 平方英寸受压面所产生的压力相当于 1 标准大气压

深度		表压力		绝对压力	
海水深度	淡水深度	标准气压	磅力每平方英寸	绝对气压	磅力每平方英寸
0	0	0 =	0.0	1 ATA =	14.7
33	34	1 =	14.7	2 ATA =	29.4
66	68	2 =	29.4	3 ATA =	44.1
99	102	3 =	44.1	4 ATA =	58.8
132	136	4 =	58.8	5 ATA =	73.5

表压力同绝对压力的对比

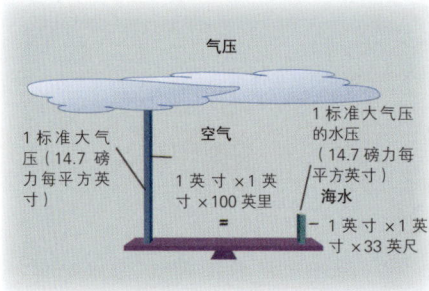

注：1 英寸等于 2.54 厘米，1 英尺约等于 0.3 米，1 英里约等于 1.6 千米。

图 2.8

大气压和水压测量

气体定律

当气体被压缩后，其体积减小，密度增大，温度上升。如果气体体积膨胀，那么密度会减小，温度会降低。由于潜水时需要利用气体，所以潜水者需要了解气体特性（压强、体积、密度和温度）之间的关系。

玻意耳定律

玻意耳定律指出，对于在恒定温度下的任何气体，体积与压强成反比，而密度与压强成正比。如果压缩一个封闭的、柔性的空气空间（如气球），可以成比例地减小它的体积并增大它的压强。如果把压强增大一倍，这个封闭的、柔性的空气空间的体积就会减小至原来的一半。实际上，空气并没有减少，只是空气分子被压缩到了一个较小的区域内，空气密度变成了原来的两倍。当恢复到原来的压强时，空气体积膨胀直到恢复到其原始体积。在下潜过程中，如果你屏住呼吸，肺部会被压缩，如果不在水下排气，当回到水面时，肺部会恢复到原来的体积。

水肺潜水系统会提供与周围水压一致的空气。这使你在任何深度都能使肺保持正常的体积。肺内部的空气密度与水压成正比。如果水压加倍，肺内部的空气密度也加倍。图 2.9 所示为压强、体积和密度之间的关系。

玻意耳定律也适用于周围压强减小的情况。当外界的压强减小时，被压缩在封闭的柔性容器里的空气体积的增大与压强的减小成正比。例如，如果压强减半，体积就会加倍。

如果充满压缩空气的容器在上浮过程中正确排气，膨胀的空气会被排出，并且在上浮过程中容器依然是充满空气的。如果容器内的气体不能被排出，当容器达到最大体积时，容器继续上浮，压强虽不会增大，但周围的水压会减小，容器内外就会产生压强差。如果容器不够坚固，且压强足够大，会使容器破裂。这个概念对水肺潜水者很重要，他们拥有很多填充了压缩空气的空气空间。在上浮过程中能正常排出空气不会带来危险。但是，如果肺在上浮过程中没有排出空气，就会有生命危险。如果在上浮过程中潜水装备没有排放空气，随着空气膨胀和防护服体积增大，浮力会失控。

图 2.9 显示了水中压强（和体积）变化的有趣的规律。在 33 英尺（约 10.1 米）深的海水中，压强会增大一倍，从 1 标准大气压增大到 2 标准大气压。然后到 99 英尺（约 30.2 米）的深度时，压强会再次加倍。请注意，你必须从 99 英尺（约 30.2 米）上浮到 33 英尺（约 10.1 米）深，才能体验到从 33 英尺（约 10.1 米）深上浮到水平面的压强变化率。换句话说，越接近水面，压强变化率（和空气空间的体积）越高。因此，越接近水面，越要关注空气空间中的压缩空气。

在上浮和下潜时遇到的压强变化，可能是潜水过程中最大的挑战。变化的压强对你的身体有直接和明显的影响。在陆地上，身体空气空间中的压强不平衡会引起不适；海拔的变化也会让你感受到压强的变化，但在水中压强变化出现的速度远大于在空气中的速度。除非你使身体空气空间内部的压强与周围水压保持平衡，否则你的身体会受重伤。由玻意耳定律可知，下潜和上浮过程中分别会产生挤压和逆向阻隔，如图 2.10 所示。经验丰富的潜水者可以平衡压强，避免受到挤压。如何平衡身体空气空间内部的压强与周围水压是下一章的主要课题之一。

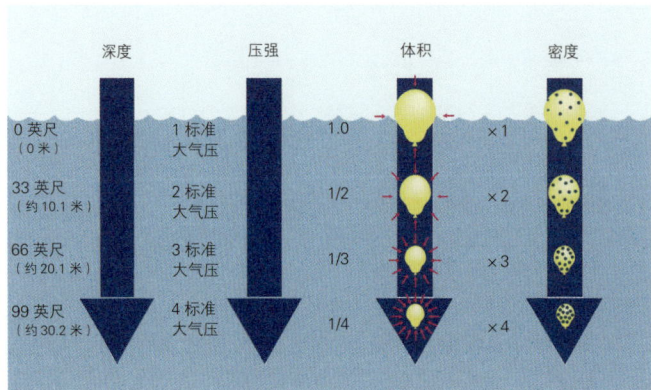

图 2.9

压强、体积和密度之间的关系

盖－吕萨克定律

玻意耳定律适用于在恒定温度条件下的情况，因为温度会影响气体的压强和体积。法国化学家雅克·查尔斯发现，气体在恒定压强下，体积会随温度的变化而变化。法国科学家盖－吕萨克确定了温度的作用——在体积不变的情况下，气压变化与绝对温度直接相关。

正如绝对压强必须用于压强计算一样，绝对温度必须用于温度计算。华氏度的绝对温标是朗肯。以华氏度为单位的温度加上 459.67

等于朗肯。摄氏度的绝对温标是开尔文。以摄氏度为单位的温度加 272.15 等于开尔文。

你可以通过观察水肺潜水气瓶来了解盖 - 吕萨克定律，因为其具有恒定的体积。降低瓶内空气温度会导致压强减小，增加瓶内空气温度会导致压强增大。从较热的后备箱中取出的水肺潜水气瓶，在水中冷却后，即使没有排出空气，气压也会减小。在一个标准的、容积为 80 立方英尺（约 2265 升）的铝瓶内，每华氏度温度变化，压强增大或减小的幅度约为 6 磅力每平方英寸。在一个标准的、容积为 71.2 立方英尺（约 2016 升）的钢瓶内，每华氏度温度变化，压力增大或减小的幅度约为 5 磅力每平方英寸。

如果空气空间内的压强小于周围水压，外界的压力就会挤压空气空间。在下潜过程中，耳朵、鼻窦、面镜和人体内外的其他空气空间可能会受到挤压。

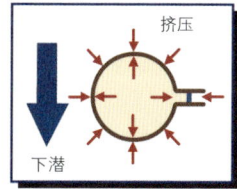

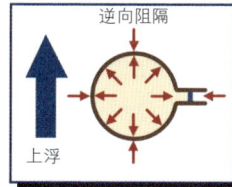

在上浮过程中，外界对身体空气空间施加的压力减小。空气空间内的气压在上浮过程中增大。如果空气无法排出，挤压的反效果就会发生。如果内部的气压大于外部，就会形成逆向阻隔。逆向阻隔是指压缩空气被堵住，出现无法进入空气空间的情况。

防止挤压和逆向阻隔的方法是保持空气空间内外压力的平衡。

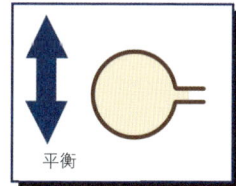

图 2.10

在平衡压强的过程中可能会发生挤压和形成逆向阻隔

道尔顿定律和亨利定律

气体可向物质内外扩散。当气体接触到液体时，气体会溶解到液体中。气体溶解到液体中的量取决于液体的密度、温度、压强和两者的接触时间。描述气体扩散到液体的过程的另一个术语是入气。由于人体的主要成分是液体，我们可以把自己的身体当作液体，外部的气体会渗入人体的组织细胞中。

在混合气体中，总气压由每种气体的分压构成。道尔顿定律说明，混合气体的总气压是各种气体的分压之和。每种气体的分压决定了气体在液体中的溶解量。亨利定律说明，在一定温度下，液体溶解的某种气体的量与该气体的分压成正比。表 2.2 展示了在 1ATA 时空气中各种气体的分压。

各种气体的分压等于混合气体中各种气体所占百分比乘以混合气

体的绝对气压。在水里的气体的分压和在水面上的占比更高的气体的分压具有相同的效果。

如果混合气体在海平面上（绝对气压为 14.7 磅力每平方英寸或 1.03 千克每平方厘米）含有 2% 的二氧化碳，则二氧化碳的分压为 0.294 磅力每平方英寸（0.021 千克每平方厘米）。如果该混合气体的绝对气压增大至 99 英尺（约 30.2 米）深处的海水压力（58.8 磅力每平方英寸或 4.12 千克每平方厘米），则二氧化碳的分压为 1.176 磅力每平方英寸（0.084 千克每平方厘米）。同一比例的二氧化碳在水下 99 英尺（约 30.2 米）处带给身体的压力感受为其在水面上带给身体的压力感受的 4 倍。在水下 99 英尺（约 30.2 米）处吸入二氧化碳含量为 2% 的空气与在水面上吸入二氧化碳含量为 8% 的空气具有同等效果！吸入二氧化碳含量过高的空气会对呼吸作用产生深远的影响。各种气体的分压的表面等同效果使得人体在水下吸入微量污染物变得十分不安全。表 2.3 展示了分压在不同深度下的表面等同效果。

当液体溶解所有可以容纳的气体后，液体就饱和了。如果减小与液体接触的气体的分压，气体就会从中逸出，这个过程叫作排气。入气和排气为预防减压病提供了数据分析的基础。

表 2.2　在 1ATA 时空气中各种气体的分压

气体	比例	1ATA 时的分压	1ATA 时气体的分压（公制）
氮气	78%	11.466 磅力 / 平方英寸	0.803 千克 / 平方厘米
氧气	21%	3.087 磅力 / 平方英寸	0.2163 千克 / 平方厘米
氩气	0.93%	0.137 磅力 / 平方英寸	0.0095 千克 / 平方厘米
其他气体	0.04%	0.006 磅力 / 平方英寸	0.0004 千克 / 平方厘米
二氧化碳	0.03%	0.004 磅力 / 平方英寸	0.0003 千克 / 平方厘米
合计	100%	14.7 磅力 / 平方英寸	1.0295 千克 / 平方厘米

表 2.3　分压的表面等同效果

深度	压强	氧气[a]	一氧化碳[b]	二氧化碳[c]
0 英尺（0 米）	1ATA	20%	20 毫克/升	2%
33 英尺（约 10.1 米）	2ATA	40%	40 毫克/升	4%
66 英尺（约 20.1 米）	3ATA	60%	60 毫克/升	6%
99 英尺（约 30.2 米）	4ATA	80%	80 毫克/升	8%
132 英尺（约 40.2 米）	5ATA	100%	100 毫克/升	10%

a：在水下 132 英尺（约 40.2 米）处吸入氧气含量为 20% 的气体和在地面上吸入氧气含量为 100% 的气体的效果一致。

b：在水下 66 英尺（约 20.1 米）处吸入一氧化碳浓度为 40 毫克/升的气体和在地面上吸入一氧化碳浓度为 120 毫克/升的气体的效果一致。

c：在水下 99 英尺（约 30.2 米）处吸入二氧化碳含量为 2% 的气体和在地面上吸入二氧化碳含量为 8% 的气体的效果一样，人类会出现呼吸急促和头疼的状况。

空气消耗量

在运动用力时人体每分钟吸入的空气体积远远超过在休息时吸入的空气体积，这在陆地上可以超过 17 倍，在水中却只能超过 14 倍。因为在水中，人体受到的压力导致人体吸入的空气体积只有平时的 85%。

随着下潜深度的增加，空气的密度增大，人体消耗空气的速率显著提高。在消耗空气的速率一定的情况下，一定量的空气供应在 2ATA 的压强下维持的时间是 1ATA 的一半。在 4ATA（99 英尺或约 30.2 米深处）下人体消耗空气的速率是平时在海平面上休息时消耗空气的速率的 40 倍！空气消耗速率的加快是人们潜水时必须避免大量体力消耗的原因之一。

空气消耗速率可以用立方英尺每分钟（或升每分钟）、psig/min 来表示。了解各种运动的空气消耗速率后，你可以更好地制订潜水计划。当你知道你的空气消耗速率和可用空气量时，你就可以计算出供气可以维持的时间。

关于气体定律的补充信息

下面这些气体定律可以被用来进行关于压强、体积和温度的精确数学计算。

玻意耳定律： $P_1V_1 = P_2V_2$

$$P_1 = 初始气压（psia 或 ATA）$$
$$P_2 = 最终气压（psia 或 ATA）$$
$$V_1 = 初始气体体积$$
$$V_2 = 最终气体体积$$

例如：一只装有 2 品脱（约 0.9 升）空气的气球从 2ATA 对应的深度处上浮到水面（1ATA），求气球在水面的体积是多少？

$$P_1 = 2\ ATA$$
$$P_2 = 1\ ATA$$
$$V_1 = 2\ 品脱$$
$$V_2 = 未知数$$

根据公式，计算可得：

$$V_2 = \frac{P_1V_1}{P_2} = \frac{（2\ 品脱 \times 2ATA）}{1ATA} = 4\ 品脱$$

分压 = 绝对气压 × 气体所占百分比

例如：氧气含量为 20% 的气体的绝对气压为 58.8psia，求氧气的分压？

$$分压 = 58.8psia \times 20\% = 11.76psia$$

盖－吕萨克定律： $\dfrac{P_1}{T_1} = \dfrac{P_2}{T_2}$

$$P_1 = 初始气压（psia 或 ATA）$$
$$P_2 = 最终气压（psia 或 ATA）$$
$$T_1 = 初始温度（°R 或°K）$$
$$T_2 = 最终温度（°R 或°K）$$

例如：一个潜水气瓶的瓶压为 2250psig，温度为 70°F；现把潜水气瓶加热到 150°F，求潜水气瓶在高温条件下的瓶压为多少？

$$P_1 = 2250psig + 14.7psia \approx 2265psia$$
$$P_2 = 未知数$$
$$T_1 = 70°F + 460 = 530°R$$
$$T_2 = 150°F + 460 = 610°R$$

根据公式，计算可得：

$$P_2 = \frac{P_1T_2}{T_1} = \frac{2265psia \times 610°R}{530°R} \approx 2607\ psia$$

$$2607\ psia - 14.7\ psia \approx 2592\ psig$$

热量、湿度、光和声音

当你进入水中后，你会发生很多变化，例如身体散热速度变快，同时使用水肺设备也会使身体流失水分。此外，眼睛变得不可靠，耳朵也会误导你。当你了解自己在水里会发生什么和它为什么会发生时，你可以更好地应对水环境和空气环境之间的差异。

热量传播

各种形式的热传递的结果是，潜水会使人很快感觉到冷。介质之间的热传递有很多形式，如辐射、对流和导热（见图 2.11）等。热量从暴露的表面辐射出来，热量以对流的形式通过液体传播，热量直接通过物质之间相互接触而传播。金属都是良导体。与金属相比，水算是不良导体，但水的导热性约是空气（取决于密度）的 25 倍。导热和对流是热传递的主要形式。热量从潜水者体内被传送到周围的水中，通过皮肤流失，被水带走。你的体温会在水分蒸发的过程中降低。当你在水下呼吸时，水分从你的肺部蒸发；当你在地面出汗时，水分从皮肤表面蒸

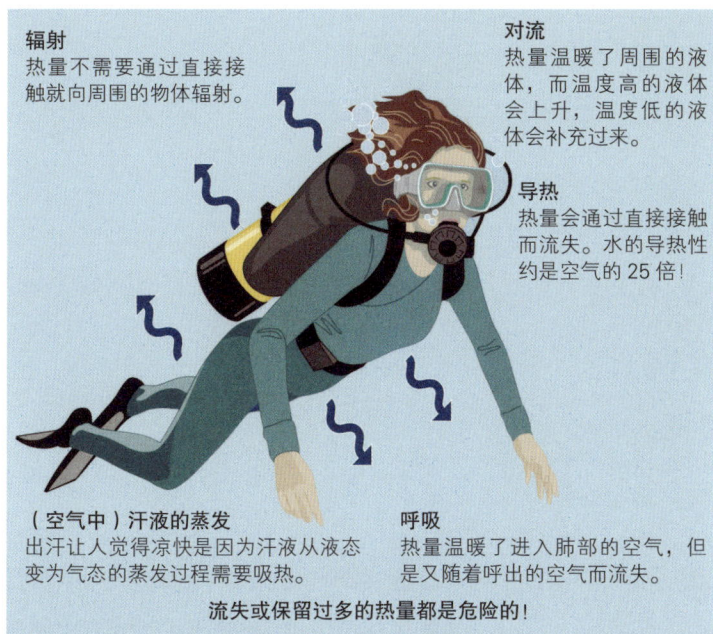

辐射
热量不需要通过直接接触就向周围的物体辐射。

对流
热量温暖了周围的液体，而温度高的液体会上升，温度低的液体会补充过来。

导热
热量会通过直接接触而流失。水的导热性约是空气的 25 倍！

（空气中）汗液的蒸发
出汗让人觉得凉快是因为汗液从液态变为气态的蒸发过程需要吸热。

呼吸
热量温暖了进入肺部的空气，但是又随着呼出的空气而流失。

流失或保留过多的热量都是危险的！

图 2.11

热量的传递和流失

29

关于空气消耗量的补充信息

利用下面的公式可以计算空气消耗速率和空气供应时间。为了计算空气消耗速率，你需要 3 方面的信息：你已待了一段时间的深度、你在这个深度所待的时间和在这段时间内你已经消耗的空气量。

1. 确定你在这个深度的空气消耗速率（DACR）。例如，一个在 10 分钟内使用 1000psi（68atm）空气的潜水者的空气消耗速率为每分钟 100psi（6.8atm）。

$$DACR = \frac{\text{在这段时间内所消耗的空气量}}{\text{在某个深度所待的时间}}$$

2. 将 DACR 转化为表面空气消耗速率（SACR）。你需要通过体积而不是压强来表达空气消耗速率。当你完成这一步后，你可以将空气消耗速率公式应用到任何深度的计算上，也可以通过你已经使用过的气瓶来计算不同尺寸的气瓶的空气消耗速率。用 DACR 乘以表面气压与一定深度下的气压的比值可获得表面空气消耗速率。因为我们可以用深度来表达压强，所以你可以使用下面这个公式。

$$SACR = DACR \times \frac{\text{33 英尺（约 10.1 米）}}{\text{潜水深度 + 33 英尺（约 10.1 米）}}$$

例如，假设你在 33 英尺（约 10.1 米）深处的空气消耗速率为每分钟 30psi（2.04atm），你的 SACR 就是 30psi/ 分 ×（33 英尺 ÷ 66 英尺）=15psi/ 分，或者是 2.04atm/ 分 ×（10.1 米 ÷ 20.2 米）=1.02atm/ 分。

3. 将消耗速率转化为体积，可推导出完全充气状态下气瓶中空气的体积和压强之比与呼吸速率体积（BRV）和呼吸速率压强之比相等，公式如下。

$$\frac{V_1}{P_1} = \frac{V_2}{P_2}$$

在这个公式中，

V_1= 完全充气状态下气瓶中空气的体积

V_2= 呼吸速率体积（BRV）

P_1= 完全充气状态下气瓶的压强

P_2= 呼吸速率压强

所以，
$$BRV = \frac{V_1 \times P_2}{P_1}$$

例如，一位配备了一个容积为 80 立方英尺（2265 升）、气压为 3000psi（204atm）的潜水气瓶的潜水者，他的 SACR 为每分钟 30psi（2.04atm），那么他的呼吸速率体积为多少？

BRV=80 立方英尺 ×30（psi/ 分）÷ 3000psi=0.8 立方英尺 / 分

或者 BRV=2265 升 ×2.04atm/ 分 ÷204atm=22.65 升 / 分

4. 对于同一个级别的活动，你可以计算出任何容积的气瓶里任何数量的空气在任何深度可以维持的大概时间。例如，一个容积为 71.2 立方英尺（2016 升）、压强为 2475psi（168atm）的气瓶里面装有 1750psi（119atm）空气，问：这些空气够一个呼吸速率体积（BRV）为 0.8 立方英尺每分钟（22.7 升每分钟）的潜水者在 70 英尺（约 21.3 米）深处坚持多久呢？

首先，确定气瓶中的空气在 1750psi（119atm）的压强下的体积。用来计算瓶内气体体积的公式如下。

$$V_2 = \frac{V_1 \times P_2}{P_1}$$

在这个公式中，

V_1= 完全充气状态下气瓶中空气的体积
V_2= 部分充气状态下气瓶中空气的体积
P_1= 完全充气状态下气瓶中空气的压强
P_2= 部分充气状态下气瓶中空气的压强

因此，部分充气状态下的气瓶里的空气体积应该为，

$$V_2 = \frac{71.2\ \text{立方英尺} \times 1750\text{psi}}{2475\text{psi}} \approx 50.3\ \text{立方英尺}$$

$$\text{或者}\ V_2 = \frac{2016\ \text{升} \times 119\text{atm}}{168\text{atm}} = 1428\ \text{升}$$

然后，计算空气供应时间（ASD）。用来计算空气供应时间（ASD）的公式如下。

$$ASD = \frac{\text{可供应的空气体积}}{\text{BRV}} \div \frac{\text{潜水深度} + 33\ \text{英尺（约 10.1 米）}}{33\ \text{英尺（约 10.1 米）}}$$

所以，

$$ASD = \frac{50.3\ \text{立方英尺}}{0.8\ \text{立方英尺/分}} \div \frac{70\ \text{英尺} + 33\ \text{英尺}}{33\ \text{英尺}} \approx 20\ \text{分}$$

$$\text{或者}\ ASD = \frac{1428\ \text{升}}{22.7\ \text{升/分}} \div \frac{21.3\ \text{米} + 10.1\ \text{米}}{10.1\ \text{米}} \approx 20\ \text{分}$$

第一眼看上去，这些计算似乎很复杂，但是只要获得了关键信息，计算就很简单。熟能生巧，勤加练习，这些计算就变得简单了。让我们来回顾一下计算的 4 个步骤：（1）确定你在这个深度的空气消耗速率（DACR），（2）确定你的表面空气消耗速率（SACR），（3）确定你的呼吸速率体积（BRV），（4）确定一定量的空气供应时间（ASD）。公式概括如下。

$$DACR = \frac{\text{在这段时间内所消耗的空气量}}{\text{在某个深度所待的时间}}$$

$$SACR = \frac{DACR \times 33\ \text{英尺（约 10.1 米）}}{\text{潜水深度} + 33\ \text{英尺（约 10.1 米）}}$$

$$BRV = \frac{V_1 \times P_2}{P_1}$$

$$ASD = \frac{\text{可供应的空气体积}}{\text{BRV}} \div \frac{\text{潜水深度} + 33\ \text{英尺（约 10.1 米）}}{33\ \text{英尺（约 10.1 米）}}$$

31

发。潜水装备使得高压空气体积扩大并使其冷却下来。身体内的热量会自动温暖吸入体内的空气，因此每次呼气时，你都会失去热量。

我们可以通过具有隔热性的材料来减缓热传递的速度。特殊的服装有助于将你与环境分隔开，但是这并不能减少呼吸过程中所消耗的热量。下一章会介绍如何应对热量消耗的问题。

湿度

潜水者必须意识到湿度或气体中存在的水蒸气的量的影响。气体的温度决定气体可以吸收和保留的水蒸气的量。气体温度越高，湿度就越高。

你可以令吸入的空气变得潮湿。把压缩空气灌入水肺潜水气瓶的过程降低了空气的湿度。当你从气瓶中吸入干燥的空气时，水分也从身体器官中流失。由此产生的液体流失可能会导致脱水，特别是对于一名潜水者来说，这是不好的情况。在接下来的内容中，你将学习如何避免脱水。

潜水者也会面临其他关于湿度的挑战。随着空气变冷，面镜内的潮湿空气会在镜片上形成水雾。除非你提前彻底清洁面镜，否则凝结的空气会形成薄片状凝结雾珠，模糊你的视野。第六章会讲到面镜的清洁和除雾的相关内容。

在接近零摄氏度的低温环境下，呼出空气中的水分可导致潜水校准装备结冰，其他潜水装备中的水分也可能冻结。如果你要在寒冷的环境中潜水，你必须接受专项培训，并且应该知道如何在这种环境下准备和使用潜水装备。

光与视觉

水会干扰潜水者，使他们很难分辨看到的事物和听到的声音。光在空气中的传播速度快于在水中的传播速度。当光在水中透过你的面镜时，它会加速和弯曲（折射），这使得你所看到的东西都被放大。你在水下看到的物体与你的距离是实际距离的 3/4（距离缩短 25%），该物体的尺寸是实际尺寸的 4/3（放大约 33%）。视觉失真需要调整，你需要在实践中积累经验。离你 12 英尺（约 3.7 米）远的物体看上去离你似乎只有 9 英尺（约 2.7 米）远。看上去约 2 英尺（约 0.6 米）长的鱼其实只有 1.5 英尺（约 0.5 米）长。许多潜水新手发现，他们从水下带回的东西比他们在水下看到的要小得多。图 2.12 展示了光在水中为什么会变得不同。

折射引起的一个视觉挑战是远处的物体看起来很近。在水清澈的情况下这容易造成危险，当你往下看时，看上去安全的距离实际上可能超出了你所预计的最大深度。你必须认识到，目测距离是不准确的，在水下你必须依靠深度计，而不是你的眼睛来测量距离。

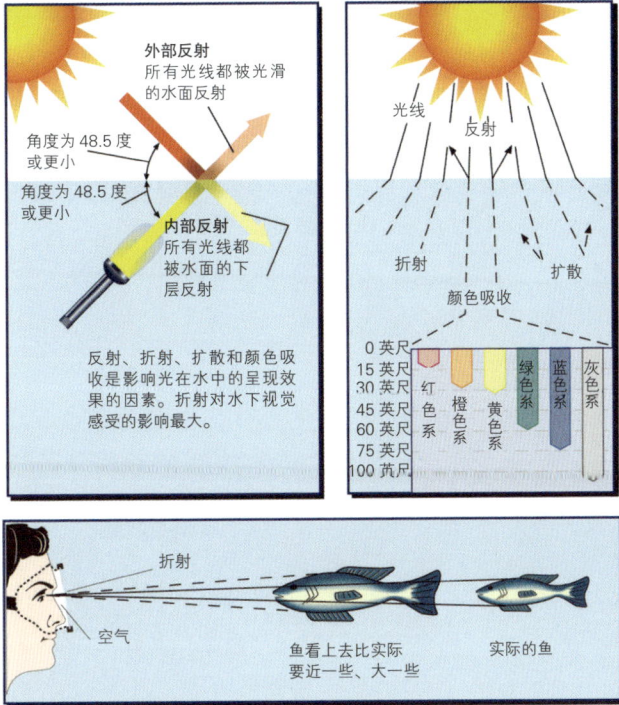

外部反射
所有光线都被光滑的水面反射

角度为 48.5 度或更小

角度为 48.5 度或更小

内部反射
所有光线都被水面的下层反射

反射、折射、扩散和颜色吸收是影响光在水中的呈现效果的因素。折射对水下视觉感受的影响最大。

光线　反射

折射　扩散

颜色吸收

0 英尺
15 英尺
30 英尺
45 英尺
60 英尺
75 英尺
100 英尺

红色系　橙色系　黄色系　绿色系　蓝色系　灰色系

折射

空气

鱼看上去比实际要近一些、大一些

实际的鱼

注：1 英尺约等于 0.3 米。

图 2.12

水下视觉感受是不同的

人有两种类型的视力：日视和夜视。当你从明亮的地方进入昏暗的地方时，眼睛需要 15 ~ 30 分钟以适应弱光。即使眼睛进行了调整，你能够看到的细节也比在明亮的地方看到的要少得多。此外，水中散布的颗粒会使光线减弱。你潜得越深，光线越少。在混浊的水里，光线会随着深度的增加迅速减弱。在混浊的水中潜水，你需要适应从日视到夜视的变化。

水影响光的方式有很多种。水的表面会反射光线。当光线以小于 48.5 度的角度射向平静的水面时，水面会反射所有的光线，因此清晨和傍晚的阳光无法穿透平静的水面。从水下射出的光线会被水面反射。在适当的角度观看时，水面以下的某个部分就像镜子。

从水下看到的物体往往缺乏自然的色彩。白光，如阳光，本来包含光谱中所有的颜色，但是水会吸收颜色。深度只有 30 英尺（约 9.1 米）的水可以完全吸收所有暖色调光线，如红光和橙光等；冷色调光有一个很老的笑话，讲的是一个女孩第一次上完水肺潜水训练课回家，当被问及是否喜欢这门课时，她的反应很冷淡。她是这么回答的："教练首先告诉我们各种可能会死亡的方式，然后让我们在水里尝试这些方式，直到我觉得我快要死了。"好的是，今天的教练不再用这种方式授课了。

学习潜在危险的相关知识是为了学习如何避开危险。掌握这些知识，通过适当的实践将其转变为技能，有助于你避免本章所提到的所有问题。

使用潜水装备进行体能训练已经过时。合格的身体素质是潜水的一个先决条件。任何可以连续游200码（约183米）的健康的人都可以潜水。现代水肺潜水训练的目标是帮助你学会在水中放松，而不是把你培养成"水底重型武器"。

线，如蓝光，可照射到最深处。

正因如此，比较深的清澈的水看起来都是蓝色的。其实在深度大于100英尺（约30.5米）的水下，你能看到的场景很单调。这时，你可以通过人造光在水下有限的范围内看到光谱中所有的颜色。

另一个视觉挑战是迷失方向。当你在水中处于失重状态，且没有东西可作为参照物时，你就会眩晕。眩晕是一种旋转的感觉。这种情况在水很混浊、能见度低的时候可能发生；在水十分清澈但是没有任何参照物的时候可能发生；在密度不同的水混合的时候也可能发生。下一章将讲解如何应对迷失方向的挑战。

最后一个视觉挑战是在水中的能见度比在空气中的低。在空气中，能见度以千米为单位来计算，但在水中只能以米为单位来计算。悬浮在水中的颗粒使水变得混浊，会妨碍视力。能见度下降会使你难以在水下辨别和找到东西，难以与潜伴保持联系，难以找到正确的线路。因此，你必须提高潜水技能，增强水下搜索和导航能力，以应对这些挑战。

声音和听觉

声音可以很好地在水中传播。潜水时，你可以听到很多声音。在陆地上，通过声音传到两耳的时间上的差异，你可以判断声音传来的方向。这种时间间隔是短暂的，但足以让你的大脑来识别它。但是在水中，声音的传播速度大概是在空气中的传播速度的4倍，当声音在水中传播时，两耳接收到声音的时间差很小，因此潜水者很难辨别声音传来的方向。

不过，声音很难从空气中传送到水里。只有0.01%的声音可在空气和水之间直接传播。你只有使用特殊的装备，才可以使水下的声音交流可靠有效。

总结

　　水下环境会在很多方面影响身体。压力会影响你的身体空气空间：你的耳朵、鼻窦和肺。在水中，压力变化的速率比在空气中快得多，而且越接近水面越快。压力变化也会影响气体在液体中的扩散。体内二氧化碳的含量会控制你的呼吸，而二氧化碳分压会受你在水中所处的深度的影响。温度也会影响恒定体积的气体的压力。深度和运动对空气消耗量的影响最大。水从身体吸收热量，因此潜水者需要穿上防护服以防止热量过度流失。湿度会导致诸多问题。空气和水的密度不同会影响浮力、流动性、热量损失、视觉及听觉。现在大家已经了解水下环境对身体的影响，还需要做好适应水下环境的准备。

橙色的球状海葵，巴巴多斯岛，西印度群岛

第三章
潜水调整

潜水大发现

通过本章的学习，你将能够做到以下事项。

1. 理解什么叫作低体温、过热、血管收缩、热衰竭、中暑、平衡、汤因比手法、瓦氏动作、暗门效应、跳跃式呼吸、肺气压伤。

2. 描述下列情况的起因、影响、标志、症状、急救措施及防范措施：低体温、过热、挤压、逆向阻隔、肺气压伤、眩晕、晕船、减压病和氮麻醉。

3. 了解潜水时控制浮力的 3 种方法。

4. 了解在下潜过程中，什么时候平衡耳压，以及如果压力不均应当如何调整。

5. 了解如何最大限度地减小在水下游泳的阻力。

通过第二章的学习，你已经了解了水压对身体的影响。在本章中，你将学习如何应对这些影响。绝大多数智力和身体条件正常的人，都可以在水下环境中做出正确的应对与适当的调整，例如浮力控制和压力平衡。你有时候会无意识地进行调整，但有时候则必须有意识地进行调整。学习适应从陆地到水下的环境变化需要专业的指导和说明。你首先要学习该做什么，接着要将学到的知识应用于实践。

珊瑚枝上的海兔螺，帕洛斯弗迪斯，美国加利福尼亚州

要想在水下有效地进行活动，严谨的态度、专门的装备、相关的知识和技术缺一不可。本章会讲述一系列基础知识，并且会帮助潜水者逐步养成最大限度降低风险应有的态度。你将学到作为一个普通人，下潜入水和回到水面所需要的医学、物理学及心理学的基础知识。

热量调整

在水下，把身体的核心温度控制在与正常体温相差不到几摄氏度的范围内是很有挑战的一件事情。当你进入水下后，你体内的热量会迅速流失。50华氏度（10摄氏度）的水温会让一个没有任何防护的潜水者在15分钟内失去活动能力。即使是80华氏度（约27摄氏度）的体感温暖的水域也可能会在1小时内将潜水者冻僵。在80华氏度（约27摄氏度）的水里只穿一件泳衣，和不穿衣服站在42华氏度（约6摄氏度）的空气中的效果是一样的。

你的大脑通过调节身体的功能来维持身体的温度。如果你的核心温度低于95华氏度（35摄氏度），就会导致低体温。你要警惕轻度和中度低体温，这两种情况都可能会很危险。你也需要了解过热可能会导致的两个问题——热衰竭和中暑，这两种情况都非常危险，必须避免。

热量损失

每个人的身体对热量损失会有不同的生理反应。当感觉到冷的时候，你会不自觉地增加呼吸次数，但这是不可取的做法。每次吸入空气时，你都要加热和湿润空气，且每次呼出气体时，你都会损失热量和水分。因此你呼吸的次数越多，热量和水分损失得就越多。而且，如果你在水中所处的位置较深，这个问题就会加剧，因为潜得越深，周围的压力越大，空气的密度就越大；而空气的密度越大，其吸收的热量就越多。因此你潜得越深就越容易感觉到冷。

任何对身体机能有影响的因素都可能会增加热量的损失，如兴奋、恐惧、害怕、晕船和其他身体疾病等。这也是良好的身体素质和健康的心理状态对潜水非常重要的原因。

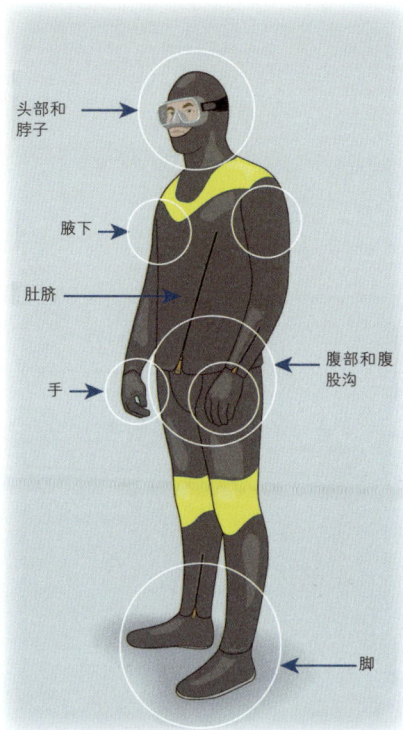

头部和脖子

腋下

肚脐

腹部和腹股沟

手

脚

图 3.1
热量损失高发区

身体对寒冷的一种反应是血管收缩，减缓四肢的血液循环速度。血液循环速度减慢能够减少热量的消耗，因为它能将温暖的血液保留在御寒能力弱的身体部位。你的头部和脖子、腋下、肚脐、腹部、腹股沟和四肢是在水下容易流失热量的部位，如图3.1所示。幸运的是，这些部位很容易被分隔开来。在寒冷的水中，通过头部损失的热量是相当多的，因为头部会得到大量的血液供应但是缺乏天然的保护以隔绝外界的影响。遇冷时，身体也并不会像对待其他部位那样，减少对头部的血液供应，因此当水温在70华氏度（约21摄氏度）以下时，潜水者必须把头部保护起来。

相较于其他器官，手因为手指数量多，皮肤表面积比较大。为了防止热量过多地从手部流失，当你感到寒冷时，身体会减少对手部的血液供应。当手部温度降到50华氏度（10摄氏度）的时候，身体会重新向手部供血以使双手回暖。因此当你潜水时，如果手部没有防护，身体的热量会通过手部流失。当手部变凉时，手指会变得麻木，失去力量。因此需要对手部进行防护以保证它们功能正常，并保存身体的热量。

与身材高大的人相比，身材矮小的人的热量在水中损失得更快。因为他们的肌肉数量少，不易产生和储存热量。防护对每个潜水者来说都很重要，对于身材矮小的人而言，热量损失防护装备尤为重要。

不够充分的防护会导致低体温，反复或长期暴露身体也会导致低体温。当然，缓慢变冷也是不可取的。你的肌肉一旦失去感觉和力量，就会抽筋。严重的热量损失也会影响你的分析能力。

身体对寒冷的另一种反应是发抖，其实这是通过肌肉运动恢复热量的一个过程。发抖产生的热量是身体在休息状态下产生的热量的5倍。发抖在陆地上很有帮助，在水下却是非常不利的。水会带走身体产生的热量，你会觉得更冷了。在水中，你无法控制发抖，表明身体的核心已经损失了太多的热量，因此除非升到水面以上，否则你无法使自己复温。当你在潜水过程中开始发抖时，你应该暂停潜水，彻底复温以后再进行潜水。为了使体温尽快恢复正常，你应该穿上干燥且暖和的衣服，待在温暖的环境中，并且饮用温暖的不含酒精的饮料。你很有可能冻得发抖不止，出现这种情况的原因是低体温使得你的身体已经无法重新产生热量了。而那些冻僵的人则需要就医。

你必须明白，温暖身体表面和温暖身体核心是不一样的。你可能觉得已经很暖和了，但事实上你内在的器官温度可能仍低于正常体温。如果在这样的情况下再次进入水里，你很快就会被冻僵。唯一能确保你从里到外都温暖了的方法就是不停地取暖，直到你开始出汗。只有当核心温度上升并且超过正常体温的时候，身体才会出汗。

身体过热

你可以通过防护服将身体与水隔绝开来，从而防止身体热量过度流失，但是保温也会导致另外一个问题：防止热量过度流失的同时也减弱了身体将多余的热量排入水中的能力。汗液的蒸发有助于身体降温，但是如果你把身体彻底地包裹住，汗液就不能蒸发。在炎热的天气里，你准备潜水的时候，你的身体可能会过热。对潜水者而言，在潜水前、潜水中和潜水后都保持体温在一定的范围内会是一个很大的挑战。图 3.2 描述了一些过热状况出现的原因及其症状。

一个人如果无法阻止身体核心温度升高，就很容易发生热衰竭，这种情况是很危险的。热衰竭的人会变得虚弱，可能会虚脱。病人看上去脸色苍白，感觉很无力。如果有条件，可以把病人置于阴凉的地方，脱去他的防护服，并采取措施逐步降低他的体温。

中暑是一种更严重的过热状况。这种状况发生在体温过高时，这时人体对温度的自动调节功能已经丧失。中暑的人看上去面色潮红、燥热、皮肤干燥，情况十分严重。此时需要立即冷却病人的身体并且请求医疗救助。

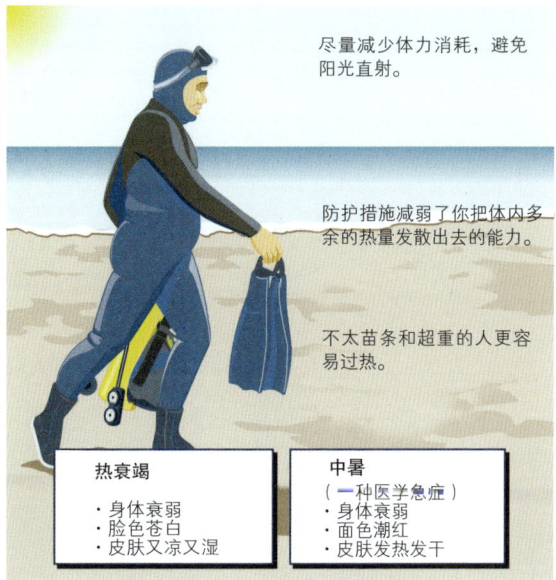

尽量减少体力消耗，避免阳光直射。

防护措施减弱了你把体内多余的热量发散出去的能力。

不太苗条和超重的人更容易过热。

热衰竭
· 身体衰弱
· 脸色苍白
· 皮肤又凉又湿

中暑
（一种医学急症）
· 身体衰弱
· 面色潮红
· 皮肤发热发干

图 3.2
通过了解热衰竭和中暑的症状来防止身体过热

预防过热比事后补救要好得多。你应该避免在炎热的天气里长时间穿着防护服。如果气温较高，在穿好防护服以后穿戴其他潜水装备之前，可以用水打湿身体。你应避免直接暴露在阳光下。对于那些体质稍差的潜水者来说，考虑热量变化的影响尤为重要。

浮力调整

潜水防护服和其他潜水装备会影响你受到的浮力。在水中，你必须调整你的重量来控制你在水中的深度。当浮力太大时，你必须努力下沉才能保持被淹没的状态；当装备超重时，你必须努力防止过度下沉，甚至是沉到水底。在水下，你需要保持中性浮力；在水面，你需要保持正浮力。在第二章中，你已经学习了浮力的基本作用原理和3种类型（正浮力、负浮力和中性浮力）。下面，我们将要学习浮力的实际应用。

由固态、液态物质和空气空间组成的身体的平均密度与水的密度几乎相同。人体浸泡在水中，在完全放松的状态下，当肺部充满空气时，就会受到几千克的正浮力；当肺部的空气量最少时，就会受到几千克的负浮力。

影响浮力的因素

潜水时，人们通常穿着某种防护服，大部分防护服会增大浮力，因此潜水者会负重来抵消部分浮力，达到悬浮的状态。这些重物大多是铅制的，其密度大约是水的密度的 12 倍。

你最初入水时受到的浮力，取决于你的重量和潜水装备的排水量。你可以通过增加或排出你的浮力补偿器（BC）里的空气来改变你的体积，而这种调整对你的重量的增加或减少的影响几乎可以忽略不计。增加浮力补偿器里的空气可增大浮力，排出其中的空气可减小浮力。

浮力受潜水者的体形、体重肺活量、装备，以及携带物等的影响（见表 3.1）。防护服使用空气或绝缘气体的小泡沫来进行防护隔离。当你下潜时，压力会压缩气体，从而使你的体积变小、浮力变小，因此你需要通过增加浮力补偿器里的空气量来增大浮力。另外，当你从水肺潜水气瓶里吸入空气时，你的身体受到的浮力会增大。每立方英尺的空气约重 0.08 磅（约每升 1.3 克）。一个典型的潜水气瓶内装有80 立方英尺（2265 升）的空气，一个装满空气的潜水气瓶的重量比一个空的潜水气瓶约多 6 磅（约 2.7 千克）。当你消耗潜水气瓶中的空气时，你必须排出一些你添加到浮力补偿器里的空气，以在潜水过程中保持浮力不变。

表 3.1 影响浮力的因素

因素	影响
潜水者的体形和体重	胖的潜水者受到的浮力更大
装备的类型和数量	装备越大，浮力越大（因为会增加体积）
负重	负重会减小浮力
浮力补偿器中的空气量	增加空气量会增大浮力
气瓶中的空气量	空气量减少，浮力会增大
肺活量	劳累或兴奋会增大浮力
防护服的压缩量	压力缩小了体积和减小了浮力
携带物	重量增加，浮力减小
水域类型（淡水或海水）	水的密度越大，浮力越大

肺部充满空气会增大你受到的浮力；反之，从肺部排出空气会减小你受到的浮力。平均肺容积越高，你越容易上浮；平均肺容积越低，你越容易下沉。当你变得兴奋或开始快速移动时，你的呼吸次数会增加，这也会影响你受到的浮力。为了获得最合适的浮力，你应该保持冷静放松的状态。

水的密度也会影响浮力。海水的密度大于淡水的密度，因此你在海里受到的浮力远大于在湖里受到的浮力。这也意味着，在湖里潜水时，你需要适当减轻你为了在海里潜水所预备的重量，以保证自己处于悬浮状态，减重的比例大约为你的净重和装备重量之和的 3%。例如，一个重 160 磅（约 72.6 千克）的潜水者，配备了重 60 磅（约 27.2 千克）的装备，其中包括 16 磅（约 7.3 千克）的负重，这次他想要进行淡水潜水而不是以往的海水潜水，那么他需要减掉约 7 磅（约 3.2 千克）的重量。

控制浮力的方法

对于潜水者而言，控制浮力的方法有 3 种：通过改变携带的装备和负重来调整，通过浮力补偿器来调整，通过控制肺部空气量来调整。你会发现，这 3 种调整方式依次是粗犷、适中和细微的调整方式。为了适应水下环境，你需要学习的技巧包括正确计算负重、调节浮力补偿器里的空气量和控制呼吸，以进行细微的浮力调整。本书第六章将会详细讲解这些技巧。

压力平衡

学习如何调整在水中的压力对身体的影响是学习潜水最重要的事项。随着你的身体下潜和上浮，压力一直在变化。为了避免潜水中的不适反应和受伤，你一定要保持身体空气空间、身体表面的压力和外界压力的平衡。本节将重点讲述如何平衡压力。

平衡鼻腔压力

鼻窦只要是健康的，就会自动平衡压力。但是如果你感冒了或有其他呼吸系统疾病，鼻窦内黏膜会肿胀，可能会堵住通向鼻窦的狭窄气道，就会出现挤压鼻窦的情况。因为鼻窦是由骨头搭建起来的空间，并不是一个有伸缩性的空间。当鼻窦内的压力小于外界压力时，外界液体就会进入鼻窦。鼻窦内黏膜的膨胀和液体流入会减少鼻窦里的空气量。不要试图使用这种痛苦的方式在下潜中平衡压力，

健康的鼻窦

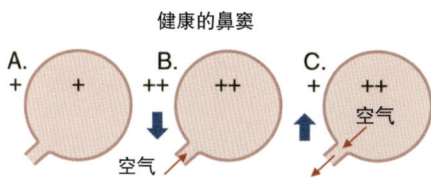

空气可以自由地进出健康的鼻窦（A），因此在下潜（B）和上浮（C）的过程中，压力会自动平衡。

充血的鼻窦

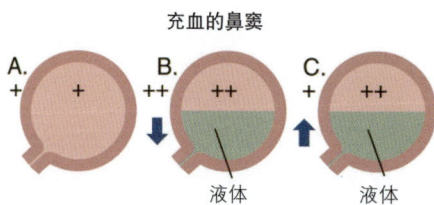

空气不能进出充血的鼻窦（A），在一定的深度处，身体迫使液体进入鼻窦以平衡压力（B）。在上浮过程中，鼻窦内的空气试图膨胀到它原来的体积（C）。

图 3.3

鼻窦内的压力平衡机制

因为当你以这种状态上浮时，鼻窦中被压缩的空气会膨胀到原来的体积。除非你的鼻窦干净正常，否则不要潜水。图 3.3 展示了在压力下正常的鼻窦和充血的鼻窦的反应。

不要在使用药物来缓解和处理由疾病引起的鼻塞和充血后去潜水。压力会大大减弱药效和缩短药物的有效时间。减充血剂并不能够治愈疾病，只能缓解症状。当减充血剂的药效消退后，鼻窦会出现反弹效应。鼻窦会变得比用药以前更加肿胀。如果这种反弹效应出现时你正在潜水，那么你很有可能会受困于鼻窦过高压。你如果还没有完全康复，就不应该去潜水。

平衡耳压

比起其他身体空气空间，你需要经常平衡耳压。鼻窦里的气道通常是打开的，但是连接你的喉咙和耳朵的咽鼓管则是常闭的，你必须学会如何自如地打开咽鼓管，使得空气可以通过，以平衡中耳压力。有几个动作可以帮助你打开咽鼓管的底部与喉咙连接的部分，如吞

咽、打哈欠、抬起舌根、前伸下颌（做单个动作或组合动作均可）。你应该会听见耳朵里有开裂的声音，这是因为咽鼓管被打开了。有些潜水者比较幸运，做这几个简单的动作就可以平衡下潜过程中中耳的压力。绝大多数潜水者需要使用一些更有力的手段才能平衡耳压。很多潜水者会使用汤因比手法，即通过堵住鼻孔、闭上嘴做吞咽动作来平衡耳压。瓦氏动作则更有用，即通过堵住鼻孔、闭上嘴轻轻地尝试呼气来平衡耳压。

使用瓦氏动作时，你一定要避免过度用力，否则可能导致圆窗、耳蜗破裂，对听力造成永久性伤害。当外耳压力增加时，鼓膜向内凸起，中耳内部与听力相关的骨头将震动传递给内耳的前庭窗。当你试图对着封闭的气道进行呼气时，你就在内耳制造出了一种耳压。这种压力和施加在前庭窗上的外部压力一起作用，就有可能造成圆窗破裂，从而导致高频听力损伤，出现耳鸣。控制做瓦氏动作的力度有助于防止遭受这种伤害。千万要小心！

你一定要提前并且常常平衡中耳耳压。如果在下潜过程中你没能及时平衡耳压，不断增加的压力会使你的咽鼓管闭合，如果此时你试图迫使空气通过咽鼓管，反而会使它闭合得更紧。这就是暗门效应。这个问题可以通过保持中耳和咽喉的压力平衡来避免。然后，你就可以顺利打开咽鼓管，使空气通过。图3.4展示了暗门效应。

在下潜之前，你就应该开始平衡耳压，而且在下潜至15英尺（约4.6米）的过程中，每下潜2英尺（约0.6米）就需要平衡一次耳压；在下潜至15～30英尺（约4.6～9.1

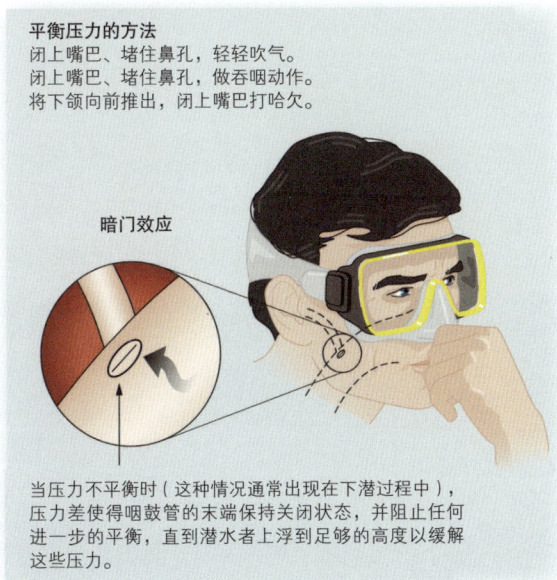

平衡压力的方法
闭上嘴巴、堵住鼻孔，轻轻吹气。
闭上嘴巴、堵住鼻孔，做吞咽动作。
将下颌向前推出，闭上嘴巴打哈欠。

暗门效应

当压力不平衡时（这种情况通常出现在下潜过程中），压力差使得咽鼓管的末端保持关闭状态，并阻止任何进一步的平衡，直到潜水者上浮到足够的高度以缓解这些压力。

图 3.4

对平衡压力很有帮助的方法

米）的过程中，每下潜 3 英尺（约 0.9 米）就需要平衡一次耳压；下潜至 30 英尺（约 9.1 米）以后，就要根据需要随时平衡耳压。当你顺利地平衡耳压后，你可以感受到空气进入你的耳朵。如果你试图平衡耳压，但是无法使空气顺利进入你的耳朵，你应该上浮几英尺，以减轻咽鼓管受到的压力，然后再次尝试平衡耳压。如果行得通，就继续下潜；如果行不通，就再上浮几英尺继续尝试。最开始潜水时，你可能会觉得下潜过程很不顺畅，但当你掌握了平衡压力的方法以后，下潜过程就会慢慢顺畅起来。

平衡中耳耳压失败和强行平衡中耳耳压一样，都是很不好的。耳压不平衡时，中耳里的耳膜是向内凸起的，如果持续挤压，压力会使血液和其他流体进入中耳。在这个过程中，不仅你会很痛苦，而且耳朵会受伤。如果在下潜过程中觉得耳朵不舒服，那么你需要上浮几英尺直到不适感消失，然后慢慢尝试下潜几英尺，同时平衡耳压。如果你忽视耳朵的压迫感继续下潜，压力差很有可能导致鼓膜破裂，鼓膜破裂会导致暂时性失聪，你会感觉耳朵被某种东西充满了。冷水冲进中耳会造成暂时性的方向感丧失（详见本章"平衡调整和晕船"一节）。如果你怀疑你的耳朵受伤了，那么你应该及时就医。及时就医可以最大限度地避免永久性伤害。

在潜水过程中，如果使用耳塞堵住耳道或用防水装备盖住耳朵，就有可能造成鼓膜向外破裂。当你封住耳道时，外耳的耳压与外界压力一致，但是中耳的耳压会随着下潜深度的增加逐步增大，这样的内外压力差会挤压鼓膜向外凸起，直到鼓膜破裂。但这种伤害是可以避免的。因此，请不要在潜水时佩戴耳塞，也请避免使用耳部防水装备。

下潜时，头朝上的站立姿势比头朝下的倒立姿势更容易平衡耳压。

在上浮过程中，难以平衡耳压的状况并不常见。中耳内的空气膨胀，通过咽鼓管排出体内。空气通过咽鼓管排出体内比进入体内要容易得多，你甚至都不需要进行任何练习就可以打开咽鼓管以便空气流动。但是，如果恰好有黏液堵住了咽鼓管，中耳内部就会产生耳压，使人出现不舒服的逆向阻隔症状。如果你在上浮过程中感到疼痛，那就暂停上浮，通常压力经过一段时间会释放出来。如果你强行浮到水面上，疼痛会加剧，进而导致受伤。如果你经常出现逆向阻隔症状，那就需要请医生检查你的耳朵。

平衡面镜内的压力

潜水面镜内的空气空间同样会受到压力变化的影响。在下潜过程中，如果你不逐步增加面镜内的空气量，压力会把你的面部和眼睛轻微地压进面镜里。如果你对这种感觉置之不理，可能会导致眼睛周围和面部的毛细血管破裂，眼白变红，面部红肿。在卜潜过程中，你可以通过鼻子呼出气体，轻松地平衡面镜内和面镜外的压力，避免出现这种状况。

呼吸调整

在水下，你无法像在陆地上一样自由呼吸。在水下呼吸与在陆地上呼吸有些不同，水下压力对肺部的影响使你在水下无法像在陆地上呼吸得那么充分。同样，水压也会使在水下从水肺潜水系统里吸气变得没有在陆地上那么容易。

当你上浮时，肺里原本被压缩了的气体开始膨胀，如果你不让气体顺利排出，则会导致肺肿胀。正常的呼吸方式可以让气体排出，但是屏住呼吸就无法排出气体了。水肺潜水的一条规则就是持续呼吸。

在潜水过程中，你可能会呛水。当水冲击到声带时，你会被呛到或呼吸急促。因此，你需要学习在水下正确呼吸的方法。

肺部过度扩张

为适应水下环境而进行呼吸调整，最重要的一点就是克服在水下屏住呼吸的本能。当你在一定的深度吸入空气时，肺里空气的密度要比你在水面时大。当你上浮时，肺里的空气会随着周围压力的降低而开始膨胀。如果你屏住呼吸，肺里的空气就会一直膨胀到极限，然后肺部就会破裂，而在这个过程中你仅能上浮 4 英尺（约 1.2 米）。在水下呼吸时，一定要避免憋气。你应该持续地呼吸或不断地呼出少量的空气。尤其是在吸入压缩空气后上浮的过程中，绝对不能憋气。图 3.5 阐明了为什么你必须不停地呼吸，对应的数据描述了在肺里有压缩空气的情况下，如果在上浮过程中呼气和屏气分别会带来什么影响。

跳跃式呼吸

有些潜水者试图通过每次呼吸都憋气几秒来延长供氧持续时间，这种危险的做法称为跳跃式呼吸。当你憋气时，循环系统中二氧化碳的含量会增加，这样反而激发了你呼吸的欲望，减弱了你憋气的能力。血液中二氧化碳的浓度增高，会减弱你身体的反应能力，从而导致你难以应对可能出现的突发状况。一旦进行跳跃式呼吸，你在上浮过程中就可能会忘记呼气，或者在潜水后可能会头痛。你必须保证在吸入压缩空气时持续呼吸。

呼吸问题

潜水者用力过猛、吸入的空气受到污染、吸入水或气瓶中的空气耗尽等问题，都可能会造成呼吸困难。幸运的是，这些问题都可以避免。

用力过猛

潜水装备让你在水下可以轻松地呼吸，水肺调整器让你可以用很小的吸力保证空气的供应，但是在水下呼吸比在陆地上呼吸困难得多。如果你不好好保养你的潜水装备，你就可能会耗费更多的体力来呼吸，还有可能出现呼吸窘迫的现象。

水肺调整器供应空气的能力是一定的，水肺调整器的设计并不是为了满足大量体力消耗活动的需求。商业潜水者往往通过带有空气软

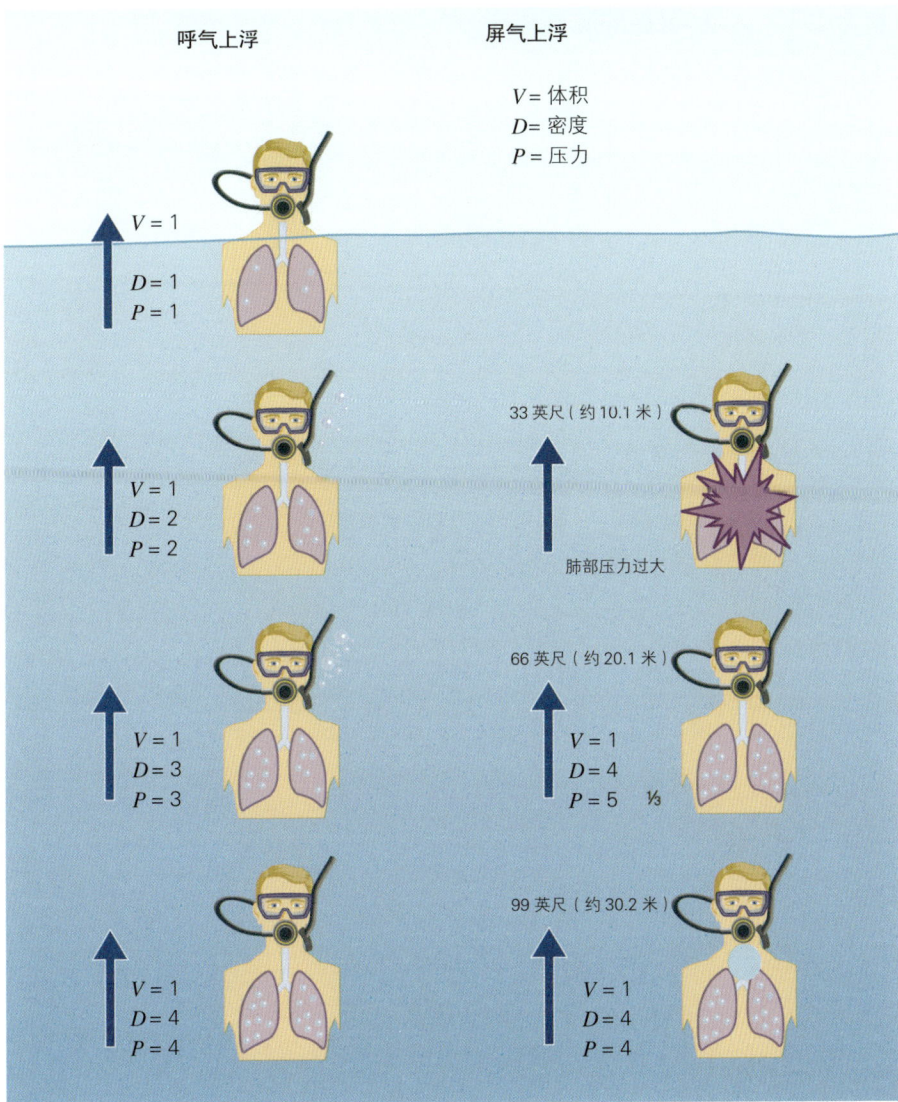

呼气上浮　　　　　　　　屏气上浮

V = 体积
D = 密度
P = 压力

$V = 1$
$D = 1$
$P = 1$

$V = 1$
$D = 2$
$P = 2$

33 英尺（约 10.1 米）

肺部压力过大

$V = 1$
$D = 3$
$P = 3$

66 英尺（约 20.1 米）

$V = 1$
$D = 4$
$P = 5$　⅓

$V = 1$
$D = 4$
$P = 4$

99 英尺（约 30.2 米）

$V = 1$
$D = 4$
$P = 4$

管的头盔来获得大量的空气，以满足他们水下作业的需要。因此，在水下，你必须避免剧烈活动，以免空气耗尽，从而窒息。

潜水时，你应该保持你的呼吸比在陆地上时要持久、缓慢一些。保持你的活动速度处于较慢的、可控的状态。如果呼吸变得急促或吃力，你应当立即停止一切活动，深深地吐气，直到你的呼吸恢复到可

图 3.5

吸入压缩空气以后，如果在上浮过程中屏气，可能导致肺部破裂。在上浮过程中，应该持续呼吸

49

可能的肺部损伤

肺气压伤

气压伤是指压力造成的外伤或内部损伤。肺气压伤是指压力对肺部造成的任何伤害。在上浮过程中，如果没能成功地将肺内膨胀的空气释放出去，可能引起多种形式的肺气压伤。

动脉气体栓塞

栓塞是一种对循环的阻塞。空气泡沫阻断动脉循环导致的栓塞称为动脉气体栓塞（AGE）。这种情况发生在肺内空气膨胀迫使空气泡沫进入毛细血管时。空气泡沫进入肺部毛细血管床，然后通过心脏被压送到为全身供血的动脉里。离心脏越远，动脉的直径越小。在某个时刻，空气泡沫就在动脉里面停住了，变成了一个栓子（插头）。动脉气体栓塞常发生在通往大脑的动脉里。动脉气体栓塞会导致中风、意识丧失，会给人体带来极其严重的伤害。如果一名潜水者在潜水之后失去意识，你就要考虑他是不是出现了动脉气体栓塞。临时性气道阻塞，例如感冒引起的阻塞，也会增加出现动脉气体栓塞的风险。健康的肺是潜水的一个先决条件。

空气栓塞

纵隔气肿

如果肺部破裂没有迫使空气进入循环，空气可能就会沿着支气管行进，进入胸部的中间区域（称为纵隔），这就导致了纵隔气肿，意思就是空气在胸部中间的组织里面。这种伤害会导致胸部隐痛或出现紧缩感，在咳嗽、吞咽或深呼吸时症状会加剧。膨胀的空气会干扰心脏的循环，导致意识丧失。

纵隔气肿

皮下气肿

纵隔里面膨胀的空气有可能沿着胸骨继续向上行进，然后进入颈部周围的组织里面，这会引起皮下气肿，意思就是空气在皮肤下面的组织里面。这种伤害可能会造成声音的改变、皮肤作响，还会让人感觉颈部充满了某种东西。

皮下气肿

气胸

如果肺部破裂导致空气进入肺部和胸膜脏壁之间的空隙，就会导致气胸，意思就是空气被困在了胸腔里面。在上浮过程中，被困在胸腔里面的空气会继续膨胀，使得肺部无法工作，并且会影响心脏的工作。气胸的症状包括严重的疼痛和呼吸困难。

肺部损伤是很严重的，甚至可能是致命的，患者可能要靠生命支持装备来维持生命。这也是为什么你应该学习心肺复苏技术。你可能需要在专业医疗（所有的肺部损伤都需要医疗救治）队伍赶到之前，进行急救。

膨胀的空气不能顺利排出能够导致几乎所有的肺部过度扩张损伤。你可以通过持续呼吸来避免伤害。如果出于某些原因，你需要将水肺调整器从你的嘴里取出来，那么你应当轻轻地连续呼吸，避免屏住呼吸。

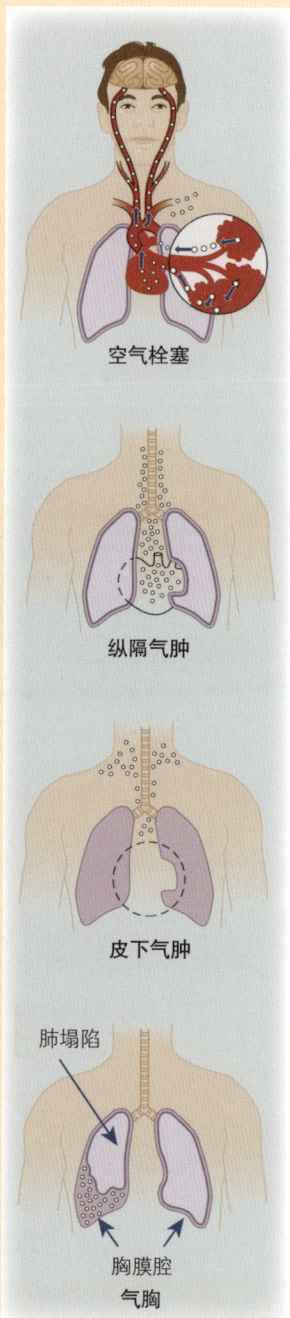

肺塌陷

胸膜腔

气胸

控的状态。

被污染的空气

如果没有正确对空气压缩机进行操作或保养，那么使用此空气压缩机向气瓶中灌入的压缩空气就可能被污染。

污染源有可能是一氧化碳——一种由于不完全燃烧而产生的气体。一氧化碳会减弱血液运输氧气的能力。血红蛋白的亲一氧化碳力大约为其亲氧力的 210 倍。通常每半分钟血红蛋白就会用氧气替换二氧化碳，但是当一氧化碳与血红蛋白相结合时，替换过程可能会长达数小时。在高压环境下吸入被污染的空气可能会导致昏迷。一氧化碳是一种无色无味的气体，但是在通常情况下，它会和其他有刺鼻气味的气体相融合。因此，如果潜水气瓶内的空气气味异常，潜水者应该马上通知负责灌装空气的工作人员。合格的充气站会定期测试其供应的空气质量以保证空气的纯度。

水的警示

如果你不小心吸入水，你的喉咙会痉挛，保证水不进入肺部。你应当学会避免在水里咳嗽、呛水等，不仅因为这本身就会让人感到不舒服，而且会让你吸入更多的水而失去浮力。在水下呼吸与在陆地上呼吸是不同的。在水下，你的呼吸要更加缓慢轻柔，以保证你只吸入空气而不会吸入水。空气一旦开始流动，后面的呼吸就会变得正常和容易起来。

还有一个动作可以防止水进入喉咙，即用舌头抵住上牙内侧的上颌，形成一个防溅板。如果你用尽了各种方法，但还是吸入了一点儿水并开始咳嗽，试着快速连续用力吞咽 3 次。吞咽动作可以帮助你克服反射性咳嗽。

如果水真的进入了你的肺部，这会干扰你的呼吸。如果肺部大面积进水，你可能会被淹死，这也是你从事任何水上活动所要面临的风险。因此，训练的目的就是将各种风险尤其是溺水的风险降到最低，使你可以最大限度地享受水上活动的乐趣。当你严格按照课程所教的规则来行动时，受伤的可能性将大幅降低。

吸水后的第一反应就是尽力将水吞下去以保持呼吸道的干燥。当你吞下的是海水时，你可能会觉得不舒服、恶心，还有可能腹泻。如果你一连吞了好几口海水，那么你应该停止潜水。

气瓶中的空气耗尽

有些潜水者平时并不注意保养他们的装备，因此到了水下以后，便很有可能遇到气瓶中的空气耗尽的情况。在高速公路上汽油耗尽都比在水下空气耗尽情有可原。有很多方法可以帮你应对这一情况（第六章会详细讲解），但是最好的方法就是常常保养你的装备，确保它们处于随时可用的状态，以避免问题的发生。

心脏和肺

浸泡在水中改变了心脏的负荷。当你在水中直立时，下肢感受到的压力比上肢感受到的压力大，这种压力差使得比常态下更多的血液集中在上肢，使心脏每一次跳动所输送的血量大大增加，心脏负荷为在陆地上同等状况下的 1.3 ~ 1.5 倍。

水温会改变心脏跳动的速率和节奏，另外，身体和感受上的压力也使得心脏负担加重。如果你的心脏不够健康，在水温、水压、运动本身及感受上的压力等的综合作用下，你的身体很有可能会出现严重问题。如果你的心脏有问题但是你又很想潜水，那么你首先需要获得潜水医生的许可。即使是微小的心脏问题也有可能导致你在水中突然失去意识，甚至溺水。具有适合潜水的身体素质是潜水非常重要的安全保障。

过低的水温会增加心脏的负担，因为低温会使得体内循环向四肢输送的血液减少，以便保存热量。越来越多的血液往身体的核心部位集中的同时，水压也会加重心脏的负荷，你的心脏可能会无法正常地舒张和收缩来增加血量。结果可能是血液充满肺部毛细血管，而为了减轻压力，毛细血管会把血液运输到肺部空气空间里。液体累积在肺部的情况，也就是俗称的肺水肿，这会导致严重的呼吸窘迫现象，并且可能导致恐慌，甚至失去意识。你应该逐步测试你的循环能力，避免在水温很低的情况下猛地入水潜水；你还应当逐步调整，以适应水下环境。

在水下，你的能力的发挥远没有在陆地上充分。在水压的作用下，你的心脏和肺并不能像平常那样达到它们应有的工作水平。常常出现的一种情况是，当你在水下试图拼尽全力时，结果你的装备不能提供身体所需的空气，这会导致一种可怕的窒息感。为了保证你的心肺不至于超负荷运转，你必须学会控制自己的行动，并且形成自己的节奏。

平衡调整和晕船

如果你的耳膜破裂，比体温低的冷水就能够接触到内耳的半规管。半规管是人体中为大脑提供信息以保持平衡的器官，对温度和压力的变化十分敏感。冷水降低了半规管的温度，可能导致眩晕，但事实上只是运动被主观地感知为一种眩晕。当内耳的水温升高到与体温一致时，这种眩晕就会消失。很明显，对于这种情况，预防胜过应对。

一只耳朵的中耳空气空间气压突然发生变化（一种会影响半规管的变化），也会使人产生定向障碍（又被称为变压性眩晕）。当大脑从压力变化中恢复过来时，这种变压性眩晕就会迅速消失。

眩晕的原因有很多。不过幸运的是，重度的定向障碍在潜水活动中并不常见。如果你在水下遇到了定向障碍，可以试着抓住一个固定的对象作为参照物，直到眩晕消失。如果你是在悬浮时遇到了定向障碍，那就闭上眼睛，拥抱自己，以克服眩晕，并告诉自己，这种感觉不会持续太久，一定要避免恐慌。

内耳感知到的运动、视觉信息和四肢关节感受到的压力都会影响你的平衡。当你的大脑从内耳、眼睛和身体的其他部位收集到很多混乱的信息时，你可能就会有恶心的感觉。你必须避免晕船，因为在水中呕吐是非常危险的。

药物可以帮助你降低晕船的可能性。这种药物会使你耳中与平衡相关的感官变得迟钝，不过药物也有副作用。因此，如果你有晕船的症状，你应向医生咨询你应该尝试哪种类型的药物，并在你计划潜水前的几天服用药物，如果药物有效，请记录下来。如果这种药物会使你产生困倦感或使你的视力减弱，那么请不要在潜水的时候服用。

你也可以服用没有副作用的药物。导致头晕、嗜睡、心悸或视力减弱的药物会使你在压力下失去知觉。很多潜水者都通过服用药物成功地避免了晕船，因此你只需要找到适合自己的晕船药。注意，服药至少 30 分钟后再进行运动。

如果你不想服用药物，你也可以通过其他方法来降低晕船的可能性，比如在潜水之前吃一顿营养丰富的、不辣的餐食。一个只有胃酸的胃比一个装满了食物的胃更容易出状况。你在潜水之前吃的早餐如果包括咖啡或橙汁，那你就很有可能会晕船。当你乘船时，你应该尽量选择靠近中间的位置，避免坐在船的前端。你也要避免坐在发动机附近吸入废气及在乘船时阅读。你可以闭眼躺一会儿以免晕船，保持安静，大脑就不会被视觉信号干扰，内耳也可以逐步进行调整以适应运动状况。

在失重昏暗的环境中，你可能会遇到迷失方向的情况。在某些情况下，如果仅仅依靠你自身的平衡感，你可能很难判断哪边是上、哪边是下。为了避免迷失方向，你必须学会认识那些在水中能帮助你识别方向的线索。面镜中的水位在最低点，气泡总是上浮，你拿着的重物（如你的配重带等）可以帮助你定位自己的上部和下部。

视觉调整

经验可以帮助你调整在水下被放大的视觉感受。你的身体适应水下视觉距离如此迅速，以至于在你上浮到水面上时，你需要重新调整回陆上视觉距离。在潜水结束时，船或岸边与你之间的距离看上去远比实际距离要远。等你到达时你甚至会感到惊讶，你游到岸边所用的时间远比你预计的要长。

你的视觉会平衡颜色的差异。如果你知道你所观察的物体的颜色，这个物体看上去就更接近你所知道的那种颜色。近距离使用人造光源可以让你更容易观察到一个颜色更丰富、更瑰丽的海底世界。

你的视觉也会进行调整以适应水下光线暗淡的环境，不过这个过程需要时间。在较为混浊的水中短时间深度潜水时，你并没有足够的时间和条件来进行视觉调整，因此细节不会很清晰。如果没有人造光源，你无法看清楚。你可以通过避免在潜水前接触强光或眩光来增强调整视觉的能力。白天在水面上戴质量好的、深色的太阳镜。当你完成夜潜训练后，你会学到更多技巧帮助眼睛进行调整以适应夜潜。

湿气会使你的面镜的镜片结露，模糊你的视线。干净的玻璃表面不会起雾，因此在下水以前一定要彻底清洁面镜的镜片或镜头。

入气和排气

你的身体在水下会吸入氮气，而身体在潜水结束时能够安全地排出的氮气量是有限的，如果超出了这个量，那么你可能会受伤。下面你将学到减压方面的知识，这将有助于你了解如何使用潜水表格和潜水计算机以避免受伤。

减压理论

气体通过从集中区域向密度相对较小的区域扩散来降低浓度。当环境压力增大时，气体就会从肺部空腔进入血液，然后通过血液被运送到身体的其他组织。当环境压力减小时，扩散就以相反的方向进行。

影响体内气体扩散的因素有两个：一个是时间，另一个是灌注（此处指在一个组织中的一次循环）。组织中的循环越大，在此组织中的气体就能够越快与你所吸入的气体达到压力平衡。要达到这种平衡状态需要时间。一个组织在一个给定的压力值下，接收它饱和值的一半的气体量所需的时间称为一个"半衰期"。现在有一个组织，它在 6 个"半衰期"后达到饱和状态，如果灌注在 5 分钟之内可以将 50% 的气体扩散到一个组织里面，那么这个组织会在 30 分钟内达到饱和状态。排气过程同样需要 6 个"半衰期"。

空气的主要成分是氮气和氧气。在水肺潜水的规定深度范围（最大值为 130 英尺或约 39.6 米）内，你所吸入的氧气量在减压过程中是无须过度关注的，因为你会用到氧气。而氮气则是一种惰性气体，不会被身体利用。因此当你上浮时，你必须想办法排出你在水下所吸入的氮气。如果氮气只是进入你的身体，这本身没有什么问题，但是如果压力在短时间内迅速减小，而你的身体无法在如此短的时间内将氮气排出，就会出现问题。如果迅速减小在一些液体上所施加的压力，原本溶解在液体里的气体就会形成泡沫浮出来，一个典型的例子就是溶解在碳酸饮料里的二氧化碳（见图 3.6）。在一个密封的压力容器

图 3.6

迅速减小的压力
使得没能够扩散
的气体在不被压
缩的液体里形成
泡沫

中，气体溶解在液体里，当你突然打开罐子减小压力，气体就会形成泡沫，因为它不能在液体中慢慢扩散。但是，如果容器上有一个非常小的孔，当你再次打开容器的时候，气体会慢慢逸出而不会冒泡，因为在之前的缓慢泄压的过程中，气体已经慢慢扩散了。

你必须关注身体吸入的氮气量及身体排出它的速度。如果你在下潜过程中吸入了过多的氮气，但是没有在上浮过程中将氮气以非泡沫的形式释放出来，那么上浮过快所产生的这些泡沫可能会引起减压病，这是一种非常严重的潜水病。

数学模型为我们提供了研究身体不同部位的氮气含量的方法。因为身体各个部位的循环各异，所以各个组织吸收氮气的速度也不同。减压专家使用一种称为"隔室"的数学模型来研究身体各个部位吸收和排出气体的规律和数据。不同的隔室通过它们各自的"半衰期"来区分。一个"5分钟"隔室的"半衰期"是5分钟。专家们通过隔室来计算吸收和排出气体所需的时间，结果为5～960分钟。

一个已经吸收了气体的隔室在泡沫出现以前，还有一点儿减小压力的空间。最初，科学家们认为对于一个在特定深度下已经饱和了的组织而言，当压力减小为原来压力的1/2时，就会出现泡沫。这个比例也被认为是峰值，绝对不可超过。

后来科学家们发现，比例峰值会因组织的不同而发生改变，因为不同的组织灌注不尽相同。例如脑部组织吸收和释放惰性气体的速度比骨骼组织要快。那些释放气体速度快的组织的比例峰值比释放气体速度慢的组织的比例峰值要高。不同的比例峰值给潜水者带来了有趣而复杂的问题，即在不同的深度，由身体的不同部位来决定潜水者在该深度处可以待多久。该模型被用于确定我们的潜水时限。在任何深度处所待的时间都不要超过在该深度处的控制隔室达到比例峰值的时间。如果超过这个时间限制，那么在上浮过程中，你就必须停下来，给组织足够的时间将气体排出。不同深度所对应的潜水时间限制已经被制成了不同的潜水表格，并被输入不同的潜水计算机中。这些工具可帮助潜水者将身体各个部位的氮气含量维持在峰值以下。

将气体从组织中排出需要时间，因此你在上浮过程中减压的速度非常重要。本书第七章提到的潜水表格指出，无论是上浮速率还是压力减小速率，都不得大于每分钟 30 英尺（约 9.1 米）。有些潜水计算机所用的数学模型采用的速率是上文提到的潜水表格中的速率的 2 ～ 3 倍。你必须缓慢上浮，防止身体里出现泡沫。

在持续上浮之前，停顿式上浮可以帮助身体排出气体，防止出现泡沫。这样的停顿称为安全停顿或休息停顿，在下潜深度超过 30 英尺（约 9.1 米）的时候，强烈建议采用这种方法。你下潜得越深，所需要的安全停顿就越多。建议的做法是，当你上浮到你下潜深度的一半时，停顿 5 分钟，然后在浮出水面之前，在 15 ～ 20 英尺（约 4.6 ～ 6.1 米）深处再停顿 5 分钟。

减压病

减压病是由于在高压环境中作业后减压不当，体内原已溶解的气体超过了过饱和界限，在血管内外及组织中形成泡沫所致的全身性疾病。科学家们并不十分确定减压病的临床表现会在何时出现。有些症状是在潜水者浮出水面时就立即出现的，有些症状则是在潜水结束后过了几天才出现的。大约有一半的减压病在潜水结束后 1 小时内发作，症状取决于泡沫的数量和位置。症状严重时，患者的神经系统会受到严重伤害，导致永久性瘫痪。减压病普遍的临床表现如下。

· 皮肤瘙痒灼热

· 关节红肿疼痛

· 麻木

· 刺痛

· 虚弱无力

· 瘫痪

下列因素可能会增加减压病发作的概率。

· 睡眠不足

· 服装过紧

· 潜水前饮酒

· 潜水过程中和之后过度运动

· 脱水

- 狭窄的位置
- 生病
- 潜水后登高
- 年龄
- 瘢痕组织或受伤
- 水温过低
- 医疗条件

有专家认为，应该避免进行那些能促进循环的剧烈运动，因为这些运动可能增加减压病发作的概率，比如健身、饮酒、洗热水澡或泡澡。另外，还要注意高海拔地区的突然减压，如高空飞行或潜水后立即开车上山，这些都增加了减压病发作的概率。总之，应避免所有可能引发减压病的活动。

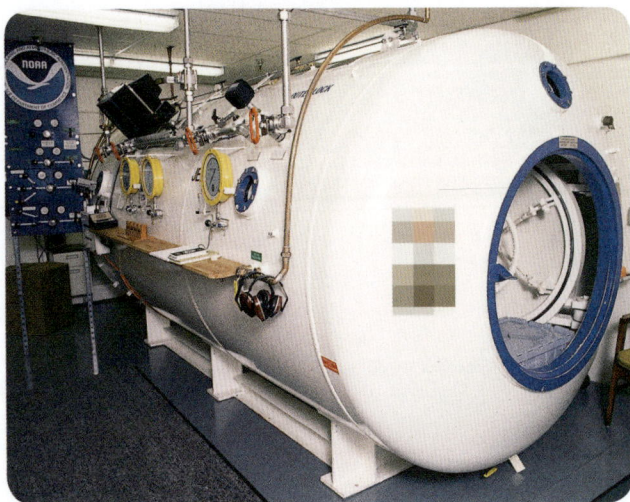

图 3.7

在已经出现减压病的情况下，高压舱是唯一安全的重新加压的设备

患减压病的病人需要立刻就医，因为这种情况是很严重的，而且会随着时间推移进一步恶化。最好的急救措施是吸氧。吸氧有助于氮气在体内扩散开来并逐步排出体外。病人应该保持不动，少量饮水。把病人转移到最近的医院，在对其进行初步的诊断治疗后，医务人员会把病人转移到一种叫作高压舱的设备中进行高压治疗（见图 3.7）。高压治疗包括增大舱中的压力以缓解甚至消除症状，然后再进行药物治疗，并给病人慢慢减压。重新加压必须在密闭的环境中进行。

减压病之所以危险是因为它能够造成永久性伤害。减压病造成的关节疼痛和神经衰弱是无法治愈的。为了降低减压病出现的概率，在潜水期间你要保持良好的状态，在允许的深度范围内进行潜水，且潜水速度不能超过潜水计算机所估算的最大值。在上浮过程中，浮出水面之前，你应至少停顿两次（如前文所建议的做法，见图3.8），将体内过量的氮气排出。保持合理的上浮速度和停顿都是不同的减压方式，这样做可以降低减压病出现的概率（具体细节见第七章）。还需要注意的是，不要在潜水之后马上登高，避免出现气压过度减小的状况。

还有一点要记住，减压病和动脉气体栓塞的症状很像，非专业人员很难区分。因此，潜水后出现任何症状都应立即就医。

图 3.8

上浮到水面之前正在进行减压的潜水者

氮麻醉

随着氮气气压的升高，在水下100英尺（约30.5米）左右处，潜水者可能会出现一种被称为氮麻醉的状况。科学家们并不确定氮气的作用机制为何，但是其效果与一些麻醉剂类似。与麻醉剂相关的情感反应从兴奋到过度自信，再到恐惧，应有尽有，它会削弱你思考、推理、判断、记忆及控制身体的能力。氮麻醉是很危险的，它会使你意识不清，大大削弱你应对突发状况的能力。被麻醉后的状态因人而异，甚至同一个人在不同的状况下的反应也不一样。

这种麻醉状态会在你下潜到一定深度的时候突然出现，你可以通过上浮一定的高度迅速缓解症状。以下因素容易导致一个人陷入昏迷。

· 由于过度劳累，身体中的二氧化碳含量较高
· 酒精
· 焦虑
· 冷
· 药物

经验、经常潜水和保持注意力高度集中都能降低人体对氮麻醉的敏感性。预防永远好于事后解决。专业的培训使得你有资格在潜水时配备特殊的混合气体，减少氮气对你的影响。未完成培训就配备这类混合气体进行潜水是很危险的，请不要尝试。

预防脱水

在潜水过程中，你需要保持体液以防止脱水。感觉到冷会让你比平常多尿。又如前面所解释的那样，每次你从水肺潜水气瓶里吸入气体时，会耗费体液使其变潮湿，因此吸入湿度较低的空气会导致脱水。在水下，你可以通过制造吸入压力从而推开空气输送装备的控制阀，以吸入空气。这样产生的吸力虽然很小，但是比平时你正常呼吸所需要的吸力大。比平时呼吸更费力的负压式呼吸也增加了生理性排尿。在水下呼吸使得脱水问题变得复杂。摄入利尿性饮料（如咖啡和酒精饮料等）和某些药物会导致尿量增多。你应当避免摄入任何可能

增加尿量的饮料。一定要防止过度脱水是因为脱水容易诱发潜水伤害。为了防止脱水，你应该做到以下几点。

· 做好保暖防护。

· 保持良好的状态，尽可能轻松地呼吸。

· 避免摄入利尿性饮料和某些药物。

· 经常及时补充体液，在潜水之前和两次下潜中间多喝水。

注意：在潜水时，如果你等到口渴了再喝水，你就已经处于脱水状态了。你应做到未渴先饮，然后每次下潜结束后都至少补充 1 品脱（约 0.47 升）的液体。一种很适合在潜水后饮用的液体是按 1：1 稀释的运动饮料。避免饮用酒精是因为酒精会加重脱水。

移动性调整

你的潜水装备限制了你的移动。它们大大限制了你的移动范围，也使你难以行走。水越冷，你的防护装备越厚，你的移动范围就越小。

潜水装备是相当重的，移动或举起它都是相当具有挑战性的。不正确的搬运姿势可能会导致背部受伤。你应当蹲下（而不是弯腰），然后用双腿发力来提起气瓶或潜水安全带。潜水装备的重量也改变了你的身体重心，并且会影响你的平衡。在摇晃的船上或不平坦的地方穿脱潜水装备时，保持平衡会是很大的挑战。当你出水时，你应小心移动并且扶着其他人或物以支撑自己。

穿脚蹼让你可以用腿部的大块肌肉发力进行推进。潜水时，你需要学习使用你的双腿来游泳，利用身体的姿势来控制方向。这些技术将你的双手解放出来，使你可以做其他事情。你应尽量少用手来推动身体前进。但是，脚蹼也会让你在出水时难以行走。当你需要向后或向旁边移动时，你会拖着脚蹼走动。你应保持膝盖弯曲，并且注意不要下沉。

水的阻力会阻碍你在水下的移动。影响阻力的一个因素是你的运动速度。你的运动速度越快，阻力就越大。潜水者平均能够维持每小时 1 英里（约 1.61 千米）左右的速度。1 节约等于时速 1.15 英里（约 1.85 千米），是用于测量水中速度的计量单位。在水中，速度加倍需要 4 倍的能量供应。试图在水里像在空气中一样移动会让人很快疲惫不堪。放慢速度，保持稳定而缓慢的速度，可以减小阻力的影响。

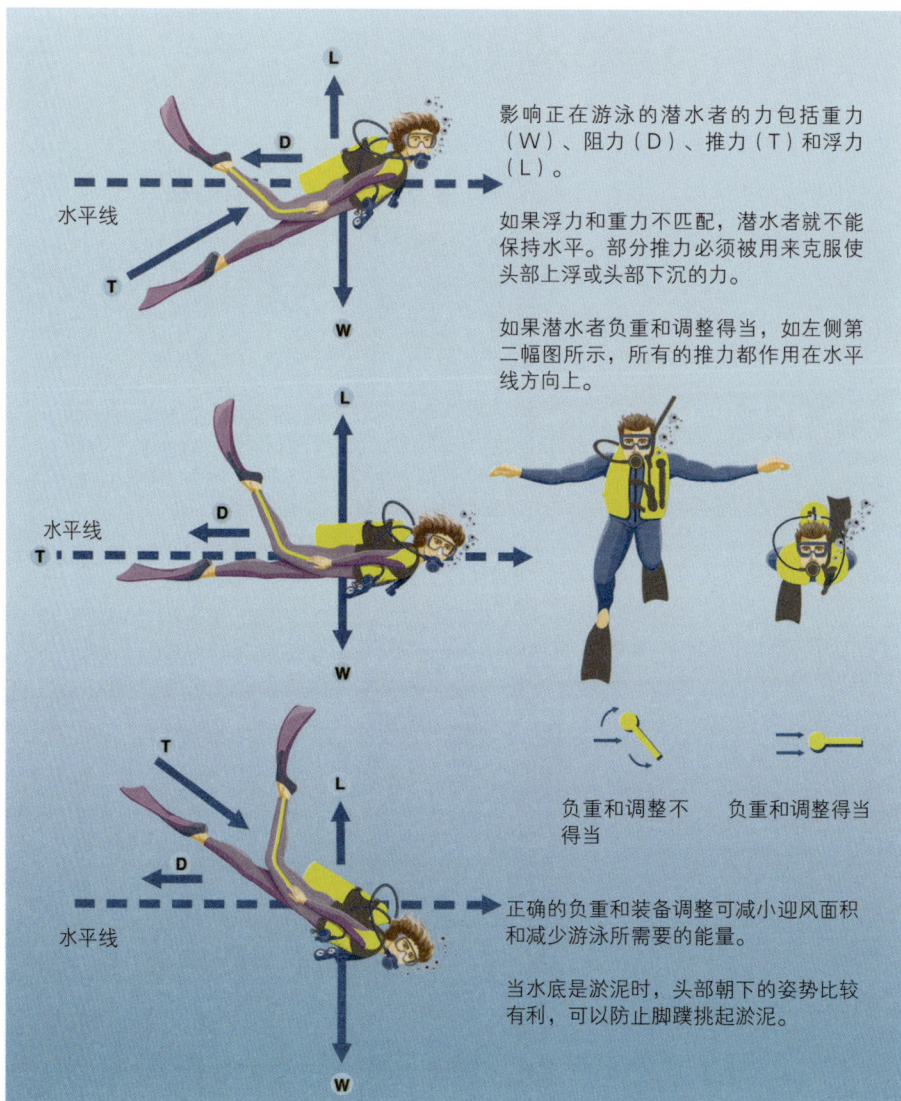

影响正在游泳的潜水者的力包括重力（W）、阻力（D）、推力（T）和浮力（L）。

如果浮力和重力不匹配，潜水者就不能保持水平。部分推力必须被用来克服使头部上浮或头部下沉的力。

如果潜水者负重和调整得当，如左侧第二幅图所示，所有的推力都作用在水平线方向上。

负重和调整不得当　　负重和调整得当

正确的负重和装备调整可减小迎风面积和减少游泳所需要的能量。

当水底是淤泥时，头部朝下的姿势比较有利，可以防止脚蹼挑起淤泥。

图 3.9

当潜水者在水里移动时，重力、浮力、推力和阻力 4 种力作用在他身上影响阻力的另一个因素是运动体的大小。运动体的表面积越大，阻力越大。一个在水中游泳的潜水者处在 4 种力的作用下：重力（负浮力）拽住潜水者向下；浮力（正浮力）拉动潜水者向上；推力推动潜水者向前；阻力则阻碍潜水者前进（见图 3.9）。潜水者的腰上往往都系有配重带，配重带会拉动潜水者下半部分向下，而来自浮力补偿器的浮力又将潜水者上半部分抬起。这些力的相互作用，增加了潜水者在水中的垂直表面积，从而也加大了阻力。你应该调整你所穿戴装备的重量，使得身体尽可能在水中保持水平状态，从而最大限度地减小阻力，减少游泳所消耗的体力。你也可以考虑在上肢接近头部的地方通过少量负重来调整身体的水平状态，也就是你在水中的位置。

当物体表面光滑时，水流会平稳顺畅地流过。但是当物体表面不规则或凹凸不平时，水的流动则会变得紊乱，而紊乱的水流会增大阻力。正如跑车的流线型设计旨在减小阻力，提高车速，你也可以选择和配置表面尽可能光滑的装备，以减小水流的阻力。

总结

为了适应水下环境，你必须做出多方面的调整，尤其是你呼吸的方式。当你使用潜水装备时，你必须连续呼吸，避免憋气。你也要控制自己的活动和步伐，避免用力过度。控制压力造成的生理和设备上的影响是最大的挑战。你必须保持身体空气空间的压力平衡，避免造成压力伤害。同时，你还要控制潜水的深度和时间，避免出现减压病和氮麻醉。刚进入水下环境时，你可能会感觉很奇怪。但是你要适应这种失重的状态，接受其他所有奇怪的感受。随着你在水下世界积累的经验逐渐增多，对于潜水，你会变得越来越兴奋。

海藻森林里的鱼群，潜水公园，圣卡塔利娜岛，美国加利福尼亚州

第四章

潜水装备

潜水大发现

通过本章的学习，你将能够做到以下事项。

1. 描述浮潜和水肺潜水装备的目的、种类、功能、选择标准、维护及保存方法。

2. 比较区分钢瓶和铝瓶、干服和湿服、集成和非集成配重系统及简易阀门和储备阀门。

3. 准确定义下列词语：浮力补偿器、K 阀门、阀门底座、防爆盘、O 形圈、DIN 阀门、J 阀门、级头（一级头、二级头）、端口、备用气源（AAS）、章鱼二级头、备用气瓶、备用空气单元、毛细管深度计、弹簧管深度计、潜水压力表、防爆塞、仪表控制台。

装备帮助人们进入水下世界，使得人们在水下能够观赏景物、呼吸、移动、休息。潜水是一项极其依赖装备的活动。在这一章，你将了解你需要什么样的装备，如何挑选你需要的最好的装备，以及如何养护你的装备。你将熟悉下列名词。

袖扣海兔螺，南凯科斯岛，特克斯和凯科斯群岛

· 面镜

· 呼吸管

· 脚蹼

· 浮潜背心

· 防护服（潜水服）

· 配重系统

· 浮力补偿器

· 潜水气瓶

· 气瓶阀门

· 水肺调整器

· 备用气源

· 仪表

· 潜水刀和其他装备

· 特殊装备

在开放水域潜水时，你必须配备正确的装备。浮潜者（在表层潜水的潜水者）应该配备面镜、呼吸管、脚蹼和浮潜背心。一个轻装潜水者（在表层以下潜水的潜水者，在潜水过程中需屏住呼吸）需要配备浮潜装备，可能还要穿防护服和配备配重腰带（如果需要配重）。水肺潜水装备包括但不限于面镜、呼吸管、脚蹼、防护服、配重系统（如果有必要）、浮力补偿器、水肺套装（气瓶、气瓶阀门、水肺调整器、备用气源）、仪表和潜水刀。如果水温很低，潜水者还需要头套、潜水靴和手套。图 4.1 展示的是两位完全装备好的潜水者。

潜水者所需的基本装备

无论是浮潜、轻装潜水，还是水肺潜水，面镜、呼吸管、脚蹼和一些漂浮装备都是必备的基本装备。

面镜

为了保证聚焦，眼睛前面需要有一片空气空间。面镜为眼睛提供了这样的空间，也为它们提供了通往一个新世界的窗户。目前，市面上有多种面镜，但是基本上只有两种类型适用于休闲潜水：带排水阀门和不带排水阀门。带排水阀门的面镜有一个单向阀门，你可以通过它将进入面镜的水排出来。还有第三种面镜——全脸面镜，这种面镜只适用于商业和专业潜水。图 4.2 展示了常见的面镜。

你挑选的是哪种类型的面镜远不如面镜符合你的脸形重要。你所选择的面镜必须与你的脸形完美贴合，这样才能在潜水过程中既让你感到舒适又能够防水。当你挑选面镜时，舒适度和防水性是两个需要着重考虑的因素。为了测试面镜是否合适，你可以拆掉带子或把带子挪到前面，将头向后仰，把面镜放到脸上（不要用力推），确保你的头发没有超过面镜的密封边缘，然后轻轻吸气。如果你吸气产生的真空压力使面镜紧贴在了脸上，那么这个面镜就适合你；如果你需要用手推才能使面镜贴在脸上，那么在水下时，该面镜就有可能会漏水、漏气。

图 4.1

装备齐全的冷水潜水者（左）和温水潜水者（右）

图 4.2

购买面镜之前，一定要试戴一下，确保舒适与合适

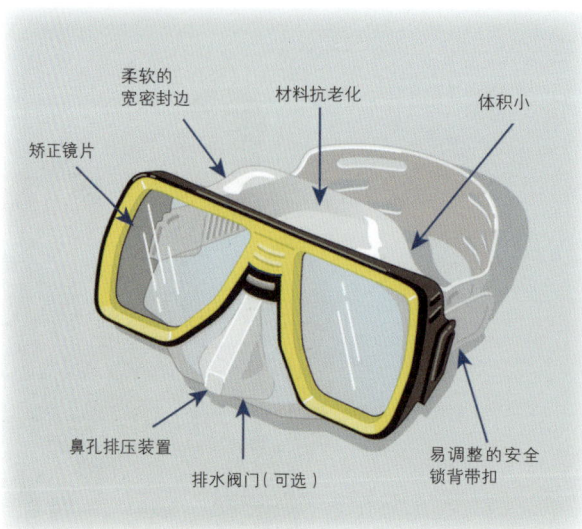

柔软的宽密封边

材料抗老化

体积小

矫正镜片

鼻孔排压装置

排水阀门（可选）

易调整的安全锁背带扣

图 4.3

面镜的特点

影响面镜的舒适度和契合度的因素包括样式、使用的材料类型及密封方法。好的面镜由硅胶制成，很软很韧，与橡胶化合物制品相比，其抗过敏性和抗老化性都要好很多。面镜的特点如图 4.3 所示。体积较小的面镜受到的浮力不会引起问题，但是体积较大的面镜受到的浮力可能会影响其密封性。体积较小的面镜更容易排出积水，保证能见度。双边密封的面镜比单边密封的面镜更防水。

新面镜的镜片上覆盖了一层在生产过程中盖上的油膜，你必须把这层膜完全清理掉，这个过程称为除雾，要不然面镜在水下会不断起雾。可以用去渍粉彻底清洁你的面镜。面镜的镜片非常结实，很难被划伤，因此在清洁时不用太过轻柔。很多商家提供了起雾解决方案，可以帮助你在潜水时保持面镜清晰。如果彻底清洁过的面镜在使用过程中还是会起雾，可以让少量的水进入面镜中冲刷起雾的区域。

如果你需要，有几种视力矫正的方案可供选择。普通眼镜不能应用于潜水中，因为在上浮过程中身体排出的气体会被困在眼睛和眼镜表面之间的空隙里，这样会伤害眼睛。在潜水训练过程中，请不要佩戴隐形眼镜，但是，潜水训练结束以后你可以使用它们。因为你在学习如何清除面镜里的积水时很可能会把隐形眼镜搞丢了。有些隐形眼镜爱好者更喜欢戴有小的排水阀门的面镜，因为这样在清理积水时隐形眼镜被冲掉的可能性就小了很多。有些公司生产了带度数的面镜，这些面镜的镜片可以替换为矫正镜片。如果你只需要进行简单的矫正，你在购买面镜时，可以顺便购买可替换的矫正镜片。

不潜水时，请将你的面镜收到面镜盒里保存。面镜盒有助于防止面镜磨损，防止硅胶氧化变色。

呼吸管

人头部的质量相当于一颗保龄球的质量。如果你必须在游泳的同时把一颗保龄球托出水面，你很快就会耗尽体力。因此如果你在游泳的同时还要保持头部在水面以上，你很快就会感到累。但是，如果你让水的浮力托起你的头部，你就可以轻松地游上几小时。呼吸管可以使你在水的浮力托住你的头部的情况下呼吸，这样可以节约体力，让你更持久地欣赏水下美景。

呼吸管最简单的形式是用一根管子从潜水者的嘴里延伸到水面以上的某个点。呼吸管的基本形状是一个一端有咬嘴的"J"形管。跟面镜一样，呼吸管也有两种基本类型：可排水型和不可排水型（见图4.4）。可排水型呼吸管有一个单向阀门，通过这个阀门，你可以将进入呼吸管的水排出。第六章会详细讲解如何清除没有阀门的呼吸管里的积水，因为很多呼吸管都是不带阀门的。有些带阀门的呼吸管是自洁型的，当你上浮到水面时，重力会自动将积水压出呼吸管。

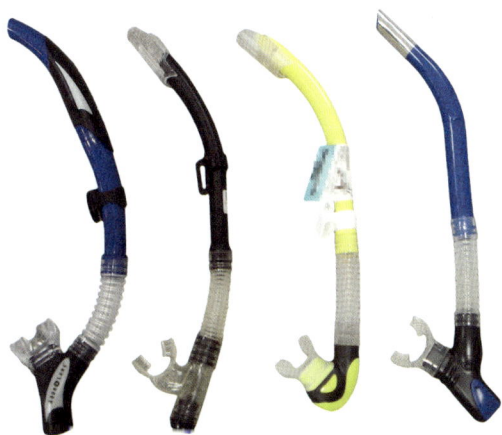

图 4.4

常见的呼吸管。左起第一个、第二个和右起第一个配备排水阀门，右起第二个没有配备排水阀门

还有一些可供选择的呼吸管，它们也许有可旋转的咬嘴和更灵活的柔性下半部管体。这种软管会减少呼吸管与水肺调整器之间的干扰。特制的咬嘴可最大限度地增加舒适度，并且可以在没有排水装置的情况下，防止水进入呼吸管的上半部。柔性呼吸管和自排水呼吸管的特点如图4.5所示。

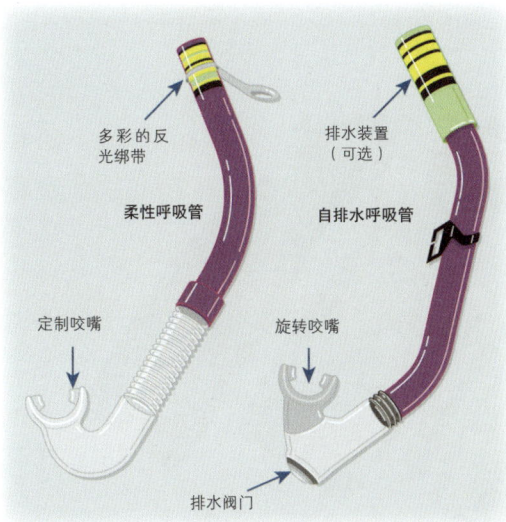

多彩的反光绑带

排水装置（可选）

柔性呼吸管

自排水呼吸管

定制咬嘴

旋转咬嘴

排水阀门

图 4.5

柔性呼吸管和自排水呼吸管的特点

图 4.6

两种不同类型的
呼吸管固定器

比起选什么造型的呼吸管，是否合适才是你购买呼吸管时最应该考虑的因素。当你把咬嘴含在嘴里一段时间以后，它一定不能刺激你的嘴巴、牙龈或下颌。咬嘴在你嘴里应该处于一种不需要你用力咬住就可以固定住的状态。一个不合适的咬嘴可能会导致牙龈或下颌肿痛。呼吸管的内径至少要有 3/4 英寸（约 1.9 厘米），这样才能保证空气流过管子时不会造成呼吸困难。

可以用呼吸管固定器将呼吸管固定在面镜的左侧。市面上有很多种呼吸管固定器，比较受欢迎的款式如图 4.6 所示。如果你张开嘴，咬嘴仍然能够保持在你的嘴里，那就说明呼吸管被调整到了正确的位置。

脚蹼

如果没有脚蹼，潜水的乐趣就少了很多。脚蹼增强了你在水中移动的能力，将你的双手解放出来，让你能做别的事。你在潜水时，可以依靠脚蹼踩水前进，与单纯靠手脚相比，脚蹼大大增加了踩水时与水的接触面积，从而增强了移动的能力。腿上的肌肉比胳膊上的肌肉要发达很多，假设将脚蹼套在手上使用，你的胳膊很快就会发酸。但是，你的腿却足够强壮，可以承受这样的负担。脚蹼也会通过加大受力面积来帮助你在水中保持稳定。

脚蹼有两种基本类型：套脚一体式和后跟可调式。套脚一体式脚蹼是直接赤脚穿的，因此比较适合在温暖的气候下浮潜时穿。而后跟可调式脚蹼是穿在一种被称为"靴子"的足部覆盖物上面的，通常用于水肺潜水。后跟可调式脚蹼通常比套脚一体式脚蹼更大、更硬。3 种不同类型的后跟可调式脚蹼如图 4.7 所示。小型轻便的脚蹼不足以满足水肺潜水的需要。

脚蹼的材料和设计有很多种，

图 4.7

3 种不同类型的后
跟可调式脚蹼

而脚蹼的两大基本要素是尺寸和脚蹼片的硬度。脚蹼的特点如图4.8所示。脚蹼片越大、越硬，脚蹼产生的推力就越大，但是在同样的时间内消耗的能量也越多。如果脚蹼片太硬，则有可能导致你的腿部抽筋，使你变得疲劳。你应该从中等尺寸和中等硬度的脚蹼开始试用，等到适应了以后，可以长时间使用而没有任何困难时，再考虑更换为推力更大的脚蹼。

加长足袋

高科技材料

脚蹼片的大小和硬度

易调整的安全锁扣

图 4.8

脚蹼的特点

选择任何潜水装备最重要的判断标准都是舒适性和配合度，这一点在选择脚蹼时尤其重要。为了选到合适的脚蹼，你可以坐下来试穿脚蹼。如果要试穿后跟可调式脚蹼，你需要提前穿好潜水靴。把脚举到空中，上下左右摆动，脚蹼和脚应该可以一起摆动。如果你觉得你的脚在足袋里面晃动，那就说明脚蹼太大了。潜水装备应该是贴而不紧的，太紧的脚蹼可能会使脚抽筋。脚蹼的足袋应当可以贴在脚上，但是又不会对脚产生额外的压力。挑选脚蹼时，配合度、舒适性、脚蹼片的硬度和尺寸是需要优先考虑的，其次才是材质、时尚度和价格。

浮潜背心

向浮潜背心（比浮力补偿器小很多，用法也简单很多）里面吹满气以后，它就会产生正浮力。当你想要浮在水面上休息，或想将你收集到的东西带回岸上的时候，正浮力就会发挥作用。当你排出浮潜背心里的空气时，你就可以获得负浮力。你在任何你想要潜水的时候，都要配备一个浮潜背心（见图4.9）。

潜水者常用的浮潜背心大多是套头式的，在

图 4.9

浮潜背心

71

腰部系紧，这类浮潜背心都配有一个吹气管，但吹气管的尺寸各不相同，有咬嘴的粗管比没有咬嘴的细管更容易充气。

浮潜装备的保养与维护

正确地保养你的浮潜装备可以延长它们的使用寿命，比如使用过后用干净的清水擦拭装备；在阴凉处控干；存放在阴凉、通风、无虫的地方。长时间暴晒、雾气、盐分和游泳池的氯都会损害你的装备。你应当向使用过的浮潜背心里面灌入清水并摇晃，彻底清洁以后，将水彻底排干，然后充气保存。定期检查面镜和脚蹼的带子，防止其干燥开裂，如果出现老化现象，就应该更换带子。清洁完面镜后，在镜片上滴上一两滴除雾剂并抹匀，以便在存储过程中使镜片保持干净。

防护服

在潜水时，即使不考虑水温，你也需要穿上不同类型的防护服。除了防寒，防护服还可以保护身体不被擦伤或刺伤。防护服的基本类型有湿式防护服（湿服）和干式防护服（干服）两种。总的来说，水温越低，防护服就要越厚，需要防护的身体部位就越多。防护服有各种不同的类型，最常见的是连体衣或分体式。潜水马甲有助于保持重要器官的热量。头罩、潜水靴和手套有助于减少分别从头部、脚部和手部流失的热量。

湿服

湿服适用于水温在 60～85 华氏度（约 15.6～29.4 摄氏度）的环境。水可以进入湿服，进去的水也可以出来并且带走热量。湿服越合身越好；进去的水越少，湿服越保暖。表 4.1 比较了几种由不同材料制成的湿服。下面的描述提供了更多的信息。

氨纶防护服很薄，伸缩性好。这种材质的全身型防护服在热带水域的潜水中十分受欢迎。氨纶防护服可以保护裸露皮肤，有助于防止擦伤、蜇伤和晒伤。而且它们十分轻便，便于携带，也可以作为内衣穿在其他防护服里面，提供额外的保护。温暖水域里常见的几种湿服如图 4.10 所示。

表 4.1　由不同材料制成的湿服

材料	温暖度	特点	适用温度范围
氨纶	比赤裸皮肤温暖 45% 左右	轻、体积小，可以作为内衣穿在其他防护服里面	大于 78 华氏度（约 25.6 摄氏度）
不加绒的热塑性塑料	比氨纶温暖 30% 左右	具有中性浮力，不需要配重调整，吸汗、防风	大于 75 华氏度（约 23.9 摄氏度）
加绒的热塑性塑料	比不加绒的热塑性塑料温暖 10%	同不加绒的热塑性塑料	大于 72 华氏度（约 22.2 摄氏度）
泡沫氯丁橡胶 1/8 英寸（约 3 毫米） 3/16 英寸（约 5 毫米） 1/4 英寸（约 6 毫米）	比加绒的热塑性塑料温暖 20%～100%	有浮力、需要配重、干燥时间长、水分蒸发会使穿着者感到寒冷、维修简单	可以低至 60 华氏度（约 15.6 摄氏度）
头罩、潜水马甲、潜水靴、手套	温暖 16%～66%	减少水流循环，不同的组合可以适应不同的温度变化	可以低至 60 华氏度（约 15.6 摄氏度）

图 4.10

温暖水域里常见的几种湿服：泡沫氯丁橡胶连体衣（左）、短款泡沫氯丁橡胶防护服（中）和尼龙防护服（右）

　　像三明治一样被两层氨纶夹在中间的热塑性塑料是湿服的另一种常用材料。这种材质的防护服比氨纶防护服要暖和 30% 左右。热塑性塑料防护服大多很薄，专为热带水域设计。一些热塑性塑料防护服里面还有一层柔软的毛绒衬里，因此格外温暖，毛绒衬里可以增加

10%的温暖度。这类防护服也可以穿在泡沫氯丁橡胶防护服里面作为内衣，在寒冷的水域里为身体保暖。

热塑性塑料防护服的优点如下：在重量和体积之间实现完美平衡，使得它在水中自然就处于悬浮状态，因此穿着这种防护服时，可能都不需要配重带；材料的伸缩性使得你可以自由移动，而且材料本身吸汗性好，还可以防风。

还有一种湿服材料是泡沫氯丁橡胶，泡沫中的惰性气体起到了防寒的作用。防护服越厚，防护效果越好。一套1/8英寸（约3毫米）厚的泡沫氯丁橡胶防护服比含毛绒衬里的热塑性塑料防护服要暖和20%。较冷水域里的湿服类型见图4.11。

泡沫氯丁橡胶防护服的厚度大多在1/8英寸（约3毫米）到3/8英寸（约9毫米）之间，适

图 4.11

较冷水域里常见的湿服类型：带头罩的外套（左）、不带头罩的外套（中）、农夫约翰式连体衣（右）

用于极冷的水域。其常见的厚度有1/8英寸（约3毫米）、3/16英寸（约5毫米）和1/4英寸（约6毫米）。防护服有助于减少身体关键部位的热量损失。但是防护服越厚，你就越难控制浮力。你可以向那些经验丰富的潜水者咨询，并根据他们的意见选择厚度合适的防护服。

通常泡沫氯丁橡胶防护服的两侧都会覆盖尼龙材料。尼龙材料增加了防护服的强度和耐用性，尼龙材料是被缝合和胶合上去的。你可以对防护服进行小修小补，但是如果要进行较大的维护，则需要将防护服返回专业厂家进行处理。

如果你穿的防护服用泡沫氯丁橡胶制成的，那么你需要配重来平衡浮力，以达到悬浮的状态。这类防护服，在你松开配重的瞬间，就会产生浮力。但是防护服所产生的浮力有利有弊。泡沫氯丁橡胶是不防风的，而且防护服上的水分蒸发会让身体降温，使人感到寒冷。在比较寒冷的气候里，在每次下潜之间的空当，你可以在防护服外面再

穿一件外套。比起其他材质的防护服，这类防护服变干需要花费更多的时间。薄的泡沫氯丁橡胶防护服的移动性很好，但是随着材料厚度的增加，其移动性也会慢慢降低。

防护服的款式非常多，包括短款防护服、连体衣，如图 4.10 和图 4.11 所示。在挑选湿服时，有几个因素你必须考虑。拉链越多，进水的可能性就越大，那么热量损失得就越多。在寒冷的水域潜水时，你可以选择无拉链设计的湿服。好的湿服会有脊柱防护设计，它会与你的脊柱相贴合，可以顺着脊柱方向最大限度地减少水循环。有些湿服还会连着一个面罩以减少脖子周围的水循环。在水里，你可能会跪在水底，因此有护膝设计的湿服是再好不过的选择了。

你可以在防护服上装一些加热包。这种加热包装有一种无毒的可以重复使用的化学物质，可以在 130 华氏度（约 54 摄氏度）的不同环境里发热半小时或更久。有些防护套装里面配有专门装加热包的口袋。

你可以购买市面上标准尺寸的湿服，也可以定制贴合身材的湿服。合身是防护服最重要的条件之一。防护服的每一个部分都必须与你的身材贴合，但是又不能太紧，否则会影响你的呼吸和循环。如果你在出水的时候感觉到稍微有点儿紧，那么那就是一件非常合适的防护服。找到一件合适的防护服真的是潜水准备过程中的一大挑战。有时候你可能会租到一件你甚至想要买下来的防护服。

湿服配件

水肺潜水者需要进行足部防护，潜水专用的鞋子称为潜水靴或短靴。大部分的潜水靴都是用氯丁橡胶制成的，可以只盖住两只脚和脚踝，从便宜的氯丁橡胶袜子到完整的带有厚实鞋底的鞋子都有。有的潜水靴有拉链，有的没有（见图 4.12）。有拉链的潜水靴容易穿脱，没有拉链的更保暖。

图 4.12

市面上带拉链和不带拉链的潜水靴

当水温低于 70 华氏度（约 21 摄氏度）时，你应该进行手部防护。有些潜水者会戴手套，手套包括分指手套、连指手套（见图 4.13）。水温较低时，建议选择连指手套，因为连指手套更厚，而且比

图 4.13

图 4.14

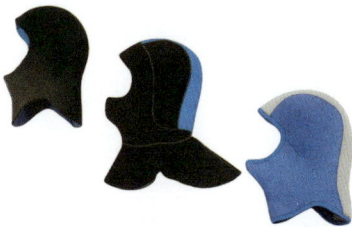

图 4.15

多穿一件潜水马甲，可以提高约 16% 的保暖性

分指手套表面积更小，热量损失更少。当水温特别低时，建议选择长防护手套。在温带海域潜水时，选择薄的氯丁橡胶手套就可以了。在热带海域潜水时，不要戴手套。当你戴着手套时，你就会更放心地去触摸或抓珊瑚和其他海洋生物，而手套可能会对它们造成伤害。

头罩（见图 4.14）是一种非常重要的保暖配件，在不同的水温条件下，可以减少 20% ～ 50% 的热量损失。头罩有两种基本类型：分离式和连接式。在寒冷水域潜水的潜水者喜欢戴连接式头罩，因为比起分离式头罩，连接式头罩的防水效果更好。有些分离式头罩在脖子周围有一圈像裙摆一样的结构延伸到脖子下端；另外一些适用于寒冷水域的分离式头罩的下端大得像围裙一样，可以罩住脖子和肩膀。薄头罩适用于在比较温暖的水域进行防护，而厚头罩适用于在比较寒冷的水域进行防护。

你可以通过多穿一件潜水马甲来提高约 16% 的保暖性（见图 4.15）。潜水马甲的材料各异，并通过分层来提供多一层防护。分层技术可以有效减少水循环，优化防护效果。有些潜水马甲直接与头罩相连。

湿服的日常维护

在护理得当的情况下，湿服可以使用很多年。潜水结束后，请将你的湿服浸泡在干净的淡水里面。如果你没有条件浸泡湿服，那就用水打湿它。用专用的湿服衣架来晾你的湿服，这类衣架比普通衣架更宽、更大；将湿服放在阴凉处晾干而不是放在太阳下晒干。将其悬挂在阴凉的避光防潮的地方进行保管，相信我，车库不是一个好的选择。不要折叠存放湿服，因为长期折叠会使其产生永久性的折痕，而折痕处的防护效果会大大减弱。定期检查湿服是否开线或漏水，如果有必要，请及时送去修补。

干服

当水温低于 60 华氏度（约 15.6 摄氏度）时，你就要考虑穿干服了，因为水无法透过这类防护服。干服的保暖能力比湿服要强很多的原因有以下 3 点。

1. 与你的身体接触的是空气而不是水。空气吸收的热量比水少，你在传导中损失的热量也就更少。

2. 在干服里面，你会再穿一层内衣，这层内衣困住了一层空气，形成了一个绝佳的防护层。

3. 3 种类型的干服里有 2 种会受到压缩的影响，但是这种影响微乎其微，因此干服的防护能力基本不受下潜深度的影响。

根据材料的不同，干服可分为 3 类（见图 4.16）。表 4.2 比较了常见的 3 类用于制作干服的材料。泡沫氯丁橡胶干服所使用的材料和泡沫氯丁橡胶湿服一样，但是干服在手腕和脖子处是密封的，并且与配套的潜水靴和防水拉链相连。

表 4.2 用于制作干服的材料比较

材料	优点	缺点
泡沫氯丁橡胶	流线型合体设计	干燥时间长
合成橡胶	耐用、容易维修、持久、浮力小于泡沫氯丁橡胶	防护效果比泡沫氯丁橡胶稍差，价格高，有点儿笨重
壳（两种） 涂层尼龙 橡胶化织物	速干、容易维修；尼龙很便宜，橡胶化织物使用寿命长	容易被刺穿、笨重；尼龙使用寿命短，橡胶化织物价格高

干服的价格是湿服的 2 ~ 5 倍，但是如果维护得当，其使用寿命远长于湿服。如果你主要在寒冷水域进行潜水，干服是个很好的选择。

干服制造出了一个封闭空气空间，可以承受挤压。干服配有一个低压充气阀，在下潜过程中，你可以通过充气阀向干服内部充气来对抗水的挤压。在上浮过程中，空气会膨胀，因此干服还配有一个排气阀。

潜水是一项利尿的活动，也就是说，在潜水过程中你的尿量会增加。

有几种类型的内衣可以穿在干服里面。有些内衣比较便宜，但是到了水里以后，随着深度的增加会被压缩，湿了以后就失去了防护能力。很多比较贵的内衣都具有很强的抗压性，即使湿了，也具有较强的防护能力。在穿干服的潜水者中，有不少人喜欢穿两层内衣：一层比较薄的贴身穿，用来吸汗；一层厚一点儿的用来进行防护。水分会传导热量，因此当内衣吸走汗水后，你会觉得更温暖。

干服也有一些缺点。比起湿服，穿着干服的时候控制浮力的难度比较大。除非你能控制干服，要不然你很快就会不受控制地上浮。如果你试图穿着干服潜水，在这之前你必须参加潜水培训。干服比湿服更笨重。穿脱干服比湿服容易，但是干服的体积使得潜水者在水的表层游泳变得十分困难。与湿服相比，干服对你在水中活动的限制性也更大。然而，当保暖是第一需要时，这点儿小小的不便就不算什么了。

干服配件

大多数干服都是连靴的，相对便宜的干服会用乳胶靴，稍微贵一点儿的会用硬底靴。你需要在穿上厚袜子后再穿乳胶靴，然后在其外面再套上与湿服配套的潜水靴。因此到最后，往往选择干服的潜水者需要购买配有大号足袋的脚蹼。你可以根据需要选择连指手套或分指手套，来与干服搭配。如果水温极低，那么你可以选择带连体手套的干服。有些干服直接配有天然乳胶头罩，但是大多数潜水者都选择使用独立的氯丁橡胶头罩。图 4.17 展示的是干服的一些配件。

干服的维护和保养

干服比湿服更需要保养。更换干服的拉链和阀门的成本都不低，因此不要让盐分在拉链上或阀门内形成结晶。每次在咸水水域潜水之后，你应当立刻把拉链和阀门泡在干净的淡水里。用清洁用品清洁干服的脖子处和腰封，然后将其冲洗干净。橡胶部分晾干后，为其涂上滑石粉，滑石粉可以防止橡胶老化分解。用一个宽大的衣架将干服对折挂起晾干。根据使用说明润滑拉链，然后保持拉链呈敞开状态存放。如果需要修补，请专业人士来处理。

防护服的挑选

在挑选防护服时，你需要考虑很多因素：你的身体特点、潜水地点、潜水方式、潜水次数、潜水时的具体活动等。预算也是你需要考虑的一个因素，不过要记住，便宜的不一定是最划算的。如果头到的防护服不合适，那你就要花更多的钱再买一件合适的防护服。

你计划潜水的次数也是一个很重要的指标。如果你计划每天只潜水一次，那么你所需要的装备和你计划每天潜水很多次所需要的装备是不一样的。你待在水里的时间越长，装备的保暖性就要越好。

如果你很瘦，很容易觉得冷，那你就需要保暖性高于平均值的保暖装备。那些身体脂肪含量高于平均值的人可能并不需要保暖性达到或高于平均值的保暖装备。脂肪是天然的、最好的保暖装备。温暖舒适对于潜水安全和享受潜水乐趣都是非常重要的。

如果你计划的绝大部分潜水地点都集中在一个区域，那么在那个区域最受欢迎的防护服应该是你的最佳选择。如果当地水温很低，那么你必须在干服和湿服之间做出选择。如果你最终选择湿服作为你第一次在寒冷水域潜水的装备，那么农夫约翰式连体衣、潜水马甲、带头罩的上穿式外套的组合就比高腰裤、普通外套和分离式头罩的组合要保暖得多。定制的贴身防护装备肯定比按标准尺寸量产的防护装备更保暖。

如果你需要长时间在表层游泳，那么干服不是一个好选择，因为你可能会过热。有些干服过于蓬松，会增大阻力，可能使你很容易疲劳或者抽筋。但是在水下，干服比湿服要更保暖。如果你绝大部分时候的下潜深度都大于40英尺（约12.2米）、水温在60华氏度（约15.6摄氏度）以下，而你又可以避免在水面上长距离游泳，干服绝对

图 4.17

干服靴和干服手套有助于潜水者保暖

是你的最佳选择，只要你能保证在使用前经过专业培训。

如果你想尝试在不同的气候条件下潜水，氨纶或热塑性塑料同泡沫氯丁橡胶相结合的湿服会是不错的选择。你可以根据温度的不同，穿不同的部分。你的需求会随着潜水活动的改变而改变。一个在水下玩寻宝游戏的潜水者产生的热量肯定比一个基本不动的水下摄影师产生的热量要多。你在水下活动得越少，你需要的防护就越多。你的愿望、需求和预算决定了你选择什么样的防护服。当你在做选择的时候，你可以参考当地有经验的潜水者和潜水教练的意见。

你选择什么样的配件取决于你选择什么样的防护服、潜水目的地的水温、你计划进行的水下活动和你的预算。水温较高时，选择薄而短的头罩就可以了，厚而长的头套适用于水温较低的区域或与干服搭配。潜水靴可以是包脚的，可以是齐踝的，也可以与防护服相连。鞋底可以是软的，也可以是硬的。你可以不进行手部防护，也可以选择厚的连指手套或分指手套。

当地的专业潜水者可以帮助你挑选防护服和配件。无论你挑选什么类型的防护服，有一点请牢记于心：这是你为了享受潜水的乐趣而做的投资。如果你因为冷而感到不适，潜水就完全没有了乐趣。

配重系统

防护服增大了你的浮力。你需要使用配重系统来帮你获得适当的负浮力。使用配重带（见图4.18）是一种比较常见的形式，另一种形式是将配重系统融入水肺潜水套装。将重物系在带子上，或插在带子上，然后将带子系在腰间，就形成了配重带。这条带子由尼龙制成，约2英寸（约5厘米）宽。你可在带子上系上铅块，在带子里塞满铅粒，或者将铅块和铅粒放到口袋式配重带里。在带里塞上铅粒后将其挂在腰上，远比系硬铅块要舒服得多。铅粒大小不一，如果带子不小心掉了，其造成的伤害也远小于硬铅块。

随着下潜深度的增加，防护服会被压力压缩，除非有什么方法可以调整配重带以弥补防护服的压缩量，不然配重带会变松。因此，可以给配重带配一个弹性调整器，市面上可供选择的弹性调整器的种类很多。

要将配重带上的重物固定好，保证它们不会移动。口袋式配重带在这方面的表现比较好。当你往带子里面装入重物的时候，要保证第一块重物和最后一块重物被固定器固定住。

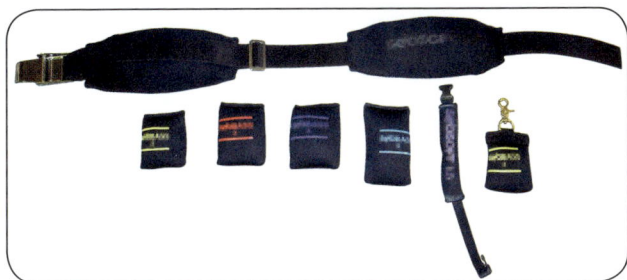

图 4.18

配重带和各种不同类型的重物

配重系统最重要的一个特点就是便于拆卸。在紧急情况下，你必须迅速弃重以获得正浮力。无论你选择什么类型的配重方式，稳定可靠、容易装配和容易拆卸都是必要条件。

市面上有几种不同类型的重物可供选择。大型的髋骨形状的重物大多用来平衡在冷水中用防护服受到的浮力。小的长方形的铅块因为经济实惠而被广泛应用。有涂层的重物兼具美观性和实用性。制造商一般将铅块制成各种形状，并在外层涂上一层乙烯基。涂层可降低铅对海水的污染性，提高重物外观的亮度，使配重系统在水里更容易被发现，并且减少了配重系统对防护服的磨损。装了铅粒的网布包也很受欢迎。你也可以将铅粒塞进一条空心的配重带里。有涂层的铅粒尽管会贵一些，但是比没有涂层的铅粒要好。选择在脚踝处配重也可以，不过有些专家认为没有必要这样做。

还有一种集成型配重方式，不需要使用配重带，而是把重物附在装水肺潜水气瓶的背包上或放到浮力补偿器里。集成型配重方式使得潜水装备更重了，但是能比单独的配重方式更好地分配重量。有些潜水者认为集成型配重方式更好的原因在于，重物不容易移动，不需要压缩调整器，而且在腰部以上配重减轻了下半身受到的压力。当然，当身体重心过高时，你在出水的时候容易因失去平衡而跌倒。因此，要想用好集成型配重方式，你需要较强的力量、良好的平衡感和谨慎的态度。集成型配重方式通常使用铅粒，散装的或袋装的均可。

配重装备的保存与维护

与其他潜水装备不同，配重装备并不需要特别频繁的维护和保养。千万不要把使用过的裸铅泡到水里，因为铅会污染环境。如果有灰色的水从你的配重装备里流出来，那么你需要更换里面的铅块并为其涂上涂层（旧的铅块可以循环利用，不要直接扔掉）。如果你使用的是口袋式配重系统，可以将里面的重物取出后，再清洁载体。

定期检查配重装备的功能状态，例如快速解开和补偿压缩量。如果你使用的是配重带，你需要检查连接处，确保其没有断裂或破损，并且保证配重带的一端整齐干净，便于插到锁扣中。如果你发现其一端已经磨损，你可以剪掉一块然后对这一端进行火燎。要小心不要割伤或烧到自己。

如何挑选配重装备

在挑选配重装备时，你需要考虑你的体形、需要的重量和需要调整重量的频率。

如果你块头很大，腰部比臀部要粗，而且你的防护服又很厚，那么配重带就不太适合你，尤其是当你需要的配重超过 30 磅（约 13.6 千克）时。在第六章，你会学到如何测量你的浮力以便确定你所需要的配重。你可以询问那些体形和你相似的潜水者的意见。如果你需要的配重超过 30 磅（约 13.6 千克），你可能需要一条配重带再加上一套集成型配重装备。如果你需要的重量不大，基本上任何类型的配重装备都可以。

如果你潜水的类型经常变化，你的配重装备也需要经常变化。你在淡水与咸水中潜水时需要使用的配重装备是不同的。如果你改变防护服的搭配，那么你也需要调整配重装备。你需要调整的情况越多，你就越需要一种可以适应各种变化的配重装备。

浮力补偿器

浮力补偿器有助于你控制浮力，你可以在水面上使浮力补偿器膨胀以增大浮力，下潜时就放气以减小浮力，在水下可以充气以保持悬浮。很多浮力补偿器都配有一个背包，背包可以用来装水肺潜水气瓶。浮力补偿器主要有 3 种类型：外套式、背包式和前置式（表 4.3

表 4.3　浮力补偿器

类型	浮力气室的位置	优点	缺点
外套式	身前和身后	可以举起；潜水者能够保持直立	不适用于浮潜
背包式	身后	不会与干服的阀门操作系统互相干扰	会推动潜水者前倾；潜水者很难保持直立
前置式	身前	适用于浮潜；潜水者可以保持直立	潜水气瓶需要装在单独的背包中；移除装备之前需要断开充气软管；提供的浮力不如外套式提供的大

比较了这 3 种类型的浮力补偿器）。现在潜水领域所应用的大部分浮力补偿器都为外套式，其可以提供前后左右环绕式浮力。外套式浮力补偿器的基本设计有两种：一种是肩部有膨胀管；另一种比较新，其肩部还有调节带。外套式浮力补偿器的肩带上有一个方便的可调节的移除装置（见图 4.19）。

　　背包式浮力补偿器应置于身后。这种类型的浮力补偿器特别适用于在水下拍照和一些特殊的潜水活动。如果没有笨重的浮力补偿器环绕着模特们，视觉效果会更好。而且背包式浮力补偿器并不会像其他类型的浮力补偿器一样干扰干服的阀门操作系统。

　　前置式浮力补偿器会从你的脖子绕过，并盖住你的胸部。最初的浮力补偿器就是这种类型，不过现在已经很少有人使用了。绝大多数潜水爱好者都认为外套式浮力补偿器远好于前置式浮力补偿器。前置式浮力补偿器适用于浮潜，也适用于水肺潜水。外套式浮力补偿器和背包式浮力补偿器都不适用于浮潜。

　　浮力补偿器的核心

图　4.19

带肩带和快速移除装置的外套式浮力补偿器

就是一个带有附件的气囊（见图 4.20）。一种情况是气囊本身就是储存空气的容器和覆盖物，另一种情况是气囊外面再包裹一层编织物。气囊的接缝是黏合的还是焊接的，取决于所用材料的类型。

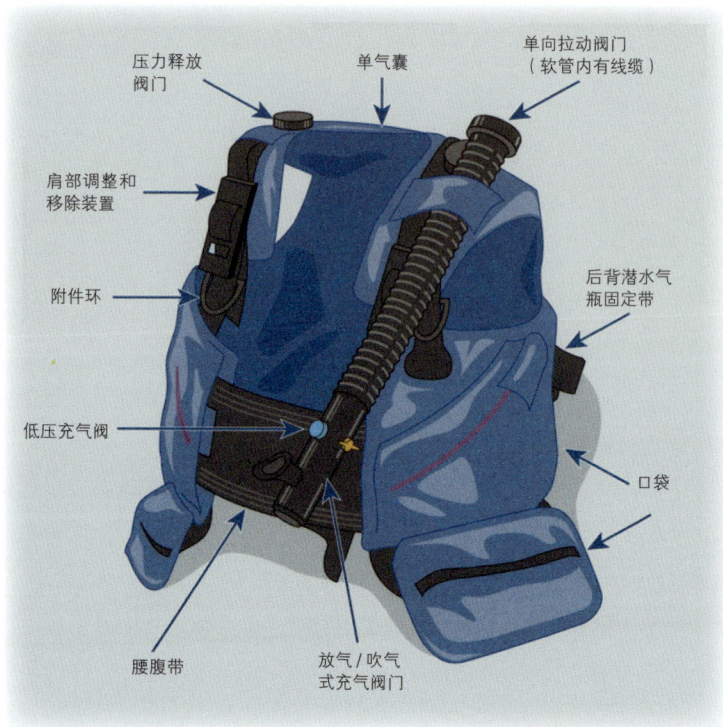

图 4.20

理想的浮力补偿器

压力释放
阀门

单气囊

单向拉动阀门
（软管内有线缆）

肩部调整和
移除装置

附件环

后背潜水气
瓶固定带

低压充气阀

口袋

腰腹带

放气／吹气
式充气阀门

如何挑选浮力补偿器

在挑选浮力补偿器时，你需要考虑你的体形、你计划潜水的区域，以及你将要进行的潜水的类型。部分浮力补偿器所提供的浮力比较大。一个在寒冷水域穿着湿服的潜水者比一个在温暖水域穿着薄防护服的潜水者需要的浮力要大，但浮力并非越大越好。

如果你体形高大，那么可能浮力补偿器的大小并不是你需要特别关心的。但是如果你身材比较矮小，聪明的做法是挑选那些小一点儿、轻便一点儿的浮力补偿器。浮力补偿器的长度非常重要。如果浮力补偿器过长，其就会干扰配重装备的穿戴和移除。如果你的腰很短，那么你应该考虑集成型配重方式。浮力补偿器合适非常重要，因为它需要能够在水中支持你。浮力补偿器应该与你的身体贴合而不应该挂在你的身上。可以根据具体体形进行调整的浮力补偿器类型是最理想的选择。

另外一个比较好的选择是购买单气囊型浮力补偿器。比起双气囊型浮力补偿器，单气囊型浮力补偿器更便宜，维护起来也没有双气囊型浮力补偿器那么麻烦。你可以通过租赁多试用几种，这样可以帮助你做决定。你可以跟有经验的潜水者多聊聊，也可以多观察一下你经常潜水的地方有哪些浮力补偿器。

浮力补偿器的维护和存放

你花在浮力补偿器上的钱不是小数目，但是，与其他潜水装备一样，如果维护得当，浮力补偿器可以使用很多年。使用结束后，浮力补偿器内外都要冲洗干净，尤其是在游泳池或海里使用过后。游泳池里的氯和海水里的盐分都会对浮力补偿器造成伤害。你应当将浮力补偿器里的水排干，再灌入约其容积的1/3的清水，摇晃，然后把水排干；彻底冲洗充气组件后，再使浮力补偿器完全膨胀直到其完全变干。充气可以测试气囊和阀门的密封性。浮力补偿器需要保持完全充气状态至少1小时，如果不能，需请专业人士进行维修。任何时候只要你的浮力补偿器工作不畅，都需要交由专业人员修理维护。未经过专业培训、未使用专业的工具和配件去尝试修理浮力补偿器是一件很危险的事情。

潜水气瓶

潜水气瓶有多种尺寸（见图4.21）和压力等级，常见的尺寸有63立方英尺、71.2立方英尺、80立方英尺和100立方英尺（1784升、2016升、2265升和2832升）。潜水气瓶内可填充的空气气压被称为潜水气瓶的工作气压，为1800～4000磅力每平方英寸，或者122～272个标准气压。

钢瓶

一些空气压缩机只能将空气泵送至2500磅力每平方英寸（170个标准气压）。当你无法在大于2500磅力每平方英寸的气压下获得空气时，钢瓶可能比铝瓶更可取。一个容积为71.2立方英尺的钢瓶含有

气压为 2250 磅力每平方英寸（153 个标准气压）的空气，其空气量比一个装满相同压力的容积为 80 立方英尺的铝瓶含有的空气要多大约 5 立方英尺（142 升）。要想灌满一个容积为 80 立方英尺的铝瓶，气压需要达到 3000 磅力每平方英寸（204 个标准气压）。

不过钢瓶有一个显著的缺点，那就是会生锈，这会导致其不安全和无法使用。一定不能让潜水气瓶进水。压缩空气的氧气含量很高，会加速钢瓶的腐蚀。你可以保持钢瓶内部干燥，但是其外部是完全暴露在湿气里面的。在钢瓶外部镀锌可防止氧化，但是绝对不能在其内部镀锌，因为在其内部镀锌会影响空气的纯度。可以在镀锌层外面刷上油漆做装饰，但是只刷油漆是不够的，因为油漆可能会裂开，水分会透过裂纹进入。除非油漆下面有镀锌层，否则钢瓶还是会生锈。

钢瓶的另一个缺点是，由于制作流程的独特性，它的底部呈圆弧形，它无法自己站立，因此你需要配备一个由塑料或橡胶制成的底座。把钢瓶放在底座上，它才能站稳。有些底座侧面还有防护，防止当你把钢瓶放倒的时候它会滚动。湿气和残留在底座和钢瓶之间的盐分可能会腐蚀钢瓶，因此首选带自排水功能的底座。

铝瓶

铝瓶也有多种尺寸和压力等级，常见的尺寸有 63 立方英尺、80 立方英尺和 100 立方英尺（1784 升、2265 升和 2832 升）。铝瓶的工作气压为 3300 磅力每平方英寸（224 个标准气压）。

铝其实也会被氧化，不过在氧化过程中会形成一层氧化物覆盖在上面，这样反而会阻止其内部继续被氧化。这是钢瓶无法比拟的一个优势。生锈一般是一个加速的过程，但是铝瓶氧化恰恰相反，它反而是一个自我抵御腐蚀的过程。

铝瓶的底部是平的，它不需要底座就能够站稳。但是很多潜水者还是会配备一个底座，以保护瓶底和任何可能被瓶底打到的东西。

铝瓶也有缺点。铝比钢要软，因此铝瓶比钢瓶更容易凹陷。铝瓶里有一个黄铜气瓶阀门控制着空气的流动。不同金属之间的电解作用可能会使得阀门卡在铝瓶里，除非定期把阀门取下来涂上一层特殊的化合物。钢瓶就几乎不会出现阀门被卡住这种情况。

铝瓶不需要镀锌。你可以给它们涂上各种图案，但是不要烤漆。当温度高于 180 华氏度（约 82.2 摄氏度）时，铝瓶的强度会降低，这可能导致铝瓶在充气的时候发生爆炸。如果你想要装饰你的铝瓶，请让专业人员来做。

潜水气瓶标识

潜水气瓶瓶颈周围会有几行标识，其用来说明该气瓶的基本信息（见图 4.22）。在美国制造的潜水气瓶上，第一行是批准制造该潜水气瓶的美国政府机构、气瓶所用的材料和该潜水气瓶的工作气压。第一行的第一组字母代表的是政府机构，例如 DOT（美国交通运输部）、CTC/DOT（加拿大交通委员会和美国交通运输部）或者 ICC（美国州际商务委员会）。第一行的下一组字符则代表了制瓶所用的材料。3A 和 3AA 指的是钢瓶，3AL、E6498 和 SP6498 指的是铝瓶。第一行最后几个数字非常重要以至于你要背下来，该数字说明的是潜水气瓶的工作气压。

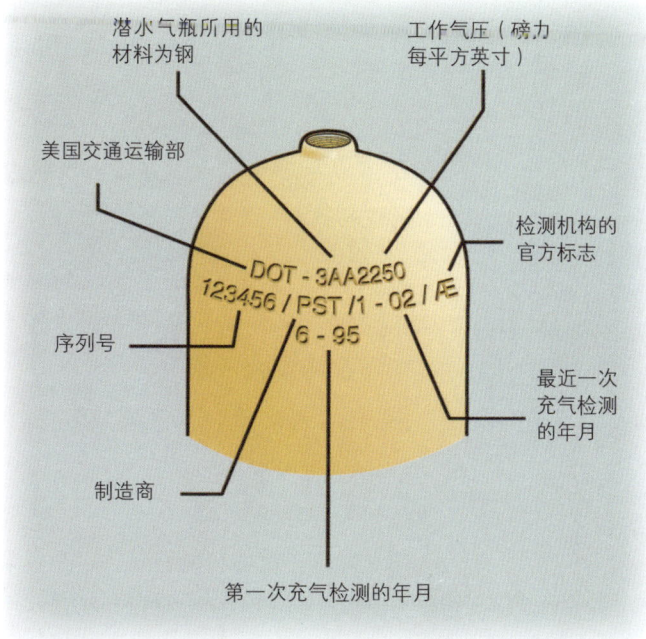

潜水气瓶所用的材料为钢

工作气压（磅力每平方英寸）

美国交通运输部

检测机构的官方标志

DOT - 3AA2250
123456 / PST /1 - 02 I AE
6 - 95

序列号

最近一次充气检测的年月

制造商

第一次充气检测的年月

图 4.22

气瓶瓶颈标识

第二行标识包括序列号（你应该记下来以帮助你辨别自己的潜水气瓶）、制造商的代表字母或数字、最近一次充气检测的年月、检测机构的官方标志。该潜水气瓶第一次充气检测的年月应该在第二行下面的某个位置。美国法规规定，压缩气瓶必须经过充气检测才可以投入使用。之后每5年需要进行一次充气检测，每次充气检测后，相关机构都会在气瓶上面打上一个日期，将其作为该气瓶通过充气检测的标志。

你可以在充气站（见图4.23）为潜水气瓶充气。当你去充气站充气时，工作人员会检查标识以确定该气瓶上一次进行充气检测的时间及该气瓶所能承受的气压。

如何挑选潜水气瓶

挑选潜水装备最重要的两个标准就是合适与舒服。这两个标准也同样适用于潜水气瓶的挑选。身材矮小的人要用小潜水气瓶，而身材高大的人则需要大潜水气瓶，因为他们的肺部更大，需要的空气更多。

潜水气瓶所用的材料会影响它的容量、尺寸和工作气压。尽管钢本身比铝要重，但是在容量相同的潜水情况下，铝瓶比钢瓶要大很多、重很多。因为铝没有钢那样坚实，要想承受同样的气压，铝瓶壁要比钢瓶壁更厚。对于一个尺寸固定的潜水气瓶而言，压力越大，容量就越大。现代潜水钢瓶的容量非常大，但是也非常重。对于身材矮小的潜水者来说，比较合适的潜水气瓶尺寸是50立方英尺和63立方英尺（1416升和1784升）。对于一般身材的人而言，常选择的潜水气瓶尺寸是71.2立方英尺和80立方英尺（2016升和2265升）。

挑选潜水气瓶时，另一个需要考虑的重要因素是潜水气瓶的浮力，这是由潜水气瓶的体积和质量决定的。铝瓶的浮力比钢瓶要大。容量大的潜水气瓶在充气和不充气状态下的浮力变化比容量小的潜水气瓶要大，充满气的潜水气瓶与空的潜水气瓶之间的浮力变化甚至可以超过 8 磅（约 3.6 千克），如表 4.4 所示。有些潜水气瓶无论是充满气的还是空的，都只受负浮力。但是绝大部分潜水气瓶都会在充气状态下下沉，在空的状态下上浮。潜水气瓶的浮力变化非常复杂，因此你应该选择那些在你潜水的水域最常见的潜水气瓶，并且多选择几个下水试潜一下，看看哪个最容易控制。

表 4.4　潜水气瓶的尺寸、工作气压和浮力

容积（立方英尺 / 升）	工作气压（磅力每平方英寸）	满气浮力 / 空瓶浮力（磅力）
铝瓶 50/1416	3000	−2.7/+1.3
铝瓶 63/1784	3000	−2.3/+2.7
钢瓶 71.2/2016	2250	−2.0/+3.6
铝瓶 80/2265	3000	−2.0/+4.4
钢瓶 76/2152	2400	−6.5/−0.1
钢瓶 80/2265	3500	−7.4/−1.0
钢瓶 102/2888	3500	−7.6/+0.5

你需要决定潜水时是使用压缩空气、氮氧混合气体，还是其他混合气体。如果你选择的不是混合气体，你的潜水气瓶、气瓶阀门和控制器都要专门为这种气体配备。

把压缩空气专用的潜水气瓶和控制器用于控制混合气体是很危险的。用于控制混合气体的控制器、气瓶阀门和潜水气瓶一定要"不含氧"。

多缸潜水气瓶适用于特殊的场合。作为一个初学者，你不需要双缸甚至多缸潜水气瓶，单缸潜水气瓶就可以满足你大部分的潜水需要。

潜水气瓶的配件

塑料套或布套筒可以帮助你保护潜水气瓶的外观，有些套筒还有一些空间可以用来装一些随手取用的小物件。气瓶绑带可以把潜水气瓶固定在浮力补偿器上。还有一些小的配件可以帮你移动和运输潜水气瓶，前文提到的气瓶底座就是一种特别好用的配件。

潜水气瓶的维护和存储

潜水气瓶是高压容器。虽然它们很坚实，但是你仍然要小心处理。外部损伤可能会导致潜水气瓶失效。应当避免把潜水气瓶扔来扔去，如果需要，可以通过木板将潜水气瓶滚到车上或船上。运输或存储潜水气瓶时，需保护好它们。除非有人在旁边用手扶着，否则不要让潜水气瓶直立。如果潜水气瓶倒了，则很有可能砸到人或物。然而在存放时，你应当将潜水气瓶直立，这样其内部的湿气就会下沉到底部，检修人员就会很容易对其进行检测和维护。使用过的潜水气瓶要用清水仔细清洗外部，尤其要注意其底座部分。

生锈可以迅速毁掉一个潜水气瓶，一块锈迹可以破坏气瓶阀门或控制器。防止生锈的一个方法是将潜水气瓶充满气保存。当你在潜水时，水会进入空的潜水气瓶。因此，不要用光潜水气瓶里的气体。如果你打开阀门存储潜水气瓶，湿气也很容易进入。因此存储潜水气瓶时，应保证里面有 20 磅（约 9.1 千克）左右的空气。少量空气产生的压强虽然足以阻止水进入，但是也会给里面原本就有的水分提供氧气，从而加速潜水气瓶氧化。

在充气的过程中，水有可能被压进潜水气瓶。空气压缩机里面的脱水器应该能除去空气中的水分，但是如果脱水器不能正常工作，水分就会随着空气一起被压进潜水气瓶。有时候灌装气体用的软管可能会被打湿，软管里面的水就会被泵进潜水气瓶，因此去管理严格的充气站充气是非常重要的。

潜水行业要求每年对潜水气瓶进行一次目检，检测项目包括外观检查、拆阀检查、使用特殊光源进行内部检查、针对铝瓶的特殊的电子测试、更换阀门，以及附上指示检查日期的印花。绝大多数充气站在给你的潜水气瓶充气之前，都会要求检验最近一次检查的印花。当你搬运你的潜水气瓶时，留心听是否有东西在瓶子里面移动的声音。如果你听到什么声音，请把你的潜水气瓶拿去做目检。

美国法规规定，压缩气体钢瓶每 5 年要做一次充气检测。有些国家甚至要求一年或两年就要做一次。充气检测是在水里进行的静水压测试。检测人员往潜水气瓶里面灌满水，然后把它浸泡在一个装满水的密闭容器里。检测人员通过液压向瓶身施加压力，瓶身在压力的作用下会稍稍膨胀，并将水从浸泡潜水气瓶的容器里挤出去。检测人员会测量膨胀，然后释放压力。潜水气瓶必须在一定时间内恢复到总膨胀率的 10% 以内。如果潜水气瓶太脆而无法膨胀或无法顺利回缩，检测人员会判定它无法继续使用。

只有在潜水气瓶完全排空且阀门打开的状态下，你才有可能通过飞机托运潜水气瓶，不过这种状态对于潜水气瓶来说不是特别好。建议不要空运你的潜水气瓶。潜水目的地都有潜水气瓶供应，因此你没有必要带着潜水气瓶去旅行。

气瓶阀门

气瓶阀门控制着液体或气体的流动。潜水气瓶的阀门有 4 种：简易阀门、储备阀门、高压阀门和多缸阀门。因为多缸阀门潜水气瓶适用于高级的特殊潜水活动，因此本节只讨论简易阀门和储备阀门。

简易阀门

简易阀门就像水龙头一样，是个可以开关的阀门。逆时针扭动阀门会将其打开，顺时针扭动会将其关闭。在市面上第一本潜水设备名录里，这款阀门被标记为物品 K，从那以后，简易阀门就被称为 K 阀门（见图 4.24）。

阀门底座是一层软性的密封面，它负责关闭阀门，阻止空气流动。关闭的压力过大，可能会损坏阀门底座。

潜水气瓶阀门有几个特点，其中一个就是有一个呼吸管从阀门底部延伸到潜水气瓶里。阀门呼吸管的作用是防止湿气和颗粒在你反转气瓶时进入阀门。气瓶阀门的另一个标配就是一个很薄的金属垫片，其称为防爆盘。如果潜水气瓶充气过度或火灾产生的热量使得瓶内气压增大到了会爆炸的程度时，防爆盘会炸开并且释放瓶内压力以防止潜水

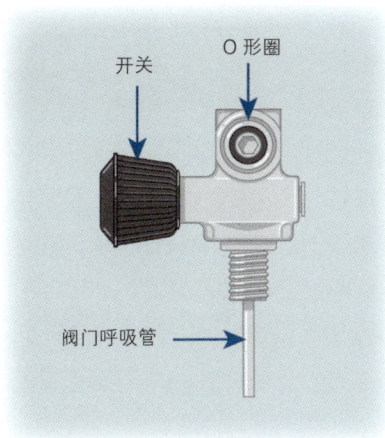

图 4.24

K 阀门

气瓶爆炸。随着时间的推移，防爆盘会被腐蚀、老化，偶尔会突然自动爆炸。在这种情况下，防爆盘爆炸的声音很大，不过并不危险（即使是在你潜水的时候爆炸也没什么大问题，虽然这种情况极其少见）。如果你的潜水气瓶的防爆盘裂了，你需要找专业的阀门维修人员对其进行维修。制造商会根据瓶压将防爆盘分类，压力不同的潜水气瓶必须使用对应的防爆盘。如果你想把一个潜水气瓶的阀门换给另外一个潜水气瓶，一定要注意防爆盘的分类。如果你将一个用于低压潜水气瓶的防爆盘换到一个高压潜水气瓶上，防爆盘就会裂开。

潜水气瓶的阀门出口设计有两种。传统式阀门出口基本与阀门表面等高，被一圈软的圆环围绕，这种圆环称为 O 形圈。O 形圈在阀门

图 4.25
DIN 阀门

和气瓶调整器之间形成高压密封，因此必须干净，没有任何缺口或切口。另一种比较新的设计是带有下凹的 O 形圈的旋转出口，其被称为 DIN 阀门（德国标准化学会定义的一种螺纹连接器，见图 4.25）。这种阀门比传统的 O 形圈阀门所能承受的压力要大。潜水气瓶的工作气压超过 3000 磅力每平方英寸（204 标准大气压）时就需要使用 DIN 阀门。

储备阀门

在潜水设备名录里，储备阀门被标记为物品 J，又称 J 阀门。J 阀门的设计目的是确保潜水气瓶里有一定的空气以保证潜水员正常上浮时使用。压力表被应用于潜水预示着 J 阀门已经过时。

J 阀门里的杠杆容易引起问题。如果杠杆的位置不正确（朝下），那么 J 阀门就起不到保留空气的作用。如果潜水者没能在潜水之前将杠杆调到朝上的状态，或者在下潜过程中杠杆跳动了，就没有空气供潜水者在上浮过程中使用了。这些安全隐患是 J 阀门消失的原因。

气瓶阀门的保存和维护

气瓶阀门是由比较软的金属制成的，很薄，因此很容易被蛮力破

坏。对于气瓶阀门的保护，防护罩是个不错的选择。防护罩有助于减少O形圈的磨损，防止灰尘等进入气瓶阀门，也能够避免外力对阀门开关周围高压密封面的破坏。在存放潜水气瓶时，需要对潜水气瓶进行防护，不让其没有任何依靠地立在那里的一个重要原因就是保护气瓶阀门。如果潜水气瓶滚动或倒了，就会破坏气瓶阀门，导致其失效。

当你打开气瓶阀门时，动作要慢，并且要先开到最大，然后关掉一半。如果有东西撞到了把手，阀门底座在完全打开的状态下受到的伤害比在半关上的状态下受到的伤害要大。当你关闭气瓶阀门时，应避免过度用力，用力过猛会缩短阀门底座的使用寿命。

使用过后清洁气瓶阀门是个好主意，你应当在装有温水的容器里将潜水气瓶倒扣。此外，把气瓶阀门泡在水里是个更好的主意。之后，你应当短暂地打开气瓶阀门以吹走开口处的水。如果你让水留在开口处，并在水分蒸发之前给潜水气瓶充气，水分就会被压进气瓶。

你应当每年请专业人员来检查维护气瓶阀门，并且只要你感觉不能轻松操作气瓶阀门，或者防爆盘需要更换了，你都要马上去找专业人员来维修。在做年度目检的时候，需要对气瓶阀门做日常维护（润滑）。密封潜水气瓶用的O形圈也可以在目检的时候更换。但是年检时对气瓶阀门做的部分维护并不能取代每年一次的气瓶阀门维护。做完整的气瓶阀门维护的时候，技术过硬的维护人员会把气瓶阀门完全拆卸下来，清洁每个部分，并且替换需要更换的零件，重新组装后，再进行整体测试。

水肺调整器

水肺调整器的作用是释放高压空气的压力，将其调整到可以呼吸的水平。大部分水肺调整器都通过两个级头来降低气压。一级头是连接气瓶阀门的调整器，它的作用是将高压调整为一个中间压力值，约为140磅力每平方英寸（9.5标准大气压）。一级头通过一根软管与包含咬嘴的二级头相连。二级头把

图 4.26

水肺调整器结构
1. 一级头
2. 防尘罩
3. 低压软管
4. 低压充气软管
5. 控制台
6. 高压软管
7. 主二级头
8. 备用二级头

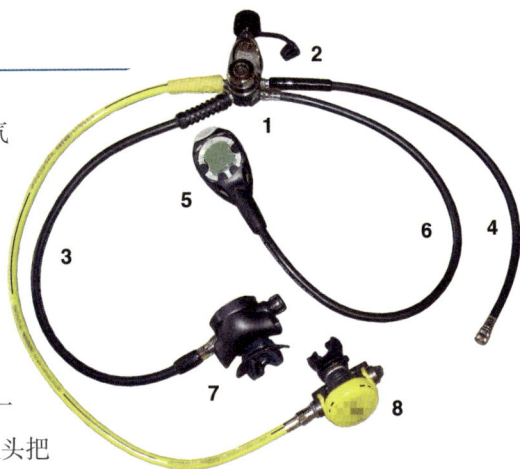

中间压力值降到环境压力。水肺调整器事实上是一个按需供应空气的系统，只有当你通过吸入动作要求空气供应时，水肺调整器才会供应空气。水肺调整器并不像其他持续自动供应空气的系统，而是根据潜水者的需求来工作。水肺调整器非常安全可靠，还有一个自动防故障装置，该装置会在有部件出现问题的时候，自动切换为自动供气模式。图 4.26 提供了更多关于水肺调整器的信息。

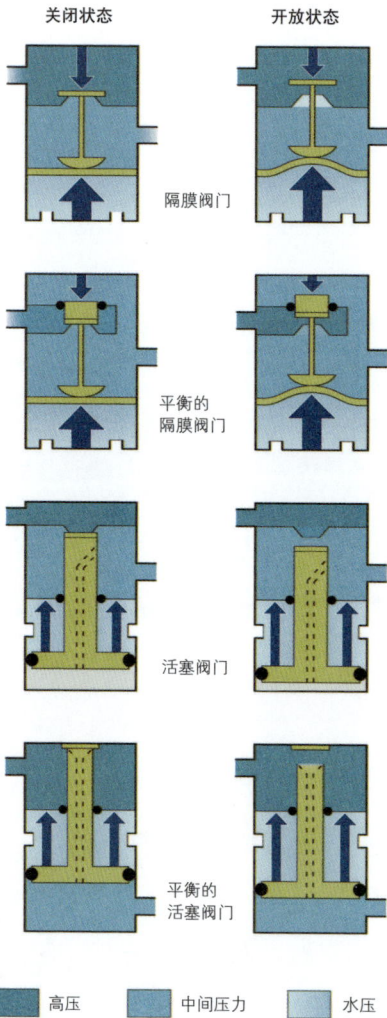

关闭状态　　　开放状态

隔膜阀门

平衡的
隔膜阀门

活塞阀门

平衡的
活塞阀门

高压　　　中间压力　　　水压

图 4.27

典型的一级头。蓝色箭头代表弹簧的压力，黑色圆点代表 O 形圈

一级头

水肺调整器的一级头可能是平衡的，也可能是不平衡的。潜水气瓶内气压的变化对于平衡的一级头来说影响很小。如果一级头不平衡，水肺调整器的作用也会随着瓶内气压的变化而变化。因此平衡的一级头比较可取。

一级头常用的两种阀门是隔膜阀门和活塞阀门（见图 4.27），隔膜可以将水和泥沙从内部隔开，使偏置弹簧在水压的作用下打开阀门，当一级头的压力等于中间压力与水压之和时，瓶压会使得阀门关闭。隔膜阀门的组成部分比活塞阀门要多，因此维护和保养更贵。但是隔膜能将水和泥沙隔开，因此与活塞阀门相比，隔膜阀门的使用效果要好很多，使用寿命要长很多。

活塞阀门则是一个敞开的几乎没有什么可以移动的部分的简单设计。水压直接作用于活塞上，同偏置弹簧一起打开阀门。瓶压使活塞移动，当一级头的压力等于中间压力与水压之和时，阀门就会关上。活塞阀门比隔膜阀门更容易操作，也相对比较便宜。但是渗进的泥沙、盐分和矿物质也会在活塞阀门内部累积，影响其性能。两种阀门各有优劣势，而隔膜活塞式阀门则是两者的结合。隔膜将水和泥沙隔开后将压力传递给活塞。

一级头一定要通过某个部件同潜水气瓶的阀门连接。最常见的形式是阀门周围会有一圈支架将阀门同一级头连起来。一级头的入口处有个过滤器，用 yoke 螺丝（一种夹持式紧固连接器）将其固定到潜水气瓶上。在高压下工作的水肺调整器用 DIN 式连接方式而不是 yoke 式连接方式。DIN 式连接方式是将一个 DIN 安装螺丝直接拧进 DIN 阀门而不用 yoke 螺丝。

一级头包括多个开口，这些开口称为端口。其中一个端口通过压力表测量高压空气，其他端口是为了使用低压空气。一个水肺调整器应该通过几个低压空气端口向主二级头、一个备用二级头、一个浮力补偿器充气阀，以及有可能会有的干服充气筒供应空气。端口的尺寸很多。高压空气端口一般比低压空气端口要大，这有助于避免连接错误。如果一条低压软管与高压空气端口相连，则会导致软管破裂。

有些水肺调整器具有屏蔽环境影响的功能。这类水肺调整器有一个连接在一级头上的可以调节的密闭空腔，里面装了一些特殊液体。这个密封的、可以调整的空腔可以将水压传递给一级头，同时可以阻止水分、盐分和泥沙进入内部。温度极低的水有可能导致没有屏障保护的水肺调整器被冻上，但是在密闭空腔中的液体却不会被冻上。

二级头

最常见的二级头像一个一边杯壁着地的杯子（见图 4.28）。想象一个柔韧的隔膜横在杯子的顶部，一个咬嘴位于杯子的底部，还有一个排气阀位于杯子较低的边上。可以通过激活容器内部阀门的杠杆，与静态隔膜相接触。通过咬嘴做出的吸入动作会在二级头内部制造出一个真空空间。压力减小，拉动隔膜，移动杠杆，从而打开阀门，让空气从一级头流入二级头。当你停止吸气后，内部的气压会恢复正常，隔膜和偏置弹簧会复位，关上阀门，阻止空气流动。当你呼气时，二级头内部的气压会增大，从而打开排气阀，将空气排出。

二级头常用的两种阀门分别是下游阀和先导阀。在下游阀型二级头里，一个小的偏置弹簧保持阀门关闭。吸气动作会使隔膜移动，从而移动杠杆。杠杆的移动克服了偏置弹簧的限制，进而打开阀门，使得中等压力的空气进入二级头。吸气之后，空气开始流动，直到隔膜往外移动，释放偏置弹簧，关上阀门。下游阀型二级头操作简单，价

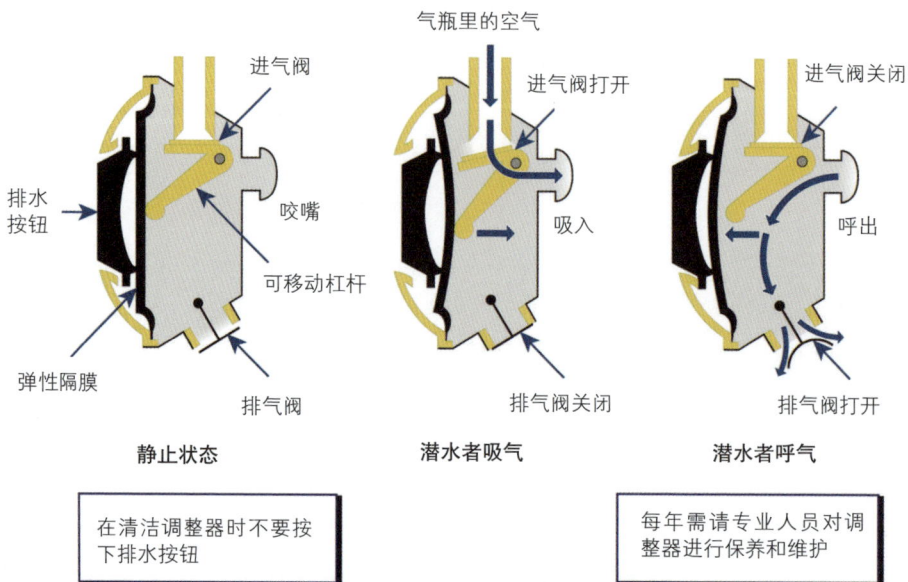

| 进气阀 | 进气阀打开 | 进气阀关闭 |

气瓶里的空气

排水按钮　咬嘴　可移动杠杆　弹性隔膜　排气阀

吸入　呼出

排气阀关闭　排气阀打开

静止状态　潜水者吸气　潜水者呼气

在清洁调整器时不要按下排水按钮

每年需请专业人员对调整器进行保养和维护

<table>
<tr><td>图 4.28</td></tr>
<tr><td>二级头的工作原理</td></tr>
</table>

格不高，能够承受的泥沙量比先导阀型二级头要大。

在先导阀型二级头里，移动隔膜，打开一个小的阀门，进而打开大一些的阀门。当你停止从二级头里吸气时，隔膜会回到原来的位置，阀门会关上。但是先导阀型二级头的成本和维护费用都比下游阀型二级头要高。在比较浅的水域，你可能会感受到先导阀型二级头里流动的空气产生的震动。

所有的调整器都有一个排水按钮或区域，你按下该按钮后可以手动打开二级头。你可以用这个功能来测试调整器，排出二级头内部的水和残渣，并在关闭气瓶阀门以后释放调整器内部的压力。

排气阀的位置不确定。有的在二级头的底部，有的在其旁边，也有的在二级头的前端。当二级头里有水而咬嘴又在你嘴里时，排气阀的位置会影响气泡的排列和调整器的清理。有些调整器直接通过一个排气座将气泡排出。

当你用嘴含住咬嘴时，调整器的软管从哪个方向出来，决定了其是左向型、右向型还是双向型。当你用的是右向型调整器时，软管一定在其右侧；当你使用的是双向型调整器时，软管可能在其左侧，也可能在其右侧。把咬嘴放入口中时，调整器的方向配置对于调整器的定位很重要。图 4.29 展示了调整器可能的方向配置。

图 4.29

调整器有不同的方向配置

有些二级头的外壳材料坚固耐用、重量轻、性能好，不像金属那样容易弯曲和被腐蚀。咬嘴的样式也有很多。你应当选择柔软舒适、不会使下颌疲劳的咬嘴。维修人员可以很快、很轻松地更换咬嘴。

水肺调整器配件

水肺调整器的软管是柔性的，但是其两端压接有刚性的金属连接器，软管和金属相接触的地方是压力承受点，因为软管在这里碰到的是一个坚硬的表面。为了防止软管崩坏，你应该使用软管套筒。至少给一级头侧的每个软管尾部都套上套筒。

具有减震功能的调整器包在运输和存储过程中有助于保护水肺调整器。调整器包应该足够大，以保证水肺调整器和所有软管都能够被收纳进去而不会被掰弯。

适配器使得把 DIN 配件调整器应用在标准气瓶阀门上变为可能。在 DIN 配件的线圈外面罩上一层保护罩。

有些水肺调整器把排水按钮直接作为一部分组装了进去，另外一些水肺调整器则没有该按钮。对于没有组装排水按钮的水肺调整器而言，排水按钮是一个很有用的附件。在不使用水肺调整器时，按下排水按钮从二级头阀门上释放偏置弹簧施加的压力，有助于延长阀门底座的使用寿命。

上色的二级头外罩使得你可以将你的水肺调整器的颜色与你的装备颜色搭配起来。其他的配件还有如前文提到的咬嘴。

如何挑选水肺调整器

从水肺调整器里吸气和呼气都很费力。对抗阻力需要费力，好的水肺调整器会最大限度地减小呼吸阻力。多比较几个水肺调整器的功能参数，然后选择那个使你在不同瓶内气压下呼吸起来均十分省力的水肺调整器，这也意味着它有一个平衡的一级头。

建议选择被广泛使用、容易维护的水肺调整器。你应该选择那种无论你在什么地方都能够找到售后地点的、使用常见配件的水肺调整器。

你的潜水类型会影响你的选择。如果你计划的大部分潜水都为离岸潜水，那么你应该避免选择先导阀型二级头。众所周知，先导阀型二级头受到泥沙的影响特别大。隔膜式一级头比较适用于离岸潜水。

如果你没有水肺潜水气瓶，可以考虑与水肺调整器一起购买，这样你也可以确保水肺调整器跟气瓶阀门相匹配。如果你计划在接近零摄氏度的水里潜水，你应该挑选屏蔽环境影响的水肺调整器。记住，氮氧混合气体需要特别干净的、专用的水肺调整器。

水肺调整器的维护和保存

水肺调整器是一种精密仪器，需要维护和保养才能正常工作，比如保证泥沙不进入水肺调整器，不要让盐分在水肺调整器内部形成结晶。在海里潜水结束后，要马上把水肺调整器浸泡到干净温暖的清水里，要在盐分变干以前将其清除掉。如果当时条件有限，无法浸泡水肺调整器，也要对其进行清洁。浸泡和清洁双管齐下是最好的选择。清洁或浸泡水肺调整器时，应遵循以下原则。

1. 保持一级头干燥。一级头外面的防尘罩的作用在于不让水和灰尘进入一级头。你应当养成更换防尘罩的习惯，把一级头拆下来后，你需要把它与防尘罩和 yoke 螺丝放在一起。你在浸泡或清洗一级头以前，应确保防尘罩安装到位。

2. 允许低压水流轻柔地流过二级头，并进入一级头的开口处。高压水流会把沙石压进缝隙里，造成破坏。低压水流则会冲走污物。

3. 在清洁二级头时，不要按下排水按钮，除非调整器被增压了。如果调整器没有被增压，在二级头里有水的时候按下排水按钮，就会打开二级头阀门，让水流入软管，从而流入一级头。

当水肺调整器里外彻底干了后，将其平放存储。长期存放时，将水肺调整器放到一个密封袋里防止其受到水分的影响。不要硬掰软管，因为这样做会伤害到软管纤维。如果软管有被割破、膨胀或泄漏的情况，应更换软管。

你可以通过定期维护水肺调整器来避免绝大多数问题。即使看上去没有什么功能问题，也要将你的水肺调整器定期拿去护理。不在水肺调整器的护理上投资会影响你的安全，也会缩短水肺调整器的使用寿命。

备用气源

如果你在水下用光了空气，有几个装备可以帮助你。最好的选择就是备用气源（AAS），备用气源是指除了你的水肺潜水气瓶以外的另一个压缩空气源。当你的水肺潜水气瓶在潜水过程中漏气时，备用气源就十分有用。你可以换上备用气源正常上浮。两种主要的备用气源分别是备用二级头和备用空气装备。备用二级头使得两位潜水者可以共用一个水肺潜水气瓶，而不用来回交替使用咬嘴。而备用空气装备则是一整套水肺潜水装备，在紧急状况下可以独立供应空气。当你有备用空气装备时，你就不需要依靠你的同伴来获得空气。备用二级头比一整套备用空气装备要便宜，但是不具有一个独立的水肺潜水系统所有的优势。

备用二级头

市面上目前有两种备用二级头可供选择。一种是调整器的二级头，另一种是浮力补偿器低压气泵的集成二级头（见图4.30）。备用的调整器二级头，或称章鱼二级头，必须符合以下条件。

1.调整器的一级头要能满足两个二级头的空气流动量的需求。

2.备用二级头的软管要比主二级头的软管长一些。

3.备用二级头需要附在胸前的位置，并方便你的潜伴快速、轻易地将其取下。不要让备用二级头摇晃。

4.附着装置应该能够盖住备用二级头的咬嘴口，防止脏东西和碎片进入调整器。

5.备用二级头应该颜色明亮以便区分。

有两种方式可以把调整器的二级头集成到浮力补偿器的低压气泵里。浮力补偿器可以有一个内置的调整器二级头，或二级头可以有一条快速移除的软管，使调整器二级头可以组合进低压软管序列中，引导至充气组成部分。这两种方式各有利弊。附加的调整器二

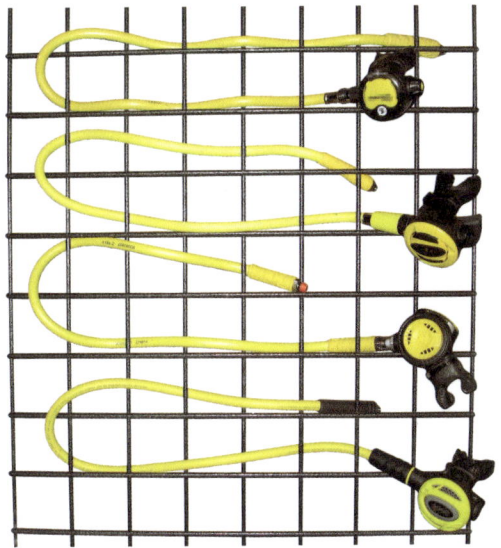

图 4.30

备用二级头

99

级头可以少一条软管，因为单条软管就可以既供给调整器二级头，又供给浮力补偿器的低压气泵。当你必须分享空气而你有的是集成二级头时，你就必须利用集成二级头呼吸，因为软管的长度不够你的同伴使用。当你有的是一个备用二级头时，你或你的伙伴可以使用任意的空气源。集成到浮力补偿器低压气泵中的二级头可能导致空气泄漏。为了防止空气泄漏，你必须断开与低压空气的连接，这样也就失去了低压气泵和备用二级头。

备用空气装备

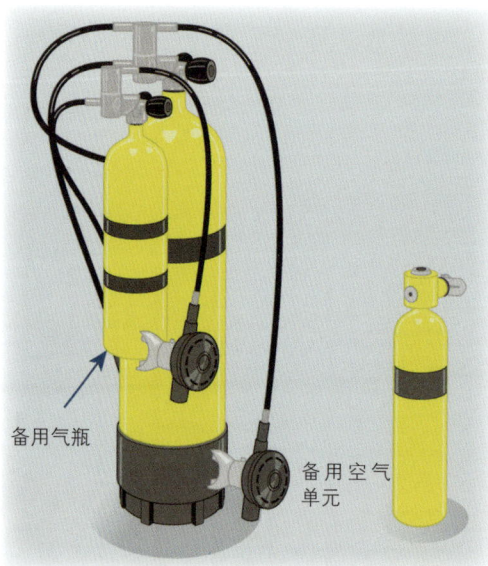

备用气瓶

备用空气单元

备用气瓶和备用空气单元

有两种备用空气装备（见图4.31），一种叫作备用气瓶，另一种叫作备用空气单元。备用气瓶是一个小的水肺潜水装备（容积为 13 ～ 20 立方英尺，即 368 ～ 566 升），它有独立的、标准的气瓶调整器。你可以把备用气瓶拴在主气瓶的旁边。备用空气单元是一个更小的水肺潜水装备（容积为 2 ～ 4 立方英尺，即 57 ～ 113 升），其通过一种特殊的调整器直接连到阀门上。备用气瓶可以在各种情况下提供充足的空气，但是备用空气单元就只够供应从较浅的深度上浮到水面所需的空气。当然，备用空气单元小而轻，而备用气瓶则相对比较笨重。

备用气源的维护与保养

备用气源应得到和日常潜水装备一样的维护和保养。有些潜水者想要省钱，因此年检时只检测他们的日常潜水装备，这笔账算得并不聪明。

仪表

在水下潜水，是在三个维度上进行运动，就像在空中飞行一样，仪表对于飞行安全而言十分重要，飞行员需要知道关于地势、方向、时间和燃料余量等的信息。同样，在水中潜水时，你需要知道关于深度、方向、时间和空气余量等的信息。你需要的基本仪表有深度计、水下计时器、潜水罗盘和潜水压力表。将多种仪表组合在一起，数据会在一个显示平台上显示出来，该平台即为仪表控制台。强烈推荐你使用潜水计算机，这样你所需要的所有仪表都可以由一个集成设备提供。

深度计

如何了解下潜的深度呢？目前市场上有 4 种深度计供你选择：毛细管深度计、弹簧管深度计、薄膜式压力表和电子深度计。制造商会在海水里校准深度计。大多数机械深度计在淡水里无法显示正确的深度，但是制造商表示，如果在淡水里是在海平面开始使用的，或者根据垂直压力变化进行调整，深度计显示的就是等效的海水深度。在淡水里，深度计的示数是可用的，因为在一定的时间范围内不同深度的参考列表里的数据是基于海平面深度得到的。 表 4.5 比较了 4 种深度计。

毛细管深度计是一种非常简单的装备，就是一个中空的充气的透明塑料管，一头密封，放置在一个圆形的表盘里。开放的一端对着零

表 4.5　深度计

类型	精确度	优点	缺点
毛细管深度计	只在深度小于 40 英尺（约 12.2 米）时数据才精确	牢固、便宜	可能会被碎片和气泡塞满
弹簧管深度计	误差为 1%～2%	精确度高	可能被高海拔地区突然降低的压力损坏
薄膜式压力表	非常精确	在深度变化导致压力变化时，可以重新设定零刻度	价格高
电子深度计	误差在 6 英寸（约 15.2 厘米）以内	会根据大气压力的变化而自动调整零刻度	必须搭配功率充足的电池使用，价格高

刻度。毛细管深度计遵循玻意耳定律，在下潜过程中，水压将管内的空气压缩，水与空气的接触面所在的位置与表盘上标记深度的示数有关。在 2 标准大气压下，管内空气会被压缩到它原始长度的一半。

弹簧管深度计是一个被做成弹簧样式的很薄的金属管。这个小管可能是接触水的，也可能是被密封在油里面的。油封式弹簧管深度计比敞开式弹簧管深度计更受欢迎。作用在敞开式弹簧管深度计上的水压会拉伸金属管，增加线圈的直径，这种拉伸使得弹簧管产生了一种螺旋运动，这种运动被机械连接到一个指针上，以表明深度。对于油封式弹簧管深度计来说，水压会导致线圈的直径缩小，线圈的这种变化被机械连接到一个指针上，以显示有多大的压力作用在深度计上。准确但价格昂贵的薄膜式压力表利用精密的力学原理将可移动薄膜连接到一个能表明深度的指针上。电子深度计同样准确和价格昂贵，它通过压力传感器（换能器）、电子线路、显示屏和电池显示深度。

深度示数的最大值表明了一款深度计的适用范围。在第七章你将学到，从计划的角度来讲，你一定要知道你下潜的深度。

电子深度计会保留你到达的最大深度。仪器显示的信息会保留到下一次潜水时或在潜水结束后 12 小时之后自动重置。许多有指针的现代深度计都有一条指示线，指针推着这条线在盘面上转动。当指针退回原位时，指示线仍然在最高点。你可以通过旋转表盘上的一个螺丝来重置指示线。当你使用这种类型的深度计时，你必须记住在每次潜水之前，都要重设最大深度值指示线。

水下计时器

潜水时，你可以使用自动或手动计时器来记录时间。两种类型的计时器都可以通过表盘上的指针或显示的数字来表明时间。水压会激活自动计时器，当深度达到 3 ～ 5 英尺（约 0.9 ～ 1.5 米）的时候，计时器会自动开始计时，并在深度不够时停止。自动计时器比手表要好的一点是，你无须记住你是从什么时候开始潜水的或潜水是什么时候结束的，虽然有些自动计时器需要你在每次潜水之前重设一下。

可以用作水下计时器的防水手表通常都有一个能旋转的转盘，你可以通过它设定显示运行的时间。电子手表更精确，但是按键太小使得它们很难操作。最好的选择是电子自动计时器，它可以记录你潜水的时间长短、在潜水间隙你浮在水面上的时间长短和你潜水的次数。当你使用电子自动计时器时，你不需要在每次潜水之前重新设定。潜水计算机可以精准记录潜水时间，有些甚至可以显示一份关于你的潜水情况的时间档案。

潜水罗盘

在水下，你的视线所及之处与你的距离很难超过 100 英尺（约30.5 米），因此水下导航特别重要。如果你在没有方向参照的情况下潜水，你有可能会潜到离你计划的出水点很远的地方。

潜水罗盘能帮助你避免在水面上长距离游泳或在厚厚的水草中间穿梭游泳。你可以使用潜水罗盘在水下植物之中导航，看哪里有道路可以穿过植物。潜水罗盘对于精准定位水下区域也非常有用。当水面起雾时，它也可以用于水面上导航。

常见的潜水罗盘有 3 种，分别是卡片式、指针式和电子式。卡片式和指针式潜水罗盘都是机械的。北极附近的磁场吸引着被磁化的磁盘或指针，从而提供方向参照。靠近含铁金属或磁性来源，如磁铁或电机时，卡片式和指针式潜水罗盘有可能偏离正确方向。

不同位置的地球磁场会发生变化，这些变化会影响磁盘和指针的平衡。有些制造商会提供在地球上的不同区域校准过的潜水罗盘。一个好的潜水罗盘应该具有 30 度的倾斜空间。在挑选潜水罗盘时，一定要询问关于是否校准的问题。

潜水罗盘内有液体，这有助于控制指针或磁盘的摆动。为了在潜水时发挥应有的作用，潜水罗盘上有一条参照线，称为基线，其作为指针提供方向参考。另外，潜水罗盘有一个可旋转的转盘，其上刻有弧度索引标识，可帮助你为一个特定的方向标记指针位置。

潜水人生，点滴智慧

如果想避免潜水事故，你应该按潜水装备正确的使用方式使用熟悉的、保养良好的、组装适当的潜水装备。当我回顾我几十年的潜水经历时，我能够回想起很多事件。在这些事件中，潜水者之所以陷入麻烦，就是因为他们没有遵守基本的潜水装备安全操作规程。潜水允许我们使用生命维持装备去探索我们未知的世界。现代潜水装备很多，也很全，但是你必须好好保存它们，定期保养它们，以保证它们可以正常工作。你难道真的想靠着没有被精心维护和保养过的潜水装备去"外太空"？你得记住，我们的潜水装备就像去外太空的宇航员的装备一样重要。

潜水过程中的装备问题确实在增加，但是事故发生的原因很少是装备故障。装备问题会引起潜水者焦虑，带给潜水者压力。当一名潜水者在经历环境压力和恐惧的时候，一个小小的装备问题都可能会引起他的恐慌。学习如何管理自己和自己的潜水装备有助于你减轻压力，避免恐慌，预防事故的发生。一个最重要的原则就是：要想避免潜水事故，就要正确合理地使用处在良好状态的、熟悉的潜水装备。

有些潜水罗盘要从上面读取，有些潜水罗盘要从侧面读取。侧读潜水罗盘的刻度显示在仪表盘侧面的一个小窗口上。对于正读潜水罗盘，你直视即可。在第六章中，你将学到更多关于如何读取潜水罗盘信息的知识。

电子式潜水罗盘通常是潜水计算机的一个内置部件（见图4.32），前进的方向通过数字形式和地理数据形式展示出来。你可以提前设定好前进的方向（按需求导航），电子式潜水罗盘会显示任何需要修正的地方，以保证方向正确。方位会被存储在一个存储设备中。

潜水压力表

压力表之于潜水就像汽油表之于汽车一样重要。压力表用于监测水肺潜水气瓶的气压。电子或者机械压力表都可以。机械压力表就是一个高压弹簧管，气瓶里的高压空气穿过水肺调整器的一级头，穿过高压管，然后进入位于高压管一端的压力表。压力拉伸弹簧，弹簧带动刻度盘上的指针来显示气瓶压力。物理冲击会毁坏机械压力表。

电子压力表由压力传感器、电路、电池和显示屏组成，以高压深度计的形式出现，显示的可能是数字，也可能是图形。

无论是符号还是数字，它们都显示了潜水气瓶内的空气压力。如果电路板受潮或电池没电了，电子压力表就不能正常工作。有些电子压力表是无管的，它们并不需要用软管将气瓶和压力表连接起来。这样的压力表通常是多功能的（可作为潜水计算机、潜水罗盘和潜水压力表）。在潜水接近尾声时，你应该保证气瓶内的空气压力在300～500磅力每平方英寸（20～34标准大气压）。机械压力表的表盘上通常会有一个红色区域，表示瓶内空气压力小于500磅力每平方英寸（34标准大气压）。潜水时，你应该时刻留意空气供给情况，保证在指针指向红色区域前你能回到水面上。电子压力表通常会通过闪烁来提醒空气压力过小。

压力表有一个防爆塞，其用来在高压泄漏时释放压力表内部的压力。确认防爆塞的位置，不要在其上放置任何东西，这些东西有可能会影响防爆塞发挥其应有的作用。如果防爆塞不能被拔掉从而无法释放压力表内部的压力，压力表的表盘可能会裂开。

仪表控制台

你可以单独购买不同的潜水仪表，也可以组合购买。将几种仪表组合到一起并通过一个显示平台显示数据，这是很方便的事情。这种组合叫作仪表控制台。仪表控制台连接到从水肺调整器一级头输出的高压软管上。当所有的仪表都在一个控制台上时，你的胳膊将从一堆重量当中解放出来，而且潜水前的准备工作将迅速完成。

仪表控制台分为机械控制台和电子控制台两种。机械控制台包括一个压力表和一个深度计，有些也包括计时器、潜水罗盘和温度计。仪表通常具有表盘可以发光的特性，便于在光线很暗的情况下读数。

如果是电子控制台，所有的仪表信息都在一个界面上显示（见图4.32）。就机械控制台而言，如果其中一个仪表坏了，其他的仪表还可以正常工作。但是，当电子控制台出问题的时候，所有的数据都无法显示。除非有光，否则电子显示屏在黑暗中很难读数。

潜水计算机

潜水计算机是一种电子仪器，由压力传感器、电路、电池和显示屏组成。一台程序已经设定好的潜水计算机通过压力和时间信息不断计算着被有着不同"半衰期"的隔室吸收的氮气。"半衰期"是指一个数据模型（隔室）将其中的气体增加或减少一半所需的时间。一个与人体组织很像但不完全一致的隔室，在6个半衰期内可以完全充满或完全释放气体。当潜水计算机的一个隔室达到预定的水平后，其显示屏上就会显示你已经接近时间限制，在这之后，直接上浮到水面上就变成不可能了。当达到时间限制时，潜水计算机会显示一个最小深度，也就是峰值。你不能上浮超过它，否则你可能会遭遇减压病，除非你等到潜水计算机显示你已经充分排出足够的气体时你才可以继续上浮。潜水计算机可提供非常精确的时间和深度数据。潜水计算机还有一些常规的功能，包括低电量提醒、连续上浮警告、潜水日志、潜水计划模板和关于飞行及潜水的信息。第七章会讲到关于潜水计算机的其他信息。

图 4.32

带有计算机和压力表的电子控制台（左）和电子式潜水罗盘（右）

仪表的维护与保养

物理冲击会对仪表造成伤害，因此你要保护你的仪表不被撞击。请将你的仪表控制台收好而不是到处乱放，也不要在高温下陈列和摆弄潜水仪表。

你应该在第一时间处理压力表的空气泄漏问题；时常请专业人员测试你的压力表的精确度；或者把你的压力表的示数与一个特别精确的仪表的示数进行比对，如电子深度计的示数等。你还应该遵循所有的维护建议。有时候，海拔升高造成的减压会损坏一些仪表。除非该仪表是为了在高海拔地区使用而设计的，否则空运时一定要将该仪表用密封的盒子打包。每次使用过后，都要用干净温暖的清水浸泡和清洁仪表。对于那些压力传感区域，要特别注意，防止它们被灰尘或盐分堵塞。

电子仪表需要电池。有些仪表必须返回厂家才能进行电池更换。对于那些允许用户自己更换电池的仪表，如果用户没有正确更换电池，这些仪表会如脱缰的马一样无法控制。

潜水刀和其他装备

这一部分会列出一些额外的必要装备和可供选择的装备。图 4.33 展示了潜水刀和其他装备。

潜水刀

潜水刀是要求配备的装备。在水中，各式各样的线有可能会缠绕在一起，因此你必须带上一把潜水刀，必要时切断缠绕在一起的线，将你或你的同伴解救出来。

不少潜水刀分为大刀和小刀两种，可以放在随手可取的位置的小刀比难以马上找到的大刀要好。潜水刀最重要的一个要素是锋利的刀刃，好的刀片不易生锈且刀刃锋利。锯齿状的刀片比直叶刀片在切割上更有力。

有些潜水刀被设计成多用途工具，除了切割以外，还可以用

图 **4.33**

潜水刀和其他装备

于挖、撬、砸和测量。即使你有这样一个多功能刀具作为潜水装备，你还是应该准备一个小的单独的潜水刀。

潜水刀都配有护套，护套有助于把刀固定在某个位置。应确保护套的锁扣可靠，防止潜水刀丢失。你可以将一把小刀绑在腿上、胳膊上、仪表控制台上，甚至是浮力补偿器上；把大刀固定在大腿的内侧，并用可以伸缩的带子绑好，以适应防护服的挤压。

为了防止腐蚀生锈，每次潜水后，都要彻底清洁潜水刀，检查刀刃，磨掉锈迹，并涂上油来保养刀片。

其他装备

你很可能还需要几种小的，但是重要的、必备的装备。它们包括装备包、潜水旗和浮漂、潜水灯、工具包、潜水记录板、信号装置和急救包。

装备包

潜水时，你需要的东西很多，因此你需要一个装备包来装这些东西。装备包可以很简单，也可以很复杂，它可能有多个夹层或空间、新颖的携带或移动方式、密封的边角和各种材质。最适合你的类型取决于你的需要和你的预算。一定要买那种带织带提手的包，并且提手能够完全围绕装备包，以给装备包提供完整的支撑。不管你的预算有多少，你都需要添置一个装备包。

潜水旗和浮漂

很多国家或地区的法规要求在潜水时必须使用潜水旗。在美国，传统的潜水旗是红色的，带有白色的斜条纹（见图4.34）。这类旗子通常由乙烯基制成，安装在玻璃纤维杆上并用缆线固定好，使得它在一堆物品中十分醒目。除了红白旗，当你从船上开始潜水时，你应该使用国际阿尔法旗，国际阿尔法旗是燕尾形蓝白旗。除了美国的红白旗以外，

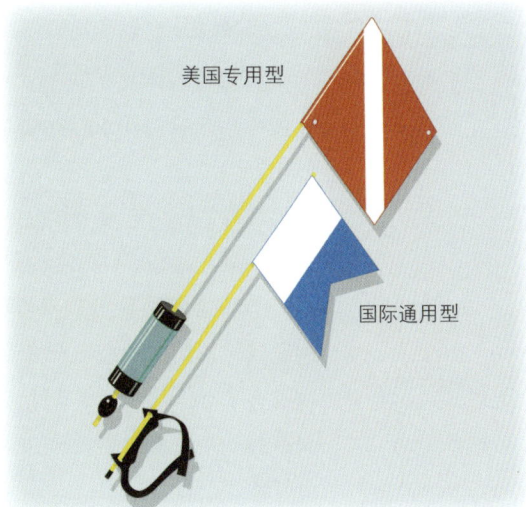

美国专用型

国际通用型

图 4.34
潜水旗

107

国际阿尔法旗是一个具有普遍意义的潜水标志。

除非你从船上开始潜水，要不然你需要一个漂浮物来托起你的潜水旗。有些潜水旗自带一个浮漂。你也可以通过其他配件把潜水旗插到一个内管上。你还可以选择把旗托用帆布盖住以保护内管。

潜水灯

潜水灯增加了潜水的乐趣。潜水灯（见图 4.35）的灯光亮度要低一些，可以重现水下生物的颜色，使你可以在珊瑚和海藻中间穿行。当使用潜水灯时，你能够看到更多景物。

市面上有很多种潜水灯，包括大的、能量强的、可充电的潜水灯和使用一次性电池的小的潜水灯。首先考虑小的潜水灯。大灯适用于夜间潜水，夜间潜水本身就是一项要求更高的活动。小灯便于携带，无论是白天潜水还是夜间潜水，其作为备用光源都适用。如今，很多小灯都很明亮且光线集中。请根据维护指南维护你的潜水灯。

图 4.35

无论是白天潜水还是夜间潜水，潜水灯都很有用，它可以重现颜色，照亮黑暗处

工具包

这里推荐两类工具包：潜水工具包和潜水救援工具包。潜水工具包包含你在潜水时经常用到的工具。潜水救援工具包包含你在救援时可能用到的工具。后文展示了这两类工具包的物品清单，请根据你的需要进行选择。因为潜水工具包里面的东西都很小，也容易被弄湿，建议你把它们分开放在不同的容器里，这样你就可以轻松地找到它们。

当你带着装备千辛万苦到达潜水地时，你不会希望出现任何装备问题让你不能去潜水。当出现某些状况时，如带子裂了、O 形圈丢了或咬嘴坏了等，除非你有备件更换，要不然就无法潜水了。因此在防水箱里准备一个潜水救援工具包很有必要。潜水救援工具包里的物品要干湿分开保存。

潜水记录板

在潜水时，你需要记录和参考一些周边和水下的信息。塑料记录板比纸质记录板要好，因为水不会对其产生影响。你可以用铅笔或油性

工具包

潜水工具包

- ✓ 面镜除雾剂
- ✓ 润唇膏
- ✓ 湿服洗涤剂
- ✓ 晕船药
- ✓ 防晒霜

潜水救援工具包

- ✓ 面镜带
- ✓ 调整器咬嘴
- ✓ 脚蹼带
- ✓ 钩形扳手
- ✓ 呼吸管收纳盒
- ✓ 螺丝刀
- ✓ 潜水气瓶 O 形圈
- ✓ 尼龙扎带
- ✓ 快卸扣
- ✓ 麻绳
- ✓ 配重带
- ✓ 胶带
- ✓ 强力胶
- ✓ 备用电池
- ✓ 重型尼龙线和粗针
- ✓ 氯丁橡胶胶水
- ✓ 临时修理用的玻璃纤维石膏带

笔在潜水记录板上写字。潜水记录板包括对照记录板、参考记录板、潜水日志记录板和水下写作记录板等。每一种记录板都有它自己的价值。当你成为一名经验丰富的潜水者时，在一次潜水中你可能要用到几个记录板。最开始时，你可能需要一个装备清单记录板、潜水计划记录板和水下写作记录板。

信号装置

当你在潜水过程中开始漂浮不定时，尤其是在那些洋流特别强的地区，辐射距离远的信号装置就变得特别宝贵。你身边应该随时准备一个哨子，哨子声比喊叫声更容易引起其他人的注意。吹响哨子不需要花费太多的力气，而且哨子的声音在水面上传播很广。

潜水喇叭由低压空气驱动，产生的声音能够传播超过 1 英里（约 1.6 千米）远。虽然这种设备很小，但是因为声音很大，因此你必须保证设备发出声音时指向离你比较远的地方，以避免听力受损。

你可以带一根很长的、颜色明亮的、细的救生管，它可以很容易地塞进你的浮力补偿器的口袋里。在水面上给救生管充气以后，它可以使你在水中更容易被发现。

你可以用一面小镜子来反射太阳光到远处。其他形式的信号装置包括激光笔、闪光灯、防水照明弹等。被洋流困住的风险越大，你就越需要信号装置。

急救包

潜水地的情况复杂多变，同时因为潜水本身也是一项体力运动，所以有人可能会受伤。因此，你需要为紧急状况做好准备。你应该在潜水地备好急救包。下面的清单列出了一个标准的急救包应包含的物品。你应该把所需物品用防水箱打包好。第六章会介绍如何使用部分物品。

急救包

- ✔ 氧气面罩
- ✔ 镊子
- ✔ 晕船药
- ✔ 绷带剪
- ✔ 异丙醇
- ✔ 小手电筒
- ✔ 过氧化氢
- ✔ 拨打紧急电话用的硬币
- ✔ 白醋
- ✔ 突发潜水事故时紧急联络人的联系方式

- ✔ 碳酸氢钠
- ✔ 潜水急救用书
- ✔ 三角绷带
- ✔ 止痛和抗菌软膏
- ✔ 太空毯
- ✔ 热敷带
- ✔ 小笔记本和笔
- ✔ 洗眼液
- ✔ 橡皮筋和止血带

特殊装备

其他的特殊装备包括氮氧混合气（富氧空气）设备、混合气体设备和呼吸器。要想取得设备许可证，潜水者需要更长时间、更专业的培训。使用这些特殊装备的风险也使得训练和严格遵守使用规则变得十分必要。

富氧混合气体（EANx）

在水中呼吸含氧量大于陆地空气含氧量（21%）的特殊气体对潜

水者很有好处。更高的含氧量减少了氮气的吸入，从而降低了减压病的发病率。然而，潜水者必须知道与使用 EANx 相关的技术要求和潜在的风险。专用设备和专业的培训是必不可少的。

向标准的气瓶里面灌装 EANx 是绝对不允许的。EANx 装备上有明显的标志，以与普通的水肺潜水气瓶区别开来（见图 4.36）。许多现代化潜水服务站都设有 EANx 灌装区。标准的富氧混合气体有 EAN32 和 EAN36，分别含有 32% 和 36% 的氧气（也被称作 Nitrox32 和 Nitrox36）。氮气和氧气在灌装过程中被混合在一起，但是最后的混合比例可能不是特别精确。因此潜水者需要在潜水前测试一下气瓶里的气体。潜水者可以用一个手持的氧气分析仪来确保氧气的含量达标。

图　4.36

富氧混合气体气瓶具有明显的标志，以便将其同标准潜水气瓶区分开来

如果你吸入的氧气含量过高，你可能会发生抽搐。氧气部分的气压必须保持在安全范围内（1.4 ～ 1.6 标准大气压）。出于这个原因，高氧潜水是有适用深度（MODs）限制的。EAN32 和 EAN36 的适用深度分别为 110 英尺（约 33.5 米）和 95 英尺（约 29.0 米）。这两个深度是绝对不可以超越的，没有调整的余地。另外，潜水者必须确定等效空气深度（EADs）来为减压做准备。潜水计算机可以自动算出 EADs 并给出潜水建议。当你使用 EANx 装备时，潜水运营商和充气站的工作人员都会要求你出示受过特殊训练的证明。这些训练还是很普遍的。

技术性潜水

这种形式的潜水甚至比使用富氧混合气体潜水更特殊，因为需要用到混合气体和科技含量更高的装备。在进行这种潜水活动的过程中，吸入的气体包括氦气、氖气、氮气和氧气，各种气体混合的比例取决于下潜的深度。很显然，在尝试这种形式的潜水之前，潜水者需要接受大量的专业训练。有些气体混合物无法维持生命，除非在一定的深度下氧气部分的气

压达到一定的值。在这种情况下，潜水者必须先用正常的气瓶下潜到一定深度后，再使用低氧混合气体。这种形式的潜水的目的在于试图打破下潜的深度和时间的限制。技术性潜水比休闲潜水的风险要大很多，但是也有很多人认为其回报值得他们去冒这个险。

有些技术性潜水者在进行开路式循环水肺潜水时使用多功能大容量潜水气瓶。另一些人则使用复杂且昂贵的闭路式循环呼吸器（CCR）来大大延长潜水时间。使用装有氧气和惰性气体混合物的水下呼吸器使得呼出的氧气可以被循环吸入，直到被彻底代谢为止。如果需要，新的氧气会被添加到混合物中以保证氧气的比例符合要求。呼出的二氧化碳会被一个叫作洗涤器的过滤罐吸收。你可以通过一个中控装置自动替换氧气或通过气瓶阀门手动完成。结果是，在完全不受深度影响的情况下，潜水者可以在水中多待上几小时或者充一次气就可以完成几次潜水。图 4.37 展示了一个现代的 CCR。

CCR 潜水和开路式循环水肺潜水的前期准备和开始的流程大不相同。例如，潜水者需要先使用 CCR 呼吸，以便激活二氧化碳的吸收流程。这个过程需要几分钟的时间并且会受吸收剂温度的影响。在下潜过程中，潜水者需要在 20 英尺（约 6.1 米）左右的深度确认一下装备的刻度。在上浮过程中更换气体混合物的行动，必须由一个中控装置完成或由潜水者手动完成。因此，这种形式的潜水是真正意义上的技术性（需要专业技术）潜水。

氧气的含量是通过多重传感器来控制的，在正确维护和校准的前提下，这些传感器是十分精确的。现在所使用的 CCR 缺乏可靠的二氧化碳监测传感器。二氧化碳中毒可能是致命的，仅靠潜水者的症状来判断其是否中毒是不可靠的。因此使用二氧化碳吸收剂的时间必须被监控，并且必须更换达到使用次数和时间（基于统计学数字）的二氧化碳吸收剂。

因为 CCR 价格很高、必须被经常使用且需要很高的维护保养费用，所以使用这种装备的潜水者很少。但是其能极大地延长潜水时长这个优势对很多潜水者而言还是非常有吸引力的，因此近年来这种装备开始慢慢流行起来。

潜水装备清单

✓ 面镜、呼吸管、呼吸管收纳盒	✓ 信号装置（哨子、镜子、救生管）
✓ 脚蹼和潜水靴	✓ 潜水刀
✓ 潜水气瓶（充满气）	✓ 浮漂、潜水旗、锚
✓ 浮力补偿器	✓ 潜水表格
✓ 防护服、头套和手套	✓ 潜水灯
✓ 配重系统	✓ 潜水记录板和铅笔
✓ 压力调整器和压力表	✓ 浮标
✓ 备用气源	✓ 收集袋
✓ 深度计、水下计时器和潜水罗盘	✓ 工具包

备用装备

✓ 潜水气瓶	✓ O 形圈
✓ 配重系统	✓ 呼吸管收纳盒
✓ 带子	

二级装备

✓ 急救包	✓ 帽子或面罩
✓ 紧急联络号码和无线电频率	✓ 太阳镜
✓ 潜水日志	✓ 潜水工具包
✓ 泳衣	✓ 潜水救援工具包
✓ 毛巾	✓ 饮用水
✓ 外套	

总结

　　潜水是一项需要借助很多装备才能进行的活动。通过本章的学习，你已经了解了你需要配备的潜水装备，知道了如何挑选它们，以及如何保养它们。你会从你的教练、零售商、杂志和其他潜水者那里学到更多关于潜水装备的知识。请准备好潜水装备，并尽可能维护好它们。如果你的潜水装备有问题，你是很难好好享受潜水的乐趣的。

成群的黄尾梅鲷，基拉戈，美国佛罗里达州

第五章

潜水环境

潜水大发现

通过本章的学习，你将能够做到以下事项。

1. 描述水生食物链和解释赤潮产生的过程。

2. 列出 5 种可能危害生命的水生生物和 3 种避免这种伤害的方法。

3. 列出 4 种类型的污染物并描述它们对水下环境的影响。

4. 列出在水下避免破坏环境的 5 种方式。

5. 对淡水潜水和咸水潜水的潜水条件进行对比。

6. 描述洞穴潜水和冰下潜水的危害。

7. 描述潮汐产生的原因及其对潜水活动的影响。

8. 描述激浪和波浪产生的原因及其对潜水活动的影响。

9. 描述洋流产生的原因及其对潜水活动的影响。

10. 详细描述一个离岸流，并解释如何从中逃离。

11. 解释以下术语：浮游生物、水华、赤潮、巨型海藻、叶柄、复叶、西加毒素、鲭鱼毒素、河鲀毒素、温跃层、对流、反向温跃层、上升流、涡流、洞、穴、水槽、虹吸管、大陆架、海啸、平潮、大潮、小潮、涨潮、退潮、静水期、涌浪、风浪区、波峰、波谷、波高、波长、波浪周期、波列、汹涌、激浪、环流、下降流、离岸流、漂流潜水和拖曳绳。

学习潜水可以让你有机会熟悉覆盖地球表面超过 70% 的水生环境。海底世界很迷人。这一章主要介绍潜水环境里的生物及其地理条件。你将了解人类和潜水环境之间的相互影响，你将知道你对海底世界的影响远超过你的想象。

海葵虾，科苏梅尔岛，墨西哥

水生生物学

海底世界存在着奇妙多样的植物和动物。水生领域有成千上万种动物，从几微米的微型生物到以吨计量的重型生物。为了欣赏、尊重和了解这些水生生物，你需要学习一些关于生物学的知识。本节将帮助你了解水生动植物。水生生物主要分为 3 类：随洋流漂浮移动的生物、可以自由游动和逆流游动的生物，以及那些定居在海底的生物。

漂流者

漂流者被称为浮游生物。漂流的动物被称为浮游动物，漂流的植物被称为浮游植物。浮游生物的食物链从水中开始（见图 5.1）：小动物吃浮游植物，大型动物吃小动物。大型动物死亡后，它们的尸体会沉到水底并被分解，分解后的部分浮到水面上就变成了浮游植物的养料。温暖的水和充足的营养使一些浮游植物迅速繁殖。过度繁殖的浮游植物覆盖于水面的现象被称为水华，可以将水染色，降低水下的能见度。夏季，一些地区的浮游植物释放的毒素使该地区的蛤蜊和贻贝无法被安全食用。某些红色浮游植物经常导致水华，在海洋中被称为赤潮。产生水华的区域的潜水条件会因此变差。

还有一种水生植物是海藻类，它是水生世界的重要组成部分。植物利用光来生产自己的食物，并且成为动物的食物。植物通过光合作用将水和二氧化碳转化为氧气和碳水化合物。各种类型的藻类在水下光线可以照到的地方生存。大多数藻类生长在阳光充足的浅水区。在一些淡水地区，厚厚的苔藓植被呈褶状堆积在水面。泰莱草是一种草绿色的咸水型藻，为许多生物提供了栖息地。还有一些长长的、流线型的藻类生长在寒冷的浅水区，如鳗草等，如果你在走路时踩到它们可能会滑倒。走过覆盖着湿滑的植物的岩石时要小心，以免滑落跌倒。

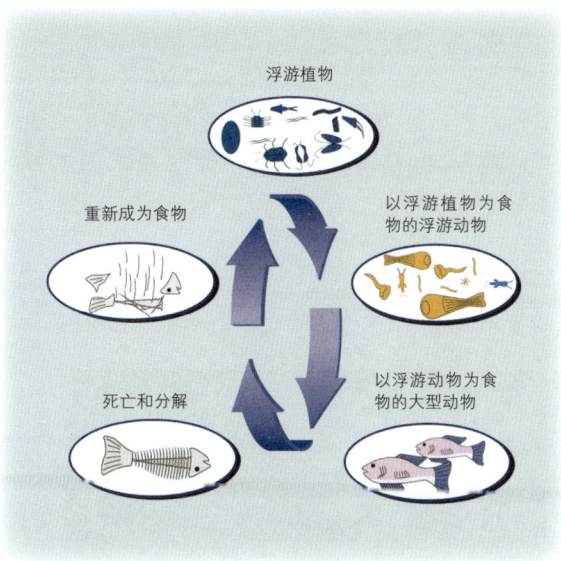

浮游植物

以浮游植物为食物的浮游动物

重新成为食物

以浮游动物为食物的大型动物

死亡和分解

图 5.1

水下食物链

巨型海藻有着长长的链条状的叶柄，叶柄上有叶片，叶柄有可能把你卷住。你应该学习如何避免和处理这个问题。它有一个像根一样的结构，称为固着根，其可将巨型海藻固定在海底；它还有许多浮囊，使得顶部沿水平方向伸展。巨型海藻的叶子称为复叶。大面积的巨型海藻形成海藻床（见图5.2），其有浓密的簇团，覆盖着水面。在水面上，你很难游过巨型海藻的簇团表面，但在水下要游过巨型海藻的簇团缝隙则很容易。在巨型海藻密集的地区潜水，水下导航是非常重要的。巨型海藻茂密的地区是受欢迎的潜水区域，因为那里生活着丰富多样的海洋生物。

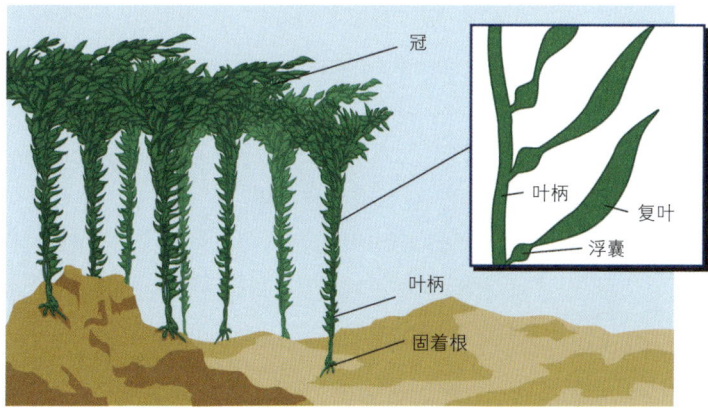

冠

叶柄

复叶

浮囊

叶柄

固着根

图 5.2

一个典型的海藻床

117

游泳者

潜水活动的一项回报就是可以观赏鱼类。在水下世界，几乎随处都可以看到鱼。你甚至游不过最慢的鱼，因此不要追逐它们。如果想近距离观察鱼，你必须融入环境。鱼类主动接近你比你主动接近它们更容易一点儿。

图 5.3

吃处理不当的河鲀有潜在的生命危险

如果要收集鱼类，你需要了解专业知识和流程。大多数鱼都有一个内部气囊来进行浮力控制。如果鱼浮出水面的速度太快，它会因为鱼鳔胀破而死亡。尽量不要捕捞鱼类，因为如果经验不够丰富就可能对它们造成伤害。

食用某些种类的鱼可能对人体有害。有些鱼是有毒的。鱼类毒素包括西加毒素、鲭鱼毒素、河鲀毒素。有些西加毒素源于某些藻类毒素。西加毒素中毒会在 6～12 小时内引起肠胃问题。如果你吃到没有被冷冻保存的鲭亚目鱼，它的毒素会让你在 1 小时内出现恶心和呕吐的症状。河鲀毒素是鱼类毒素中毒性最强的一种，其源于河鲀（亦作"河豚"）（见图 5.3）。河鲀毒素中毒可在几分钟内致人死亡。应避免吃大型的和看起来古怪的鱼类。可与当地渔民进行交流，以确定哪些鱼是可以安全食用的。

许多大型海洋动物——海狮、海豹、海豚、鲸和海牛等——居住在海中。它们看起来优雅、美丽。观赏它们是一种令人兴奋的体验。有些动物可能出于好奇而接近你。如果你离它们有一定的距离，水中的水生哺乳动物通常不会伤害你。但是如果你离得太近，出于防御，在陆地上的海狮和海豹可能会咬你。

海底动物

海底"居民"包括一些静止的动物，如珊瑚、海扇等，以及一些移动的动物，如螃蟹、龙虾等。有生命的海底静止"居民"通常不在渔猎和潜水者收集的范围内，你不应将它们带离海底。严禁捕捞珊瑚、海扇和其他看起来静止不动的动物，如海星等。如果你为了寻找食物而捕捉螃蟹、龙虾，你应该知道如何确定动物的性别，如何在不伤害它们的情况下捕捉它们，以及如何衡量它们的大小。应避免捕捉雌性动物，尤其是在产卵期的雌性动物。一些潜水者捕捞时只掰蟹螯，这样有利于保护物种，因为螃蟹可以通过螯来捕食，并且可以在断螯处再生新的螯。

刺胞动物

如果你在咸水水域潜水，你应该了解刺胞动物（见图5.4），其包括在海底定居的"居民"（如珊瑚虫等）和游动的生物（如水母等）。刺胞动物，如美丽的海葵，有圆形的、排列在身体周围的被触手环绕的嘴。你要学会识别和避开可能伤害你的刺胞动物。

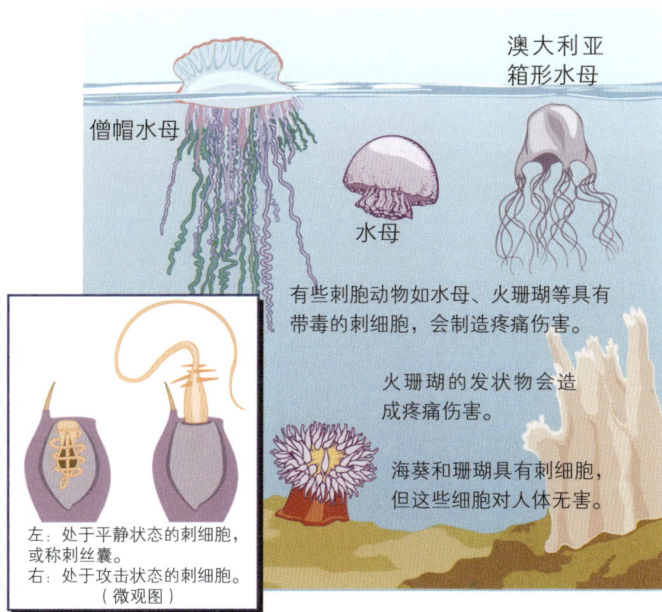

僧帽水母

澳大利亚箱形水母

水母

有些刺胞动物如水母、火珊瑚等具有带毒的刺细胞，会制造疼痛伤害。

火珊瑚的发状物会造成疼痛伤害。

海葵和珊瑚具有刺细胞，但这些细胞对人体无害。

左：处于平静状态的刺细胞，或称刺丝囊。
右：处于攻击状态的刺细胞。
（微观图）

图 5.4

几种刺胞动物

有潜在风险的水生生物

水生生物有多种多样的方式来获取食物，并且保护自己不受攻击。你可以通过熟悉这些水生生物的捕食方式来最大限度地减少自己受伤的可能性。水生生物其实很少主动攻击人类，当你靠近它们时，它们通常会逃跑、躲藏，甚至静止不动。如果你不碰触、威胁或是挑衅它们，水生生物很少会故意伤害你。但是你要记住一点，水生动物是野生动物，如果它们在你喂食的过程中咬伤你，你不应该怪它们。图 5.5 列出了几种你可能遭受到的来自水生生物的伤害及推荐的急救措施。记住：受到任何类型的伤害都必须寻求医疗救助。

引起擦伤和割伤的水生生物

许多水生生物，例如某些类型的珊瑚和藤壶都有坚硬尖锐的结构，很容易引起擦伤和割伤。这种割伤很疼，愈合缓慢且容易感染。因此，你应避免接触被坚硬的水生生物覆盖的岩石和礁石。有些鱼类的鱼鳍或尾部有刀状突起，它们通过来来回回地快速挥舞和对一切靠近它们的东西"乱砍"来保护自己。

造成刺穿或撕裂的水生生物

海胆是海洋里的豪猪。冷水海胆的刺又粗又短，而暖水海胆的刺则长而薄。如果你碰触到了海胆，它的刺可以刺透你的防护服，还可能会留在你的肉里，使伤口处又肿又疼。这类刺很难被拔掉，如果你不小心被海胆刺到，应该找医生把刺取出来。

有些鱼的背部有一排很长、很锋利的刺。鲉鱼的鱼鳍底部有存着毒液的液囊。如果你的皮肤被刺破并且压到了毒液囊，你等于给自己注射了毒素，而某些毒素会导致人体出现十分严重的症状。还有一些鱼的鱼鳍上长有刺，如蓑鲉（也称为火鸡鱼或斑马鱼），蓑鲉的毒素也会使人体出现严重的症状。淡水鲇鱼也有毒刺。

还有一种叫作鸡心螺的贝类利用毒液杀死其他水生生物并以其为食，它们的毒液含有剧毒，而且这种贝类可以将其毒液注入人体内。因此，在热带水域，不要捕捉和触碰鸡心螺。

伤害	急救措施
擦伤或割伤	
藤壶 珊瑚虫	擦洗伤口，对伤口进行消毒
刺穿或撕裂	
鸡心螺 海胆 有毒的鱼（如鲉鱼、蓑鲉） 刺鳐	用热水浸泡患处。对于鸡心螺造成的刺伤，应用静脉止血带固定受伤区域。如果是被鲉鱼类刺伤，明智的做法是立即就医
咬伤	
梭鱼 蓝环章鱼 海鳝 海蛇 鲨鱼 海龟、麝鼠、短吻鳄	止血、清洁、消毒伤口；如果是被蓝环章鱼咬了，要立即按住伤口，并且立即寻求医疗救治，还可能需要进行人工呼吸；如果是被海蛇咬伤，要立即按住伤口，固定受伤区域，并即刻寻求医疗救治
蜇伤	
刚毛虫 火珊瑚 火海绵 水母	用醋浸泡伤口区域

图 5.5

潜在的伤害和相应的急救措施

鳐鱼则是典型的海底"居民"，它们长得又圆又扁。有些鳐鱼的尾部有锋利的锯齿状倒钩。鳐鱼往往蛰伏于海底，如果有人打扰到它们，它们就会拱起背部用倒钩攻击敌人、保护自己。盖在倒钩上的鞘往往留在了被撕裂的伤口处，而鞘内含有毒素。

在某些水域，潜水者、钓鱼的人和游泳者的脚踝处有刺鳐造成的伤口是很常见的。要想避免这种伤害，你在水下走路时就要贴着地面移动双脚。美国西部海岸有一种叫作电鳐鱼的水生生物，这种水生生物可以发电，能够击晕潜水者，因此你必须能够识别它。如果偶然遇到一条电鳐鱼，你应避免与它接触。

咬人的水生生物

你应运用你的识别能力来避免被水生生物咬到。有一种巨大的会咬人的淡水鱼叫雀鳝。海龟也会造成严重的咬伤。麝鼠攻击人可能是为了自卫，海里的海鳗鱼也可能会对你造成严重伤害。短吻鳄也存在咬人的可能性，但似乎并没有听说过它们喜欢攻击潜水者。

鲨鱼会咬人，但鲨鱼攻击潜水者的情形几乎是不存在的。好莱坞影片夸大了鲨鱼的危险性。只有少数几种鲨鱼会主动攻击潜水者，而潜水者常去的水域很少存在这类鲨鱼。绝大多数潜水者看到鲨鱼都会很高兴，因为鲨鱼常会避开潜水者经常去的水域。

如果你遇上了海蛇，请避开它们。不要试图抓捕、控制海蛇，因为它们可能是有剧毒的。被海蛇咬到可能危及性命。有些淡水蛇（例如水蝮蛇）也是有毒的。你还要注意只有一个高尔夫球大的蓝环章鱼，它是世界上最毒的水生生物之一。不要让好奇心害你丢了性命。

蜇人的水生生物

许多水生生物都会蜇人。你要学会辨识和避免接触水母、某些蠕虫，甚至某些海绵。一些小型的水生生物也会蜇人，如带刺的火珊瑚，但它们只会让人觉得有点儿烦；但是另外一些水生生物，如僧帽水母和箱形水母，你被它们蜇后可能需要医疗急救。有一种典型的被称为"刚毛虫"的海洋蠕虫，其身侧有成簇的柔软的绒毛。这些绒毛看似柔软、脆弱，但是人一旦被蜇，它们就很容易穿透皮肤，并且很难被拔出来，会引起皮肤的烧灼感。因此，切勿触摸这些蠕虫。在海中潜水的时候，你一定要穿防护服。防护服可以保护你不被蜇到；但是在脱防护服的时候要小心，因为有很多水生生物的刺即使已经脱落，但仍然保有活性，可以蜇人。那些附着在你的装备上的水母或其他水生生物在你脱装备时如果接触到你的皮肤，仍有可能会蜇伤你。在热带水域，有些水母会在晚上游到水面上。在很多地区，危险的蜇人的水生生物都呈现季节性活动的特性。你应与当地的潜水者多交流，弄明白哪些水生生物应当避开、在什么时间应当特别小心。

避免危险

很多水生生物都有潜在危险，在热带水域危险的水生生物最多。在通常情况下，特别严重的伤害并不常见，因为潜水者会避开那些可能伤害到自己的水生生物。你应该尊重这些水生生物的习性，但是也没有必要过度在意它们。不要因为看到有潜在危险的水生生物就惊慌或逃走，你只要不与它们接触就好。你应学习辨认某一区域的危险的水生生物，知道在什么地方需要小心它们、对它们保持警觉、与它们保持距离。慢慢移动，小心观察。涉水的时候，你应交替移动你的双脚，不要触摸任何东西，除非你确定它很安全。中性浮力——悬浮在水中的能力——是对抗水生生物伤害的绝佳"武器"。

水生生物的种类是如此丰富，以至于很多潜水者把研究它们当作一项爱好。先学习和了解这些水生生物，等到了水下再观察它们的习性，这是一件非常有趣的事情。有些潜水者是如此痴迷于水生生物，甚至把对水生生物的研究作为职业追求。

预防和保护

水生生物是如此美丽和珍贵，但是人类的一些行为及造成的污染

潜水人生，点滴智慧

水面以上和水面以下的环境具有相似性。在陆地上，温度、天气、植物和动物会随着所处地域的变化而变化，我们可以欣赏到多种多样的山脉、平原、森林和沙漠地貌。同样，在水下世界中，不同地域的环境也各不相同。而这多种多样的水下环境所提供的乐趣正是潜水如此受欢迎的主要原因之一。

在陆地上，当你要去那些崎岖、偏远和危险的地方时，你需要特别的训练和装备。仔细认真的计划和准备也是必不可少的。向导的存在使探险更加安全，也增添了更多的乐趣。在水下，当你潜到那些崎岖、偏远和危险的地方时，这些要求同样适用。你可以好好感受水下世界的不同——珊瑚礁、峭壁、残骸等，但是永远要准备充分、装备齐全。去往一个新的地方时，一定要有计划和方向。

会对它们造成伤害。潜水本身就会对美丽的礁石造成破坏。除非我们立即采取行动，否则水下世界的很多地方真的有可能变荒芜。我们必须保护我们的水下资源。

由于地球上的水域如此广阔，人们常常把它们的存在当作一件理所当然的事情，认为湖泊、海洋是如此广阔，不会被破坏。但事实并非如此。水下环境非常脆弱，自然界的生态平衡远比人们想象的更容易被破坏。我们不能仅因为看到了波涛的汹涌，就觉得大海强大有力。没有见过水下风景的人，恐怕很难意识到栖息于水下的生物的脆弱之处。有些水生生物生长得十分缓慢，一年可能只长几十厘米或几厘米。

作为一名潜水者，你可以帮助减少人类对水下世界的破坏。每个潜水者都应该做到以下两点：从自己做起，保护水下环境；号召和帮助其他人来保护水下环境。比起你的很多朋友，你有更多机会亲近水下环境。你会直接看到污染及过度开采所造成的影响。你也会看到，当环境良好、不受干扰时，水下世界是何等美丽。你在社会上的影响力能够起相应作用。在保护水下环境的问题上，如果你不成为解决问题的一部分，那么你就会是问题的一部分。

污染

阻止污染是当今世界面临的最大挑战之一。人类对环境的污染让人难以置信。我们已经污染了空气、大地和水。每一天，人类将数百万加仑（1加仑约为3.8升）的废物排放到水里。人们似乎觉得，有些东西不在眼前堆着就不是问题了。污染物可不是这样。生活污水、工业废水、垃圾等已经破坏并且还在继续破坏着水下环境。

就算我们今天停止了所有污染活动，水下环境还要继续遭受那些已经排放到水里的废弃物长达几十年的破坏。

陆地上流入大河的径流和最终流入大海的溪流也会对水下环境造成污染。用在农业生产、草坪和园林维护上的农药也会破坏水下环境。建筑施工废物也以不同的方式进入水中。泥沙阻挡了水生生物赖以生存的阳光，闷死了那些栖息在水底的生物。

湖泊和海洋被人类当作可以容纳废弃物的无底洞。这种狭隘的观点导致了两个非常严重的问题：在这片水域生活的动物和植物正在被杀死；这片区域的水无法被更换，因为大块水域是没有办法被冲走的。

潜水的影响

潜水者可能会从以下几个方面破坏环境：可能把一些生物赶出它们原本生存的环境；可能在水下移动的时候粉碎或杀死了一些生物；也有可能会搅起水底的淤泥，扬起的泥沙使一些微生物窒息而死；触摸和投喂动物也可能会将它们杀死。

在水下，你可以成为一名捕食者。有很多动物可以供你捕捉带走。个别无情的人把捕杀动物当作一项运动或游戏，但是有责任心的人只会带走那些他们要食用的动物。虽然潜水者造成的影响远不如商业捕捞大，但是仍然会造成影响。如果你在礁石上叉鱼，那么生活在这个地区的这类鱼很快就不再亲近潜水者。如果你想做一个捕食者，就要以负责任的态度来做这件事情。保护水生资源是本节后半部分要讨论的重要话题。

在水下，你将很难克制住自己不去碰触什么，但你还是要尽量不去碰触它们，除非你知道你要碰触的是什么，而且知道应该怎么碰触它们且不伤害它们。很多动物都很脆弱，粗暴地抓着它们可能会杀死它们。有些动物，包括鱼类，可能有一层黏液保护层，如果保护层在碰触的过程中被破坏，动物就可能会因此被感染并且死亡。被一个巨大的冒着泡的怪物握在手里，这种压力远远超过很多海洋动物所能承受的范围。海龟在被调皮的潜水者戏弄之后，有可能会抛弃它们的蛋。不要犯下仅仅为了娱乐而杀死动物的罪行。了解了如何接触这些动物，你就可以在水下与它们亲密接触。即使不抓它们，也一样可以与它们互动并享受其中。

给水生动物喂食一度非常流行，直到环保人士表示这其实对水生动物是有害的，对喂食者来说也是很危险的。有好几个潜在的问题都与投喂水生动物有关。投喂给动物非天然的食物可能会干扰它们的消化。动物可能会对潜水者喂给它们的食物产生依赖，一旦失去供应，它们会变得无法自行觅食。食物的诱惑可能会使得动物克服它们对潜水者天然的恐惧。当一个原本把潜水者的身影认作应该离开的信号的动物开始习惯潜水者提供食物这件事，这个动物就有可能会主动接近那些猎杀者。

负重过多的潜水者在水底会用他们向下的脚蹼扬起淤泥。上浮困难会使得潜水者抓住或打碎珊瑚礁或其他生物。在水底休息的潜水者在根本没有意识到的情况下就压扁了大量的植物和动物。那些游得太靠近礁石的潜水者，经常会踢死水底生物。

潜水影响的预防措施

学习和掌握好浮力控制技术的一个重要原因就是防止破坏水下环境。一个有环保意识的潜水者会在任何时候都合理配重，控制好浮力。让你的潜水变成"无接触"潜水吧！你应该能够从珊瑚礁的表面游过，能够微调你的目镜，能够在不碰水、不扬起淤泥的情况下观察动物。学会用手划水到指定位置而保持你的脚蹼不动。划水是一种通过手（不是胳膊）的细微运动而实现移动的姿势。浮力控制和手部划水都是减少潜水影响的有效技术。图 5.6 展示的是一个正在用手部划水的潜水者。

另外一种保护环境的方法是保持你的潜水装备尽可能地紧贴你的身体，使它们不会乱晃或者往下掉。如果在整个潜水过程中潜水装备都拖在底部，这样会对动物造成很大的伤害。请简化你的潜水装备。在水下缓慢移动可以保存体力、节省空气，也可以降低你触碰到动物的可能性。这种方法可以帮助你避免对自己和动物造成伤害。

在水下，如果你必须抓住什么东西或把自己从物体面前推开，在接触之前应该先观察一下，避免触碰任何活的东西。如果出于某些原因你必须沉到底部，那就选择那些没有可见的生命的地方。如果处于失重状态，记住，你可能仅需划动一根手指就可以移动了。不要留下任何证据证明你曾经来过这片水域。

图 5.6
手部划水可以最大限度地减少对水下环境的影响

保护措施

由于缺乏保护，很多曾经大量存在的生物现在都濒临灭绝了。野牛就是很典型的例子，而旅鸽已死绝。在某些地方，同样的事情正发生在水生生物身上。一度成群结队的饵鱼，如今在一些地方已不复存在。没有了食物，一些以此为食的较大的鱼类也不在该区域出现了。

渔猎规则是为了保护自然资源而被设计出来的。规则包括对猎物尺寸、季节和可能使用的手段的要求，这有助于资源的可持续供应。你应当遵守渔猎规则并鼓励其他人一起遵守。从长远来看，这些规则对所有人都有益。

如果你要带一个活物出水，那么请用负责任的方式来做这件事情。你应当避开那些很受欢迎的潜水地，可以在那些被潜水者影响非常少的地区进行有限的捕捉和收集。只拿走你需要的，而不是你能捉到的，或你被允许捉的。有两种类型的狩猎者对水下环境造成的伤害最大，一种是追求数量的，另一种是追求荣誉的。追求数量的狩猎者会尽可能多地攫取，以此打造一个强大的有能力的狩猎者形象。而追求荣誉的狩猎者则会寻找那些当地最大的动物，这也就使得繁衍的需求不能够被满足。如果你要杀一种动物，你就有责任了解该种动物要成长多少年才能繁衍下一代，以及这种动物的体形最大可以长到多大。你应该猎取那些已经有机会繁殖下一代但又不是所在族群中最大的动物。虽然精挑细选是很难的，但是你应该保护生命。

不被打扰的自然环境有着自己的生态平衡。动物既是食物，也是捕猎者。动物以另一种动物为食，反过来又会被其他动物吃掉。如果有太多的捕猎者，一段时间以后它们的数量会因为食物不足而减少。如果在一段时间内暂时出现了猎物过量繁殖的情况，不久捕食者的数量就会增加。人类破坏了自然环境原有的生态平衡。我们是最强的捕猎者。我们通过污染、打猎、捕捞、划船及其他很多我们作用在水生环境上的行为破坏了食物链。自然环境需要更长的时间才能从人类的破坏中恢复过来，比从任何自然灾害中恢复过来的时间都要长。人类必须吸取教训，减少对大自然的干扰。

环境保护

环境保护与所有人都有关系，成为潜水者以后，你与环境保护的关系更为密切。关于水生环境的信息，你很有可能比你的朋友和邻居知道得更多。你要成为环保推广大使，你要激励和号召你周围的人一起来保护潜水环境。

人类在陆地上所做的事情也会影响到水里的生命。人们扔进下水道和厕所里的那些东西最终都会进入水下环境，人们用在自家草坪和花园上的化学药剂也会进入水下环境。水里和水周围的垃圾会杀死陆生动物、鸟类和鱼类。购物前思考一下你要如何使用它们，以及如何处理因此产生的废物。那些有毒的化学物质和你用过以后产生的废物，最终都去了哪里？你要有环保意识，也要教育别人树立这种意识。一个很简单的行为，例如选用不含磷的洗涤剂就会带来改变。磷是一种很强大的营养物质，一旦被投入水中，就会破坏生态平衡。

成为社区的一分子。关心诸如污水处理、有毒废弃物排放和建筑改造等可能对水体造成严重破坏的事情。制造业的废弃物也是有害的。你应当帮助别人意识到污染的严重性。

你可以保持消息畅通并不断扩大消息网，比如加入一些致力于保护环境的团体，如海洋保护协会、珊瑚礁环境教育基金会和海洋学会等组织。这些团体提供最新的信息并告诉普通人如何给他人提供帮助。时不时地，有很多团体会举行水下清理活动，这些活动会让人感到愉快且有意义。

当你去潜水时，你有很多事情可以做并且应该做。正确地处理垃圾并鼓励其他人也这样做。如果你有一艘潜水用的船，把它停靠在远离珊瑚礁的地方，避免船锚和链条伤到珊瑚礁。回收那些你在潜水过程中发现的垃圾，尤其是塑料类。优先收集塑料瓶、尼龙、铅和不锈钢。并不是所有的垃圾都是不好的，瓶子和罐子可以为一些动物提供住所。上报非法处理的或遗失的、被抛弃的渔网和罗网，这些东西在被抛弃后仍然有可能对动物造成伤害。

水环境

水环境指潜水者在潜水时所需的特别的环境状态和身体状态，相关的因素包括温度、能见度和水流运动的级别。你需要熟悉整体的水环境，特别需要了解当地的水环境。

纵观全局

影响海洋的因素有很多。太阳对赤道地区的照射比对地球上的其他地区更直接。赤道附近的气候和水域都很温暖。距离赤道越远，温度越低。地球上不同地区水温的差异导致空气和水通过气流和潮流进行流动。风从高压地区吹向低压地区。

风和地球的转动使水移动。从全球范围内来看，在北半球，水沿着顺时针方向流动；在南半球，水沿着逆时针方向流动。气候从西到东变化。地球与其他星体之间的引力又引起了水位的变化，这种现象称为潮汐。海上风暴产生的能量以波涛的形式移动几千千米，最终以浪花的形式释放能量。

季节变换，风和风暴影响内陆水体。来自山区和丘陵的雨水、雪水汇成溪流流入河里和湖里。从地下渗到地面上的水形成泉。

天气、季节、地理位置和其他因素都影响着水面和水下的潜水条件。水面上波涛汹涌，水下可能平静无波；水面上一望无际，水下可能伸手不见五指；水面上温暖如春，水下可能寒冷如冰。你应该熟悉水面和水下条件，以及它们对潜水所产生的影响。

说到潜水条件，你最需要记住的就是它们充满变化、多种多样。因此，当你去一个新的区域潜水时，对周围环境的定位十分重要。潜水条件通常决定了你潜水的方式。在一个区域适用的潜水方式到了另外一个地方可能完全不适用。你应该了解你将要面对什么样的条件，这些条件会怎样影响你的潜水活动，以及如何应对这些条件的影响。例如，在某个地区，走到水里再穿上脚蹼是安全的，但是在另外一个地区，你可能需要先穿上脚蹼再走进水里。

普通淡水水域潜水条件

淡水的密度比海水的密度约小 2.5%，因此你在淡水里的浮力小于你在海水里的浮力。水的密度也会随着温度的变化而变化。淡水在 39.2 华氏度（4 摄氏度）时密度最大，这也和深度在 60 英尺（约18.3 米）以上的湖泊和矿坑的基本温度和密度一样。无论温度是变高还是变低，水都会变轻。

淡水通常会分层，一层比较温暖、轻一点儿的水盖在一层冷一些、密度大一些的水上面。从比较温暖的水到比较凉的水之间的变化称为"温跃层"。当水面平静时，从上面俯瞰，温跃层上面似乎覆盖了一层烟雾。因此在温跃层的交界面上会有轻微的视觉模糊效果。当你在淡水水域潜水时，你必须按照温跃层以下的水温来进行防护。尽管一个湖的表面看起来温暖而阳光灿烂，但是湖底的温度可能接近冰点。

在淡水矿坑和湖泊里潜水的最佳时节取决于水体。春天和秋天通常比较好，原因有：在这两个时节水面和底部的温度是一致的；在各个深度处都有氧气供鱼类生存；浮游生物的数量很少；水下的能见度通常较高。

在晚春，太阳温暖了水域表面，无风的天气又使得表面温暖的水无法与深处凉一点儿的水相混合。到了夏天，大多数湖泊在温跃层以下的分层都是静止的，腐烂物在这里消耗氧气，释放毒素，于是鱼都游到温跃层以上避难。阳光和温暖的水通常会导致浮游生物大量繁殖，而污染也使情况进一步恶化。秋天，湖面和矿坑表面的水温开始下降，直到跟深处的水温一致。下降的水温和逐渐减少的阳光遏制了浮游生物的生长，水下的能见度得到改善。风吹着水，使水开始循环运动。水从表面可以移动到水下大约 60 英尺（约 18.3 米）处，这个过程称为"对流"，该过程也把含氧的水带到了底部。在对流过程中，水下的能见度变低。

冬天，湖面和矿坑表面的水温比底部的水温要低。反向温跃层出现，直到表面的水与底部的水的温度一致。水结冰时，会变轻 10%。如果水结成冰沉下去了，那么整个水体从上到下都会结成坚冰。而水面上的冰则会隔开下面的水。图 5.7 分析了淡水湖的温跃层、反向温跃层和对流的年度循环的概念。

强风在一片水域上沿着岸边吹了一段时间之后，表面上的水就被推离了岸边。从底部涌上来的冷水填满了这部分空间，这个过程被称为一次"上升流"，这种情况也会发生在海洋中。如果风力条件可以持续，通过这样的过程，水温可以保持稳定，即使是在夏天。上升流把深层的营养物质带入浅层的水里，也为这片水域带来了水生动物。一次上升流之后，由于温暖的浅层水里营养物质大大增加，可能会出现水华。

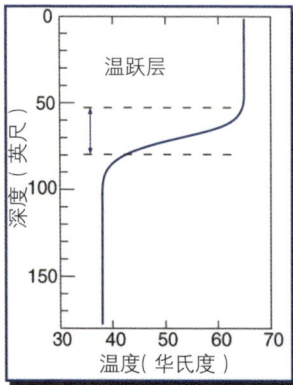

a

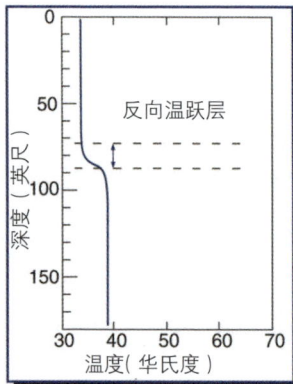

b

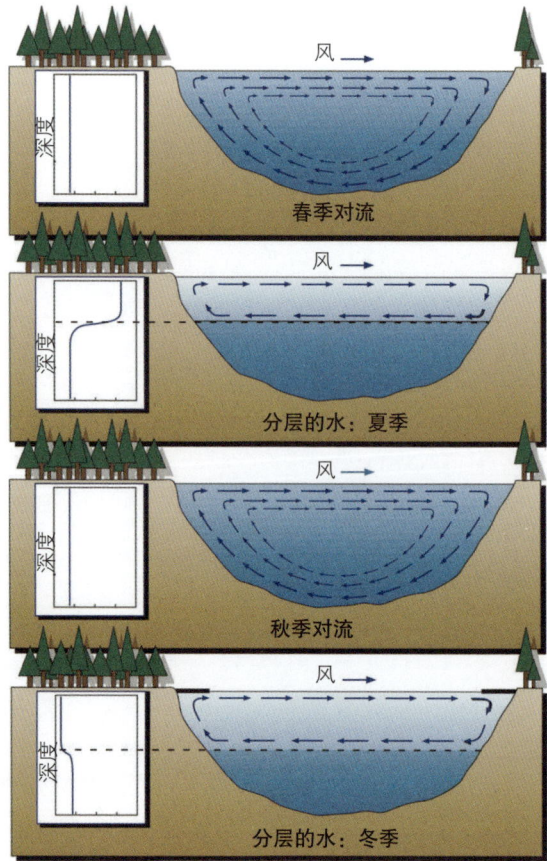

c

注：1 英尺约等于 0.3
米；1 华 氏 度 约 等
于 –17.2 摄氏度。

图 5.7

a. 温跃层；
b. 反向温跃层；
c. 对流的年度
循环

特定淡水水域潜水条件

人们可以在各种各样的淡水环境里获得愉快的潜水体验。泉水、
低海拔的湖泊和矿坑对那些居住在离海岸线较远的地方的潜水爱好
者来说都是很好的选择。另外一些淡水环境，如河流、洞穴地下水、
高海拔结冰的湖泊、被水淹没的废墟残骸等则可能会有危险。没有
上完整套培训课程之前，你不应该去那些危险的地方潜水。

你可能会在河里遇到非常强劲的水流（见图 5.8）。水面和转弯
处的外侧水流最强。很多河里都会有逆流和称为涡流的漩涡状水流。
河流很容易受到季节变换的影响，而且通常不可预测。

淡水泉可以提供非常美丽的潜水环境。流动的干净而又稳定的

水体通常保持着适宜的温度（65～78华氏度，即约18～26摄氏度），且具有良好的能见度。水体经常流经地下的石灰岩洞穴，绵延几千英尺（1英尺约等于0.3米）。对于有资格认证的潜水者来说，在以泉水为基础的开放水域潜水是合适的。但是任何潜水者都不可以进入那些无法直接垂直地上浮到水面的区域。一种大的、房间状的、可以看见表面阳光的空间称为洞，那些比洞延伸得更深、已经看不到表面阳光的区域称为穴（见图5.9）。潜水者必须完成一系列专业课程学习且达到要求后，才能在洞穴中潜水。进入这样的环境，哪怕是下潜很短的距离，如果没有接受必需的培训和配备所需的潜水装备，都可能是致命的。没有经过专业的洞穴潜水培训，再多的潜水经验也不能成为一个潜水者进入洞穴的安全保证。在洞穴里很容易迷失方向，如果挑起污泥导致水下能见度降低，你就容易恐慌，甚至溺水。你也许可以在以泉水为基础的环境里潜水，但是除非你满足了所有的潜水需求，否则一定要远离洞穴。

图 5.8

由于很多河流都有很强的涡流及各式各样特有的挑战，因此建议在潜水前进行特殊训练

有时，地表塌陷会形成一个地下洞穴系统，其仿佛是一个水槽。水流入这个水槽会形成一个水池。一个被称为"虹吸管"的开口将水从这个水槽引导回整个循环系统。在这个"虹吸管"区域潜水是十分危险的。区域内流过的水量取决于当地的雨量。在极端情况下，正常流动的水可以逆流。

人们挖坑来开采沙土和石料。有时挖到一定的深度，会碰到地下水，矿坑或采石场就会被淹没。在其中有些地方可以看到这些地方在被淹没之前被遗弃的开采设备。通常采石场都有很高的能见度，虽然一旦搅动底部的淤泥就会使其能见度迅速降低。泥沙采石场比

133

水池

水池

虹吸管

流域

(A)

泉水

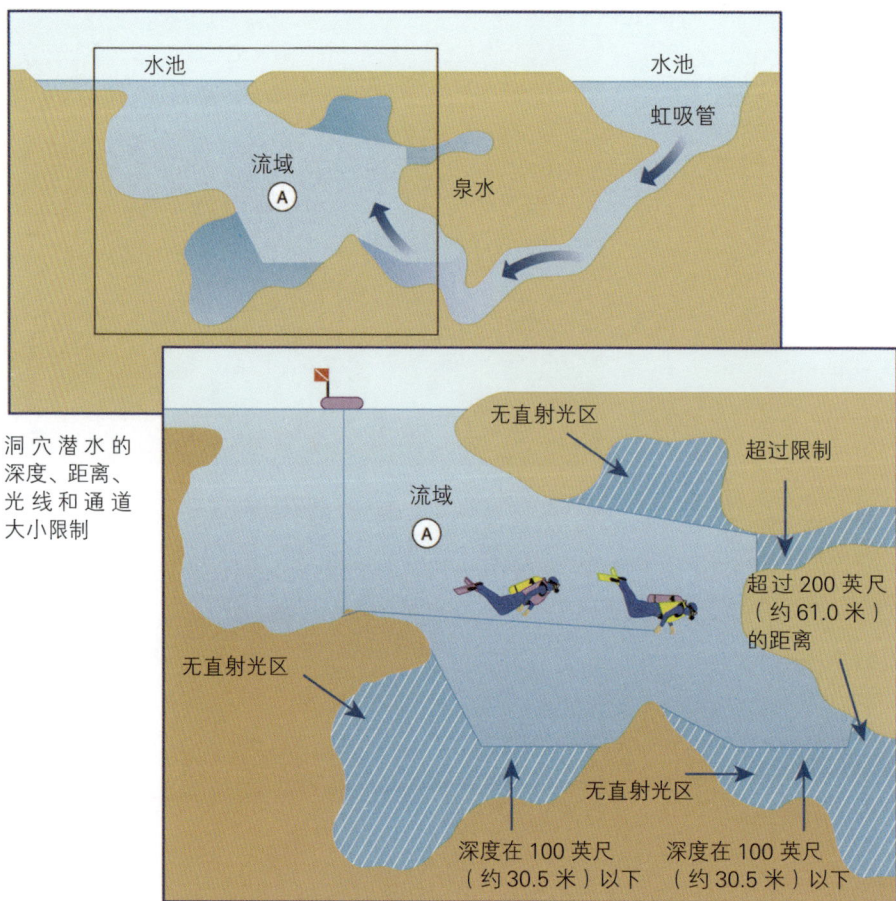

洞穴潜水的
深度、距离、
光线和通道
大小限制

无直射光区

超过限制

流域

(A)

超过 200 英尺
（约 61.0 米）
的距离

无直射光区

无直射光区

深度在 100 英尺
（约 30.5 米）以下

深度在 100 英尺
（约 30.5 米）以下

图 5.9

斜线部分为穴，
无斜线部分为洞

其他采石场沉积的淤泥更多，因此水也可能是浑浊的。

　　湖泊是特别好的潜水地。在海拔 10 000 英尺（3048 米）的高处
都有淡水湖。在海拔 1000 英尺（304.8 米）以上的水域潜水有个特别
的名称，叫作"高海拔潜水"。这种潜水有很多特殊的困难，因为高
海拔地区的压力变化速率小于海平面的压力变化速率。你必须遵循特
别的流程才能避免减压病。同时，相对稀薄的空气可能也会带来一些
问题，在高海拔地区的每一次呼吸所获得的氧气都要少一些。

　　冬天，水面结冰导致潜水变得很困难。冰下潜水的风险包括低体
温、水肺调整器和浮力补偿器被冻住、在冰下迷失方向等。冰下潜水所
见之景十分美丽，但该过程充满了挑战性。如果没有经过合适的训练、

准备好潜水装备和了解流程就贸然去挑战，是十分危险的。

在淡水水域潜水的潜在风险包括身体热量流失，被淹没在水下的树、钢丝、鱼线、鱼钩等影响，急流，涡流，低能见度，淤泥和高度限制。你可以借助训练、积累的经验、适当的潜水装备、正确的潜水技术、对区域的正确认知和定位，以及良好的判断来尽可能地降低风险。

海水潜水条件

地球上有四大洋。海、海湾和港湾都是较小的大洋区域。大洋底下的地面不是平的。大陆架是从陆地和斜坡逐渐延伸到深度 600 英尺（约 182.9 米）深处的水下部分。越过大陆架是广大的海底峡谷、山脉和大平原。在某些地区，海底山脉和火山的顶部露出水面铺陈开来，形成了岛屿。在另外一些地区，深谷切断了大陆坡，形成了近岸深水条件。

地球上的海水潜水环境随着地区的变化而不断变化。加勒比地区的清澈水域，温度可以超过 85 华氏度（约 29 摄氏度），底下有着美丽的珊瑚礁和看上去像植物一样的动物，色彩斑斓的鱼比比皆是。而温带水域（温度为 55 ～ 70 华氏度，即约 13 ～ 21 摄氏度）有着丰富的海藻林，每一株海藻里的生物比热带雨林还要多。而寒冷的北半球高纬度海洋地区则蕴含着丰富的营养物质，也孕育了多种多样的生物。在地球上所有的海洋里，你都可以体验到美丽的景色和生命的奇迹。

海洋总是在运动。潮汐、风和洋流导致水的运动。一场水下地震可以通过移动巨量的水形成被称为海啸的巨浪。尽管这些巨浪也可以称为潮汐波，但事实上它们与潮汐一点儿关系都没有。虽然海啸可以造成巨大的破坏，但是海啸很罕见且可以预测。

引起海水运动的能量来源可能就在当地，也可能在几千英里（1英里约等于 1.6 千米）以外。你需要理解到底是什么引起海水运动的，海水是如何运动的，以及如何在运动的海水中潜水。

潮汐

月球与地球之间的引力将水拉向月球，使得水的深度变大，这个过程称为高潮；水在被拉开的过程中深度变小，这个过程称为低潮。在地球上月球的对面出现高潮是因为月球的引力在该点最小，加上地球自转产生了离心力。在任何给定的时间，地球上都有两个地方处在高潮位，也有两个地方处在低潮位。在一段短暂的称为平潮的时间里，潮水既不涨也不落。某些地区的地貌会干扰或加强水位的起落程度。

太阳也会影响潮汐，不过只有月球影响的一半大，因为月球离地球更近。当每月两次太阳、月球和地球处于一条直线时（新月和满月时），潮汐是最高的，称为大潮；当太阳、月球和地球成直角时，潮汐是最低的，称为小潮。

月球绕地球公转的方向与地球自转的方向相同，因此月球的一天（从月亮升起到下一次月亮升起）接近 25 小时。这使得每天涨潮的时间不同，也解释了为什么潮汐的高度会有变化。

在一个潮汐变化周期里，水会从一个地区流向另一个地区。潮汐引起的水流移动称为潮流。不同的潮汐引起的潮流速度大不相同。高潮引起的水大量流入一个区域称为涨潮；而低潮引起的水从一个区域流走称为退潮。涨潮和退潮之间，有一段时间水的运动最少，这段时间称为静水期。因为地球的地貌特点，在很多地区水都不能立即流动起来。通常这种延迟会发生在潮汐预计到来的时间和静水期之间。

潮汐变化会影响潜水活动和具体操作。涨潮与退潮之间巨大的水位差会影响水域的能见度和其他条件。水位变化同样会影响入水、出水和泊船的位置，以及船上物品的装卸。潜水者应当知道潮水的高度会达到多少。在某些地区、某些时段，潮水的变化很小（不足 2 英尺，即约 0.6 米），但是在其他地区或同一个地区的不同时段，潮水的变化很大（大于 6 英尺，即约 1.8 米）。高潮和低潮之间的差别越大，潮汐的影响就越大。

因为地球、月球和太阳按规律移动，所以潮汐是可以预测的。潮汐之所以经常变化，是因为各个星体之间的相对位置不断变化。尽管有诸多变量，但是科学家们仍然可以准确地推断潮汐的发生时间和高度。政府会发布潮汐表，国家气象频道广播会持续播送潮汐信息。具体地区的修正表和潮汐表也可以提供更准确的信息。潮汐表如图 5.10 所示。风和气压会影响潮汐的高度，增强或者削弱潮水的运动。

一般来说，高潮期是最适合潜水的，但是在潮汐特别强烈的地区，可能需要把潜水时间安排在静水期。在那些潮汐变化很小的地区，潜水时间安排可能并不是特别重要。在规划潜水时，需要把与当地潮汐相关的影响考虑进去。

2009 年 11 月							
	低潮			高潮			
	上午	浪高	下午	浪高	上午	浪高	下午	浪高
日出 6:19		-PST-		日落 5:08			
1 星期六	1:35	1.0	2:35	0.5	7:49	6.4	8:46	4.7
2 星期日	2:06	1.3	3:17	0.9	8:21	6.7	9:36	4.4
3 星期一	2:38	1.7	4:06	1.0	8:56	6.8	10:35	4.0
4 星期二	3:14	2.1	5:02	0.9	9:33	6.7	11:44	3.7
5 星期三	3:50	2.6	6:03	0.7	10:19	6.5	—	
日出 6:24		-PST-		日落 5:03			
6 星期四	4:42	3.0	7:17	0.4	1:14	3.5	(11:15 | 6.0)
7 星期五	5:36	3.3	8:36	0.2	2:03	3.8	12:28	5.4
8 星期六	8:23	3.3	9:43	0.1	4:15	4.0	2:03	
9 星期日	10:12	2.8	10:42	0.1	5:01	4.4	3:39	
10 星期一	11:22	2.1	11:27	0.3	5:37	4.9	4:55	
日出 6:28		-PST-		日落 5:00			
11 星期二	—		12:14	1.4	6:09	5.3	5:??	
12 星期三	12:06	0.0	12:50	0.8	6:34	5.6	6:??	
13 星期四	12:38	0.9	1:38	0.3	6:59	5.9		
14 星期五	1:07	1.3	2:10	0.1	7:24	8.1		
15 星期六	1:31	1.6	2:45	0.3	7:47	6.2		
日出 6:33		-PST-		日落			
16 星期日	1:56	2.0	3:21	0.4	8:??			
17 星期一	2:21	2.2	3:53	0.3	4:??			
18 星期二	2:40	2.5	4:33	0.?				
19 星期三	3:03	2.7	4:??					
20 星期四	3:21							

注：PST 为太平洋标准时间。

图 5.10
潮汐表

波浪与激浪

当风从水面吹过时，水面上会形成波纹，在大风天你可以在水坑里看到这种景象。在一片广大的水体中，在风持续吹的情况下，波纹的一侧会形成一个表面，从这个表面背后吹来的风推动着水前行。同一个方向上稳定吹出的风越大、越猛，能够形成的波浪就越大。当波浪从形成它们的风浪区离开时，浪头开始变圆，形成涌浪。涌浪做圆周运动，基本上不太向前，效果类似于通过抖动一条长绳的一端将一个波纹传导到绳子的另一端。波纹的能量沿着绳子传递，但是绳子本身并不向前移动。

涌浪可以传递几千英里（1 英里约等于 1.6 千米）但仍保存着巨大能量。波浪的顶部称为波峰，波浪的底部称为波谷，波峰到波谷之间的距离称为波高，两波之间的距离称为波长。连续两个波浪通过一个定点所需要的时间称为一个波浪周期，而一系列的波浪则称为波列。就一个波列而言，波高越高，波长越长，这个波列所蕴含的能量就越大。有时，两个波列还会相互融合，产生一个较大的波浪，称为波集。通过计算波浪的节奏，你可以在波集最小的时候很容易地穿过冲浪区。图 5.11 展示了与波浪相关的基本概念。

一个移动的波浪里的水做圆周运动。在水下相当于整个波列长度的一半的深处，仍然可以感受到这种运动。如果波列的长度为 100 英尺（约 30.5 米），在水下 50 英尺（约 15.2 米）处仍然可以感受到波浪。

波浪进入浅水区后，与水底的接触会干扰波浪里的水的圆周运动，圆周运动逐渐变平，最终成为一种前前后后的运动，称为汹涌。波浪与水底接触使得波浪慢下来，也变得更加陡峭。波浪的高度随着水深的减小而增加。当水的深度与波高接近时，波浪就变得不稳定，并向前移动。这时，波浪里的水向前移动，把它所蕴含的能量传递给了激浪。在一些有近海珊瑚礁、沙洲和水下障碍物的地区，波浪会在浅水区被打散，越过障碍物后再重新聚合到一起，然后在岸边的浅水区再次被打散。在离岸处被打散的波浪表明了浅水区的存在。

波浪能够一下子被打散并释放出所有的能量，也可以向前轻溅，在一个更广的区域将能量释放掉。那些迅速形成和被打散的波浪形成了卷碎波，而那些向前轻溅出去的波浪则形成了崩碎波。卷碎波大多出现在陡峭的海岸，而崩碎波大多出现在有浅坡的水底。崩碎波降低能见度的能力比卷碎波要强。

撞击海岸的激浪里含有空气。冲浪区的白色浪花和泡沫的浮力比不含空气的水的浮力小。在浪花中，潜水者可能很难保持在水面上，但是也不要尝试在碎波处上浮，因为有可能被浪头卷起，并被移动的海水扔出去。遇到激浪时，你应该保持在较低的位置，并通过水肺调整器进行呼吸。

激浪冲到沙滩上面，然后再流回海里，使得海水回到静水水位，

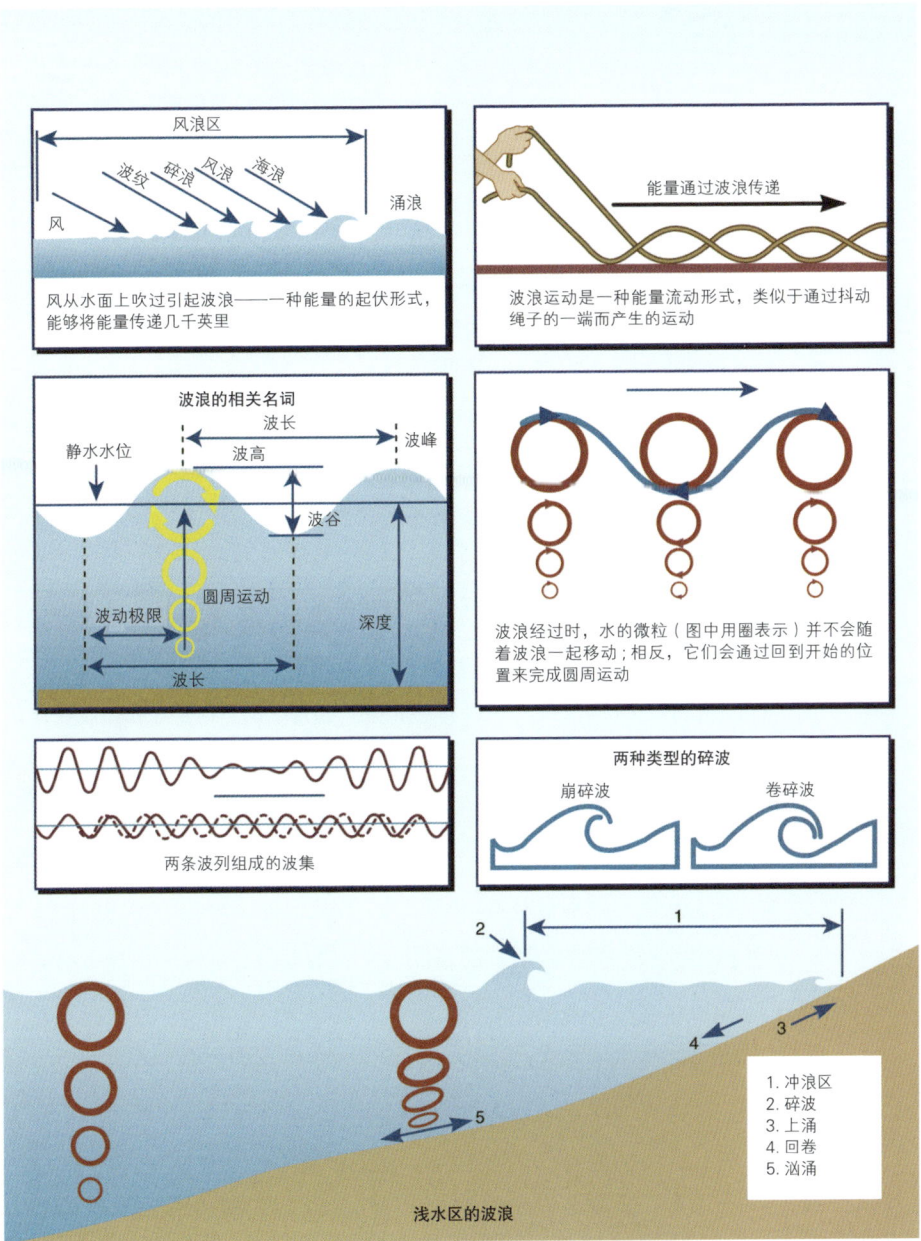

風從水面上吹過引起波浪——一種能量的起伏形式，能夠將能量傳遞幾千英里

波浪運動是一種能量流動形式，類似於通過抖動繩子的一端而產生的運動

波浪的相關名詞

波浪經過時，水的微粒（圖中用圈表示）並不會隨著波浪一起移動；相反，它們會通過回到開始的位置來完成圓周運動

兩條波列組成的波集

兩種類型的碎波

崩碎波　卷碎波

1. 衝浪區
2. 碎波
3. 上湧
4. 回卷
5. 洶湧

淺水區的波浪

图 5.11

風速、是否存在障礙物、海洋底部的形狀和深度都會影響波浪

这种倒回流动称为回卷。这种有时被称为暗涌的逆流不会超过 3 英尺（约 0.9 米）的深度，因此人们认为暗涌会将游泳的人卷入海里，其实是一种误解。

冲到岸边的激浪会移动沙子。温柔的夏季激浪把沙子带到海滩上，猛烈的冬季激浪则把沙子卷回海里面，在某些地方形成了沙坝。这也解释了为什么有些海滩冬季很粗糙，而夏季很光滑。

洋流

洋流对于水而言，就像是风对于空气一样，是运动中的液体。因为水的密度约为空气的 800 倍，与空气相比，水对运动的抵抗力是非常强的。你需要知道水为什么会运动、水如何运动，以及你如何随着水一起运动。运动中的水的力量是如此巨大，难以抵抗，因此你必须学会利用水的流动来帮助自己潜水。

风力、重力、潮汐和对流引起洋流，最常见的洋流是风力引起的表层洋流。由于地球的自转，洋流与产生洋流的风之间成一定的角度。当风把水从一块区域推走后，会有一个补偿流来取代它的位置。总之，在地球上的效果就是产生了巨大的循环洋流，称为环流。环流在北半球沿顺时针方向运动，在南半球沿逆时针方向运动。

当风沿着海岸吹时，一个向上的垂直补偿流（即涌升流）就出现了。另一种垂直补偿流刚好与之相反，是下降流。特别强的下降流很少见，但是在适宜的条件下，如果近岸有陡峭的悬崖，就有可能出现。在水下被往下拽是件很可怕的事情。你应该弄清楚是否有以及在什么位置有下降流。如果有，你应该避开那个位置。万一真的陷入下降流里，你要水平向前游泳，直到远离该洋流。试图逆着垂直补偿流向上游只会导致体力透支和恐慌。

水是分层流动的（见图 5.12）。表层的水随风移动、速度较快，而水下几英尺（1 英尺约等于 0.3 米）的地方的水的流动速度会慢一些。水的深度越大，受到表面洋流的影响就越小。如果同一方向的风持续吹 12 小时，表面洋流的速度仅约为风速的 2%。因为水是分层流动的，所以有可能出现这样一种情况：表层洋流朝一个方向移

动，而在几英尺以下
的位置，洋流朝相反
的方向移动。

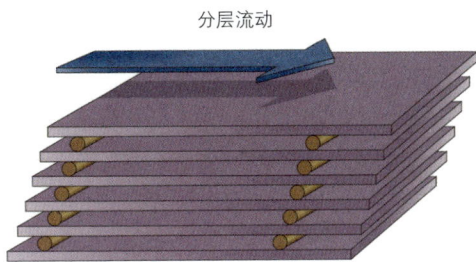

分层流动

图 5.12

水的分层流动就
类似于将木板一
层层叠起来，在
每层中间放上滚
轴，当推动分层
时，上层的移动
距离远大于下
层。表层水的流
动距离也大于深
层水的流动距离

赤道的地表水被
日照温暖以后向两极
方向缓慢流动。同时，
两极方向的水被冷却，密度增加，开始下沉，缓慢流动的密度流就
出现了。这种类型的洋流不会影响潜水的标准流程，但是它们会通
过输送营养物质和污染物，大大影响海洋环境。

水可以移动得很快，而且每次当一定量的水越过限制区域以后，
运动就会加快。当水流过不规则的构造时，不平稳的状态会产生危
险的漩涡。即使经过专业培训，急速潜水也是很危险的。

前进的波浪可以
越过像沙坝一样的水下
障碍物，在岸上留下积
水。如果水流回海里，
受到狭小通道的阻碍，
就会形成一个离岸流。
离岸流又窄又急，往外
海流去。当通过限制区
域后，离岸流就迅速消
散了。离岸流呈扇形，
里面充满了泥沙和泡
沫，而且比其他的波浪
先被打散。根据这些特
点，我们可以很轻松地

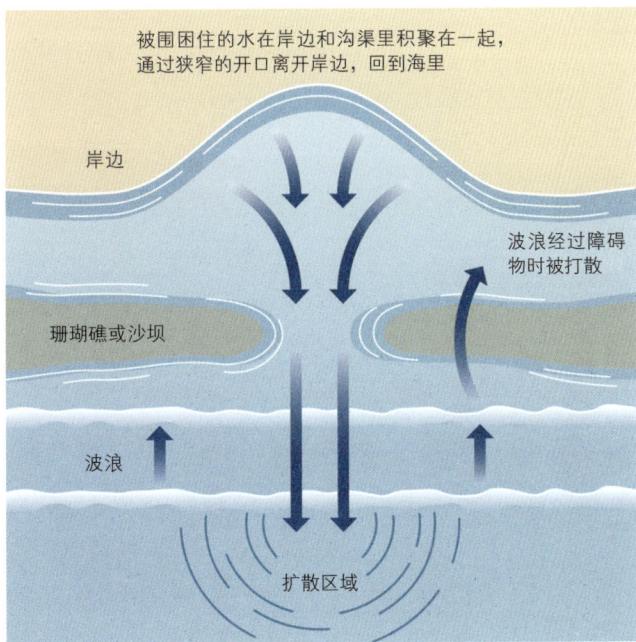

被围困住的水在岸边和沟渠里积聚在一起，
通过狭窄的开口离开岸边，回到海里

岸边

波浪经过障碍
物时被打散

珊瑚礁或沙坝

波浪

扩散区域

分辨出离岸流（见图 5.13）。离岸流可能是固定的，也可能是移
动的。你必须学会识别和避免离岸流。如果你发现你无法朝岸边游
去，那很有可能你已经陷入离岸流了，此时你应当朝着与岸平行的

图 5.13

典型的离岸流

141

方向游 60 英尺（约 18.3 米）左右，以摆脱离岸流，然后调转方向往岸边游。

波浪以很小的角度拍打海岸，使水沿着海岸运动，这样形成的洋流称为沿岸流，沿岸流会影响潜水活动。在陡峭的海岸，沿岸流会在近岸处的底部形成一道浅槽，该浅槽称为沿岸海沟。沿岸海沟地势陡降，没有警戒心的潜水者在涉水时易突然陷落。落入冲浪区的东西沿着沿岸海沟的方向在岸边移动。而海滩上的沙子会移动，则是波浪和沿岸海沟共同作用的结果。

在自然界各种力量的作用下会产生两种洋流：常规洋流和突发洋流。环绕着佛罗里达州并直达美国东南部海岸的墨西哥湾暖流和穿过加勒比海的安的列斯暖流是常规洋流的典型代表。沿岸流则是突发洋流。而离岸流则既可能是常规洋流也可能是突发洋流。潜水者应熟悉在潜水地区将遇到的或可能遇到的洋流。

洋流的流动速度可以达到每分钟数百英尺（1 英尺约等于 0.3 米）。一个全副武装的潜水者的游泳速度为每分钟 60 ～ 100 英尺（约 18.3 ～ 30.5 米）。即使与最温和的洋流抗争也是白白浪费能量。强大的水流运动可能将你的装备夺走，导致水肺调整器失效和热量迅速流失。你必须学会分辨和估算洋流的强度。如果洋流很强劲，你必须避开它们。即使是很温和的洋流，也要避免和它们直接正面交锋。在潜水中应对洋流的第一原则（当你在同一个位置开始和结束潜水的时候）就是沿着与表层水的流动方向相反的方向下潜，然后在上浮时利用表层洋流来帮助自己返回起点。

你还需要了解在洋流中潜水的其他基本原则。底部的水流运动速度最慢，因此如果有可能，可沿着直线下潜。如果在你到达水底之后，洋流仍然很强劲，那就沿着直线上浮并停止潜水。在潜水过程中，当你不太确定自己的位置时，最好上浮到水面上，确定出水口的位置，然后重新下潜，并且在水底向目的地移动。

当表面有洋流时，应该最大限度地减少在水面上的时间。处在水面上时，尽可能抓住一个固定的物体，以免被洋流带走，远离潜水点。当表面的洋流很温和时，要逆着洋流游动，以保持在水面上的位置。要养成好的习惯，根据一个固定的参照物随时察看自己的位置。如果不小心突然被一股很强劲的洋流困住，应顺着与洋流垂直的方向游出洋流的影响范围。

潜水者随着洋流而进行的潜水活动，称为漂流潜水。经过详细计划的、沿着海岸进行的简单的漂流潜水是可以接受的。你在一个定点入水，随着洋流沿着岸边移动，在下游的另一个点出水。另外一种类型的漂流潜水是一种专业活动，需要从船上出发，在洋流中潜水。除非经过完整的专业训练，并且有一位同样经过训练且经验丰富的船长同行，否则不要试图进行这种类型的漂流潜水。

海水潜水的潜在障碍包括身体热量损失、洋流、波浪、海洋生物、低能见度、渔网和其他捕捞设备等。通过遵循本章所提供的建议，你可以最大限度地避免这些障碍。

船潜

所有的潜水者最终都会进行船潜。船上的空间有限，因此应该将潜水装备整理好，并且按可能用到的顺序打包。在登船以前，你可能还需要搬运潜水装备走一段距离，因此要提前计划、穿戴好你的水肺潜水气瓶和配重带；两只手各拿一个包，一个包中应装着你的潜水装备，另一个包中应装着你的午餐、相机，以及其他不能沾水的东西。

租船潜水

潜水之前，你需要好好休息，因此在船潜前一天晚上不要狂欢聚会。出发之前，吃一些不刺激、无脂肪的食物。至少要提前30分钟到达集合地点，并向船员报到。通常情况下，你需要签到，填写一些表格。你可以询问在哪里存放潜水装备，然后挑选一个合适的位置存放干物。如果你会晕船，在开船之前你要服用晕船药。

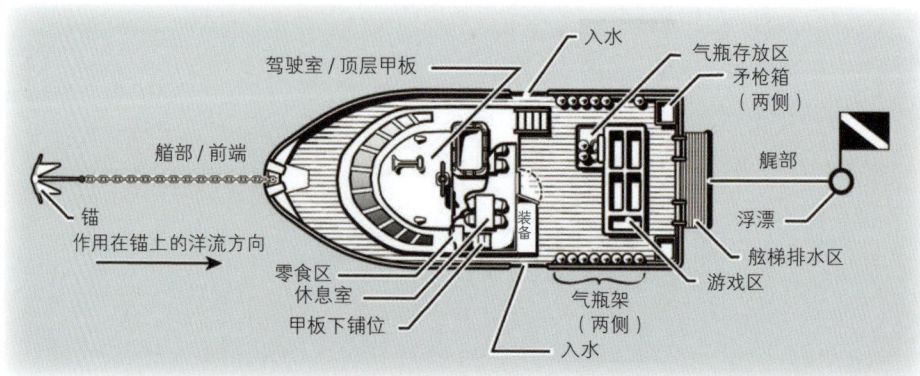

驾驶室 / 顶层甲板　　　　　入水　　　气瓶存放区
　　　　　　　　　　　　　　　　　　矛枪箱
　　　　　　　　　　　　　　　　　　（两侧）
艏部 / 前端
　　　　　　　　　　　　　　　　　　　　　　　舷部
　锚
作用在锚上的洋流方向　　　　　　　　　　　　　　浮漂

　　　　　　　　　　　　　　装备
　　零食区　　　　　　　　　　　　　　　　　　舷梯排水区
　　休息室　　　　　　　　　　　　　　　　游戏区
甲板下铺位
　　　　　　　　　　气瓶架
　　　　　　　　　　（两侧）
　　　　　　入水

图 5.14

典型的出租船的
布局

　　　绕船（见图 5.14）参观一下。确认船头（卫生间）和急救设备
的位置。远离发动机舱和驾驶室。你如果单独参加这次潜水，那么
应该在到达目的地之前找到一个潜伴。仔细认真地听船长或船员的
说明介绍。

　　　如果你在开船后反胃，你可以走到船舱外，到达船中部，将视
线集中在地平线上。睡觉有助于适应船的移动。如果到了该潜水的
时候，你仍然觉得恶心或想呕吐，请避免进行水肺潜水。在水下呕
吐是很危险的。轻度的晕船可以通过浮潜或在附近水域游泳等方式
得到缓解。

　　　只有船长确认以后，潜水活动才可以正式开始。做好入水准备，
并在潜水监察员处签字后，即可开始进行潜水。比较典型的做法是，
从船侧入水，在船的尾部出水登船。利用锚绳下潜是个很好的方式。

　　　开始潜水时逆着洋流，这样在结束潜水时，水流有助于你回
到船上。船员往往会在船尾处系上一条拖曳绳，即一条系着浮漂
的长绳，这样潜水者可以在出水的时候拉住长绳来对抗洋流的力
量，将自己拉回船上（见图 5.15）。你应该逆流潜水，但是如果
最后发现自己处于船的下游，无法够到拖曳绳时，可保持漂浮状
态，并发出信号，保持冷静，等到其他所有的潜水者全部登船以
后，再将你捞起。

　　　如果在水下听到尖锐的、警笛般的声音，你应该浮到水面上。

144

这种声音是由电子潜水者召回系统发出来的。你应该待在原地，寻找你所乘坐的船只，寻求指示。你应该提前学习所乘坐船只的召回流程。

最后，从水底或水面回到船所在的位置。你应该避免在水下表层游泳，因为这样的话过往船只无法注意到你，你很可能被经过的船只撞到。也请远离拥挤的出水位置。每次应当只有 1 ～ 2 名潜水者出水，以保证潜水者可以无障碍地爬梯登船。直到你离开水的前一秒，请保持所有的潜水装备处于工作状态。如果不知道该卸掉哪些潜水装备，可询问他人。一旦上船，马上拿起你在出水过程中递给别人的潜水装备，把登船通道让出来，给别人腾出地方。

最后一次潜水结束后，在船返程之前将你的潜水装备打包好。保证点名时在场。观察那些有经验的潜水者，向他们学习。

租船潜水会带来难忘的潜水经历。你应当在各种出租船上学习正确的潜水技术，然后在实际潜水中应用它们。

小船潜水

计划利用小船进行潜水时，应确保所乘坐的船装有所有海滩护卫队要求的装备。船上也必须配有急救包。你应当把你的计划（包括潜水地点、折返时间等）告知某个人，这样如果你延迟折

图 5.15

潜水者可以通过一条拖曳绳将自己拉回船上

145

返，他可以叫人来营救你。船上要备好无线电或手机，用于紧急联络。提前查询天气和水域条件，如果在计划潜水的那几天各种条件不佳，那就重新制订潜水计划。

小船容易倾斜、翻滚或被撞到，因此要把潜水装备放置好，并且做好潜水装备可能会被打湿的准备。如果潜水的地方离岸边不远，那就应该在岸上把所有潜水装备都穿戴好，这样更方便，也更安全。如果只能在小船上穿戴潜水装备，一定要坐着穿，并且互相帮助。入水之前，确保有方法回到船上。已经不止一次出现这样的情况——有潜水者搁浅在船的附近，无法出水登船。只有在潜水时，才会放置一面潜水旗、一条拖曳绳和浮漂。

通常从小船入水时，两名潜水者同时坐着后翻进入水里。这种方法可以避免船只摇晃，导致另一名潜水者失去平衡而摔到水里。下潜时应该沿着锚绳一路向下，确保锚安置好并且无干扰。如果条件允许，船上应留有一名管理人员，如果船只无人看守，突然的天气变化、船锚移动，或水流的改变，都可能在潜水结束时引起严重问题。

潜水结束出水之前，移除你的配重系统和水肺潜水气瓶。如果船上没有人可以接过你的潜水装备，你就把它们系在船侧的装备绳上，出水登船，上船后再把潜水装备拉上来。

船潜是很好的潜水方式。请充分准备、合理规划空间、提前计划、学习和遵守规则。此外，潜水者还需完成航海技术和小船管理方面的课程学习。

总结

水下世界精彩万分。我们依赖水而生存下去，我们需要学习和了解它，关心和尊重它。我们必须保护水下环境，鼓励其他人一同努力。由于水下环境随着地区的变化而各异，潜水者需要在潜水前对相应的地区进行评估。水下环境有危险，就如陆上环境一样。潜水者可以通过训练、积累经验、制订计划、了解正确的流程和常识将风险降到最低。

珊瑚礁，安伯格里斯岛，伯利兹

第六章

潜水技能

潜水大发现

经讨本章的学习，你将能够做到以下事项。

1. 准备、组装、穿戴、调整、检查和拆卸你的浮潜和水肺潜水装备。

2. 演示浮潜和水肺潜水的手势信号。

3. 解释如何测试和控制浮力。

4. 解释如何清理面镜、呼吸管和水肺调整器里的积水。

5. 解释在浮潜和水肺潜水的过程中如何下潜、穿着脚蹼游泳及上浮。

6. 解释如何操作、移动及更换浮潜和水肺潜水装备。

7. 详细描述浮潜和水肺潜水时各种入水和出水技能。

8. 解释如何使用潜水旗。

9. 解释潜伴系统以及与潜伴失散时的应急流程。

10. 解释如何在水下使用潜水罗盘导航。

11. 解释如何防止和应对晕船、头晕、压力、恐慌、用力过度、咳嗽、抽筋、异物缠绕、失去对浮力的控制、失去空气供给和其他紧急情况。

12. 描述如何对一名失去意识的潜水者进行救援，以及如何对受伤的潜水者进行急救。

13. 解释以下术语：自由式踢水、剪刀式踢水、改良蛙式踢水、海豚式踢水、潜水俯卧撑、开阀上浮、基准下潜、无基准下潜、潜伴系统、潜伴绳、罗盘航向和共气。

潜水需要很多技能，你必须经常重复练习这些技能，直到它们变成身体的本能。当你掌握了这些潜水技能后，你就可以开始享受你的潜水之旅了，因为此时你就能够将更多的精力放在发现那些有趣的事情上。这一章将介绍浮潜和水肺潜水的基本技能。

在可控的条件下，你可以学到潜水的大部分技能。当你已经练习并巩固好这些基本技能之后，你就可以在开放水域（开放水域是指当地潜水区域内任何适合潜水的水体）应用它们。当在开放水域你也能够将这些技能运用自如时，你就可以领取你的潜水认证卡了。

狼鳗，皮吉特湾，美国华盛顿州

浮潜准备工作

这一节会介绍浮潜的准备工作，下一节介绍浮潜的技能，而很多浮潜的技能在水肺潜水中也适用。当你在水面游泳并通过呼吸管呼吸时，你就是在使用呼吸管潜水。而水肺潜水者则通过呼吸管呼吸来节约潜水气瓶里的空气，从而到水下后可以使用。如果你在水面通过呼吸管呼吸，然后屏住呼吸潜到水面以下，你就是在浮潜。作为一名潜水者，你需要掌握呼吸管潜水、浮潜和水肺潜水等各方面的技能，以便体验水下世界提供的所有乐趣。

准备浮潜装备

当你第一次上水中实操课时，你应当准备充分后再开始上课，比如提前准备好面镜、呼吸管和脚蹼。对面镜的镜片做彻底的清洁，以防起雾（清洁方法在本书第四章中有讲解）。调整面镜的带子以保证面镜贴合而不紧绷。将呼吸管固定在面镜左侧的带子上，然后调整呼吸管，找到咬嘴在口中最舒服的位置。如果你的脚蹼也有调整带，将带子调整到舒适而不紧绷的状态。你应当在第一次进水之前完成所有的调整。

通过充气来检查你的浮潜背心或浮力补偿器，确保它们不会漏气，然后将气放掉。穿上装备，再次充气，然后调整带子以保证它们在水中可以保持位置固定。你可能需要一条可以从两腿中间穿过并连接到漂浮装置的前后两端的带子，当你在水中时，它可以保证漂浮装置不会漂动。

潜水教练会根据你的配重带给出建议的首次负重。利用锁扣一端调整带子的长度，可使得另一端的额外长度不会超过 6 英寸（约 15 厘米）。在装入配重带中的每两块重物之间留出 2 英寸（约 5 厘米）宽的间隙。将重量平均分配给配重带的两侧，这样才能在水中保持平衡。通过配重固定装置将重物锁紧。

用你的名字的首字母来标识你的私人装备，以便你能认出它们，也可以用特殊的油彩、马克笔（可以在潜水用品店买到）或彩色胶带来做标识。用装备包将装备按穿戴顺序打包好，将那些最后穿戴的东西放在最下面，如脚蹼；将先用的东西放在上面，如防护服。

穿戴和检查浮潜装备

穿防护服时，先穿裤子，然后穿靴子，最后穿上衣。如果你穿的是湿服，先将里面用水打湿，或者在里面穿上一层氨纶防护服，这样可以使你穿起来更容易。用裤脚盖住靴口，这样当你出水时，可以防止水进入靴子。如果靴子在裤子外面，当你出水时，防护服上流下来的水会灌满你的靴子。如果你在穿防护服时发现自己变暖和了，需在进行准备工作之前给自己降温。如果在开放水域潜水，在穿湿服之前，先在里面穿一层冷水罩衫。

穿上防护服之后，先对面镜进行清洁和除雾（请参考第四章的清洁步骤）。在面镜内留大约 1/2 英寸（约 1 厘米）高的水，这样面镜在戴上之前不会变干。需将面镜妥善放置，防止其受损。

接下来，应该穿浮潜背心或戴浮力补偿器。从头部套上浮潜背心，然后拉紧带子。将浮潜背心完全充气，保证浮潜背心不会太紧。用右手抓住配重带没有锁扣的一端，用左手抓住有锁扣的一端，拿起配重带，穿过配重带，将配重带抬起，在背后将配重带拉到合适的位置，然后前倾身体以支撑起配重带的重量。随后将配重带拉紧，确保可迅速释放装置。即使你是左利手，也要始终用右手释放装备的配重带，这样当有紧急情况出现时，救援人员知道如何解除你的配重带。如果在穿戴配重带的时候，你能一直保证用右手握住没有锁扣的一端，那么你就能保证可以用右手来迅速释放它。

等到了水边或到了水里，再将剩下的浮潜装备一一穿戴完成，如面镜、呼吸管和脚蹼等。将面镜放在额头上，用两手同时向头后方拉动面镜的带子来调整带子的位置。将面镜挪到脸上，将面镜密封处的头发清理干净。再次调整面镜的位置以保证它能完全贴合脸部。如果面镜的带子是两截式的，应将连接处抬高，放置在头后方。戴面镜的同时装备呼吸管。戴好面镜之后，调整呼吸管。

在穿脚蹼的时候，给自己找个支撑物以保持身体平衡，以免跌倒。可以扶着你的潜伴或其他物体，或者在水边坐下。握住一只脚蹼的一端，把腿弯成4字姿势，将脚蹼套到脚上，将带子或脚踝部分拉到位（见图6.1）。用同样的方式穿上另一只脚蹼。避免穿着脚蹼走路。如果你不得不穿着脚蹼走几步，可拖着脚蹼倒退着走。如果你正着走，你很可能会失去平衡或伤到脚蹼。

穿戴好所有装备后，你都应当检查它们的完整性、看它们是否处在正确的位置，并进行调整。当你对自己的装备状态感到满意时，与你的潜伴交换检查彼此的装备，从头到脚仔细检查。你们也许会发现一些对方没有注意到的事情。

图 6.1

穿脚蹼

浮潜技能

潜水技能可以分为 3 类：浮潜技能、水肺潜水技能和问题解决技能。本节将介绍浮潜技能。

使用浮潜手势信号

当你口中咬着呼吸管、脸处在水里时，你是无法说话的，因此你一定要使用手势作为沟通的主要手段。你需要学习和使用如图 6.2 所示的浮潜手势信号。在学习水肺潜水的时候，你会学到更多的手势。当你发出信号时，你要确保手势清楚准确，并且对所有你收到的手势信号进行确认。

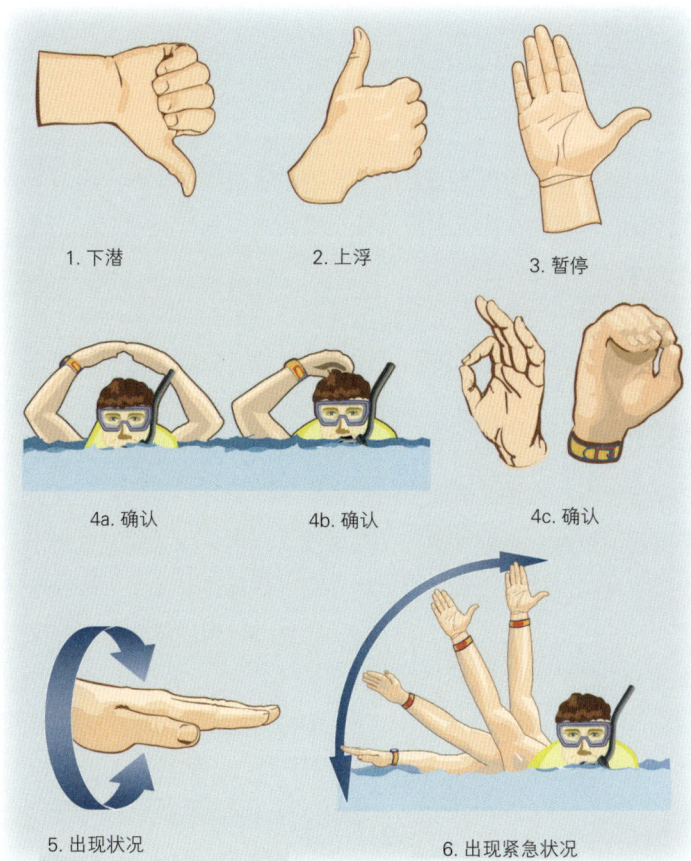

1. 下潜　　2. 上浮　　3. 暂停

4a. 确认　　4b. 确认　　4c. 确认

5. 出现状况

6. 出现紧急状况

图 6.2
浮潜手势信号

使用浮潜背心

给浮潜背心充气和放气是潜水准备工作的一部分。同时，你也需要学习如何在水中给浮潜背心充气和放气。给浮潜背心放气之前，先调整身体的位置，使出气口位于最高点。捏住出气口，然后继续下潜到低一点儿的位置。水压会将浮潜背心里的空气压出。你可能需要捏住领子的下部，将该位置的空气排出。当你已经将浮潜背心里的空气完全排出时，关上阀门以防止进水。请你的潜伴帮忙确认浮潜背心里的空气已经全部排出。

在水里，你的头在水面以下时，比在水面以上更容易给浮潜背心充气。深吸一口气，将你的脸埋到水面以下，把吹气管放到口中，打开阀门，向浮潜背心里面吹气，然后关上阀门。重复上面的流程，直到获得你想要的浮力。

测试浮力

当你处于水体表层时，你的浮力应该属于中性浮力。如果浮力过大，你就得花费力气才能保证自己处于水面以下；但是如果浮力不足，当你在水下游泳时，你很快就会感到累，并且会往下沉。你必须能够正确地调整你的浮力。

如果你穿着防护服，你需要额外的负重抵消防护服的浮力。将所有的装备配备到位，站在齐胸深的水中，将浮潜背心里的空气全部排掉，然后深吸一口气，屏住呼吸，之后将双脚抬离底部，保持不动，慢慢从 1 数到 10。如果你往下沉，就卸掉一部分重物再次尝试。如果你已经呼出肺里一半的空气，但是仍然不能把身体完全浸入水里，你就需要增加负重，直到身体可以完全浸入水里。如果你负重得当，当在浅层水域时，你完全吸气后屏住呼吸，就可以悬浮在水里，然后当你吐气时，你就会开始下沉。调整你的负重直到你能获得中性浮力，也就是说当你屏住呼吸的时候，你既不上浮，也不下沉。当你做最后的检查时，请你的潜伴帮你观察确认。当你的肺里存留着一半空气的时候，即使你在垂直方向保持不动，你的头顶也可以与水面齐平。

清理面镜

当你将头伸出水面时，从底部将面镜从脸上拉开，面镜里的水会流出来。在水下，如果用空气置换水的话，面镜里的水同样也会从面镜底部流走。将空气导入面镜里很简单：你只需要轻轻地通过鼻子呼气。长长地、轻缓地呼气比急促而有力地呼气的效果更好，因为呼气的力量如果太强会将空气从密封处吹走，排水效果反而不显著。

如果要清理一个带有排水阀门的面镜，要将面镜贴面密封戴好，把头低下使得排水阀门低于面镜的最低处，然后用鼻子呼气，直到水完全排出。如果要清理不带排水阀门的面镜，用面镜的顶端抵住额头，吸一口气，然后慢慢呼气（见图6.3）。当面镜里的水位低于你的眼睛时，一边呼气一边将头向后仰，剩下的水就会通过面镜底部流出。当你将头往后仰的时候，一定要呼气，否则水就会流入你的鼻子。当面镜底部冒出气泡的时候，你就已经将面镜里的水完全排出了。虽然听上去需要花费很长时间和很多空气才能将面镜清理干净，但是经过练习，吸一次气就可以清理几次面镜，每次清理过程只需花费几秒。

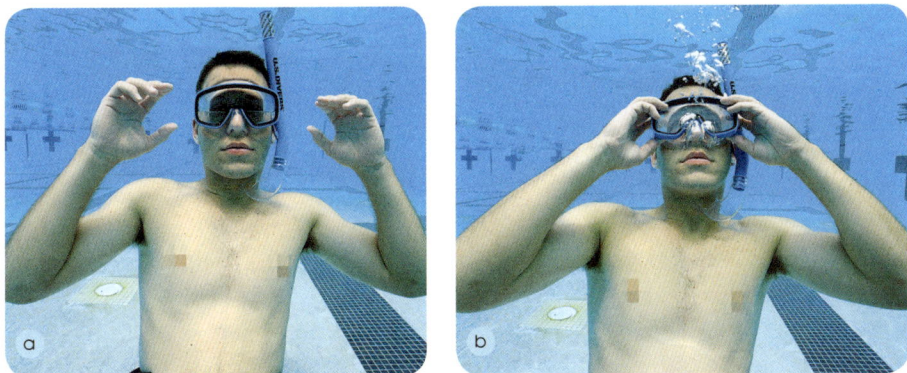

使用呼吸管

口中含着呼吸管的咬嘴，站在水中，身体前倾。将你的脸置于水中，轻柔地吸气。如果你一开始就特别用力地吸气，可能会吸进水。当你确认管子里面很干净时，你就可以通过呼吸管稍微用力呼吸。当你潜到水面以下时，呼吸管可能会进水。当你浮到水面上时，带有自排水功能的呼吸管基本上可以通过管子将里面的水排完。

图 6.3

清理面镜

图 6.4

采用以气排水的方式清理呼吸管

如果你的呼吸管不带自排水功能，你就必须通过快速猛烈地呼气将水从管子里吹出去。为了达到这个目的，你要用力地往管子里吹气，将水逼出来。呼气之后要温柔地吸气。如果呼吸管里还残留了一点儿水，温柔地吸气会让你避开水而只吸入空气。当你使肺部充满空气之后，再一次用力呼气，将残余的水排出。

如果你的呼吸管特别简单，没有阀门，你可以在上浮的时候通过以气排水的方式来清理。首先抬头向上看，将呼吸管倒转，然后将少量空气吹入管内。随着你慢慢上浮，空气遵循玻意耳定律而膨胀，将水挤压出管子，在你到达水面时，水就会被完全排出。不过，此时管子处于上下颠倒的状态，因此当你把它调转回来时，你要把头向前转，同时呼气，否则水会再次流入管子。以气排水的方式比把水吹走的方式要简单，你可以在到达水面的瞬间吸气。图 6.4 展示了以气排水的清理方式。

你应当学习在水中如何将呼吸管保持在口中，克制将呼吸管从嘴里拿出来、把水甩出去的冲动。当你可以熟练地清理你的呼吸管时，你就不必将咬嘴拿下来。如果你的手被占用了，你就不能移动和清理呼吸管了。

使用脚蹼

脚蹼大大增加了你与水接触的表面积，你腿上的强壮肌肉可以提供强大的推力。脚蹼的叶片需要用扫帚清扫地面的方式来推水。如果你上下挥舞扫帚，就无法有效扫地。同样，如果你在水里纵向移动脚蹼，它们也无法提供推力。你必须用扫地的方式来来回回地横向踢动脚蹼。小脚蹼允许你短而快地踢水，但是大脚蹼就需要幅度更大、

156

更慢地踢水。有效地移动，而不是快速地移动，才是你使用脚蹼的目标。

最常见的踢水方式是自由式踢水。自由式踢水是一种上下踢水的方式，你可以面朝上、面朝下或朝向侧面。脚蹼需要处在水面以下才能提供推力。比起面朝下，面朝上或朝向侧面更容易保持脚蹼处于被淹没的状态。微微弯曲你的膝盖，从臀部开始上下摆动你的腿部。每一次踢水都尽量将腿打开到最大幅度，然后缓缓地踢水。手应当放在身体的两侧或向前伸，不要用手或胳膊去划水游泳。图 6.5 展示的就是自由式踢水。

图 6.6 展示的是剪刀式踢水。剪刀式踢水实际上是休息式踢水。剪刀式踢水与自由式踢水类似，但是消耗的能量更少。将一条腿缓缓地向前踢，同时另一条腿向后踢，然后迅速将两腿并拢。当你划水而过时，绷直脚尖，身体呈一条直线。当移动快要停止时，重复踢水动作；在踢水的过程中，两腿尽量打开。

图 6.7 展示的是改良蛙式踢水。改良蛙式踢水非常有用的原因在于，与剪刀式踢水和自由式踢水相比，它用到了不同部位的肌肉。如果你在踢水过程中感到疲惫或腿部开始出现抽筋的迹象，改变踢水方

图 6.5

自由式踢水

图 6.6

剪刀式踢水

图 6.7

改良蛙式踢水

157

式有助于缓解症状。改良蛙式踢水与蛙泳并不一样，想象一个面朝下、脚蹼垂直于水底的状态，转动脚踝将叶片向外指，然后大幅度画出一条清扫式弧线，迅速将叶片底部拉到一起。在踢水过程中，两腿尽量打开，整个动作完成后划水时，你应该呈两脚并拢、脚尖绷直的状态。当移动快要停止时，重复以上踢水动作。

海豚式踢水在你想要改变划水频率或遗失了一只脚蹼的情况下十分有效。保持两腿并拢，通过身体如波浪一样上下移动将力作用于水。最开始时，将身体伸直，两脚并拢，肩向前弯曲，脚微微向后拉动。接下来将肩膀抬起，将臀部用力向前推，然后脚蹼向下拉动。当你看到演示动作时，你就能通过模仿学会怎样做。如果你遗失了一只脚蹼，你就可以通过海豚式踢水来向前移动。两腿交叉，把没有脚蹼的腿放在有脚蹼的腿下面。图 6.8 展示了海豚式踢水。

图 6.8

海豚式踢水

水面下潜

你需要潜到水体表层以下才能欣赏到美丽的水底世界。首先你要离开水面开始下潜，这个过程就是水面下潜。水面下潜很简单：将身体的一部分抬到水面以上，然后直扎下去。水面上那部分身体的重量将你向下拉动。当你完全浸入水中时，你开始游泳以继续下潜。

水面下潜有 3 种类型：镰刀式、团身式和脚部入水式（见图 6.9）。镰刀式是指你在水面移动的过程中，将腰部向前弯曲，使得你的躯干与水面接近垂直；然后迅速将腿举起伸出水面，也呈与水面垂直的姿势。你的腿举得越高，你的水面下潜深度越深。在较浅的水域，你可以只抬一条腿来完成镰刀式下潜。

当你掌握了镰刀式下潜后，你基本上也准备好做团身式下潜了，因为两者类似。团身式下潜开始时，你处于静止状态，在水中呈"头上脚下"的姿势；将膝盖贴近胸膛，然后两手向后扫动，使得身体向前翻滚；当头扎进水里之后，尽量伸展自己，使身体与水面

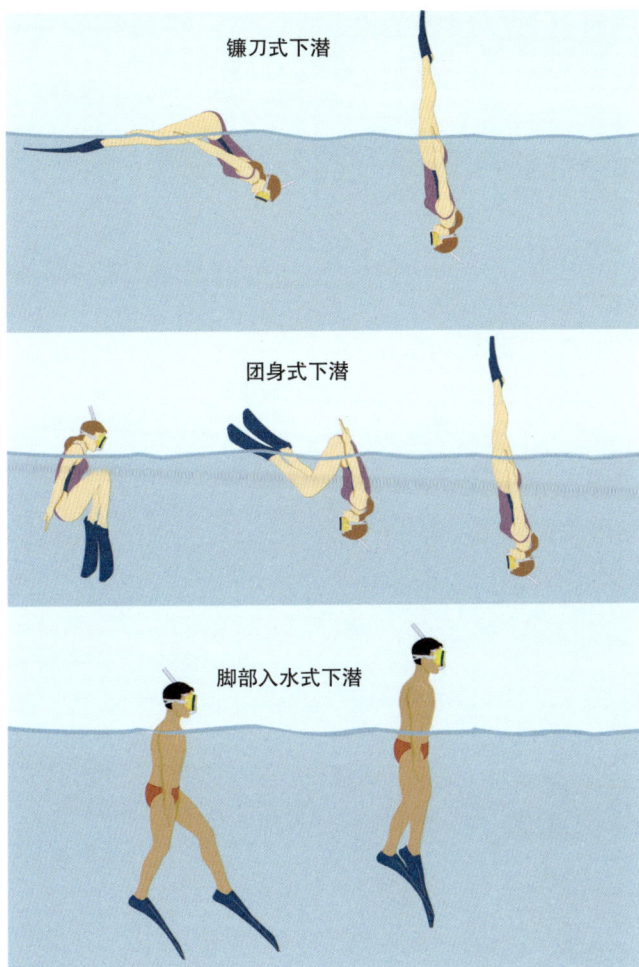

镰刀式下潜

团身式下潜

脚部入水式下潜

图 6.9
水面下潜

呈垂直的状态。基本流程就是做一连串互相配合的动作，使得你的腿伸出水面。当你伸直了你的腿以后，剩下的动作就与镰刀式下潜一样了。

在那些水面浮游植物生长茂盛的地区，你应当选择脚部入水式下潜，因为这样可以降低你被缠住的可能性。开始时，你处于静止状态，"头上脚下"，通过剪刀式踢水将身体尽可能地推出水面。在身体两侧向下拉动胳膊，以增加身体出水的高度。当身体到达最高点时，将脚尖向下绷直，双臂收紧在身体两侧。你的体重会将你拉到水面以下。当下沉接近停止时，再做团身式下潜，然后继续下潜。

下潜、水下游泳和上浮

准备下潜时，你的漂浮装置里的空气需全部排净。在水面处，进行本书第三章所讲的平衡耳压的动作，这样你在下潜时就很容易平衡耳压。深呼吸3次，尽可能地吸气，并且在你返回水面以前不要呼气。

用一个适当的水面下潜方式来开启你的整个下潜过程。在下潜过程中，每下潜几英尺（1英尺约等于0.3米），就应当平衡一次耳压和面镜压力。通过大幅度地、缓慢但是有力地踢水，将自己送到想到达的深度，然后尽可能地放松。

水下游泳听上去很简单，但是有些人很难控制方向。你的头就是你的舵。当你面朝下游泳时，将头向后仰可以带你上浮，低头可以带你下潜，将身体向左右倾斜可以转身。经过练习，你可以不借助手，朝任何你想要移动的方向游泳。

上浮时，要遵守以下4点原则。

1. 往上够，将手伸过头顶以起到保护作用（见图6.10）。

2. 当接近水面时，向上看以避免障碍物和确认位置。

3. 慢慢上浮。慢慢上浮比快速上浮要好，因为游泳的速度越快，消耗的氧气越多。

4. 在上浮过程中环顾四周1～2次，以确认周围环境。

与你的潜伴交替进行闭气式潜水。当一名潜水者在水下时，另外一名须待在水面，随时观察情况。确保在任何时候你的潜伴都知道你在哪里。

图 6.10

上浮时，向上伸展你的胳膊以起到保护作用

160

处理装备

在潜水时，你可能需要在水里移除、调整和更换浮潜装备。经过训练和练习，你将可以轻松处理你的装备。

为了移除、调整和更换你的面镜，你首先要给浮潜背心充气，因为你将在水面上进行调整，借助浮力可以省些力气。调整之后，按照本章前面所述戴面镜的过程更换你的面镜。

在潜水过程中，你可能需要调整你的脚蹼的带子或移除脚蹼中的沙砾。脚蹼的脱卸、调整和更换比面镜容易得多。你不需要尽可能大的浮力作用于你的脚蹼，你可以直接在水下进行调整。事实上，如果你的浮潜背心里有太多的空气反而是件麻烦事。请保持你的脸在水中，通过呼吸管呼吸，一次只蹬一只脚蹼。

你可能需要收紧、调整或更换你的配重带。重物有可能滑动，配重带也有可能脱落。为了收紧或更换你的配重带，在保持面朝下通过呼吸管呼吸的同时，你需要使配重带横穿过背部。如果你试着面朝上时更换或收紧配重带，你就需要持续与重力对抗。只有当你正确地面朝下调整配重带时，重力才会助你一臂之力。为了将配重带转到横穿你的背部的位置，首先，将自己调整到头朝上、脚朝下的直立位置，抓住右腿外侧的配重带没有锁扣的一端，然后向后仰到面朝上的水平位置，之后向左侧翻转至面朝下。在整个过程中，要一直抓住右腿处的配重带没有锁扣的一端。此时，配重带应横穿过大腿的后侧。清理你的呼吸管，以确保你的呼吸顺畅。然后，在用右手抓住配重带的同时，用左手向下抓住有锁扣的一端，将配重带拉到横穿背部的位置，扣好安全扣。

移除装备

你的装备可以帮助你适应水下环境。要培养在潜水过程中保持装备到位的习惯。你可能需要给面镜除雾或调整面镜，除此之外，你应该时刻保持你的装备处于正确的状态。当你在水面时，你应当避免将面镜推向前额。面镜支在脸上是危险的标志，也是一个失去你的面镜和呼吸管的"好"方法。如果你必须在水下移除你的面镜，把它拉到你的脖子上会更保险一些。

潜水地点的水底条件决定了你在离开水面时是否应该移除你的脚蹼。在一些地区，你可以在齐腰深的水中移除脚蹼，从水中走出去。在另外一些地区，在完全离开水之前，你都需要穿着脚蹼。脱脚蹼的方法有好几种。当你准备沿梯子爬上一艘船的船舷时，你要牢牢扶住梯子，将双腿交叉呈4字形来一只一只地脱掉脚蹼。如果船的尾部有一个平台，你可以游到平台边并以跪姿脱掉脚蹼。当你在齐腰深的水中或在陆地上脱脚蹼时，你应该请求朋友的帮助。当岸边很陡峭时，你可以选择从水中爬出来，这样你的潜伴可以在你的双手和膝盖着地时移除你的脚蹼；然后他再爬到你的前面，由你移除他的脚蹼。你们站起来后，再把脚蹼交还给对方。

移除配重带的方法有很多。当你可以从水中走出去或爬出去时，不要解开配重带。当你移除配重带时，要轻柔地将它放下而不是让它自由坠落。如果你习惯让配重带自由坠落，这会对其造成破坏。如果你必须将自己拽回码头或船上，先把你的配重带移除并递给码头或船上接应你的人。

在你完全出水之前，确保你始终正确穿着浮潜背心。要脱时，先脱下浮潜背心，然后脱下湿服。把湿服从里面翻过来脱下。一定要在脱湿服之前脱掉靴子。要脱套头式或连体式防护服时，你得让你的潜伴帮你一把。

水肺潜水准备工作

几乎所有的浮潜技能在水肺潜水中都会用到，但是为了进行水肺潜水，你需要学习更多的技能。本节介绍水肺潜水的准备工作；下一节将介绍水肺潜水的基本技能。你必须从一开始就正确地学习这些技能，以养成良好的习惯，这样才能保障潜水的安全。

打包装备

没有什么比准备开始潜水时发现有些东西没带或拿错了更不方便的了。你应该采取措施来避免装备问题带来的不便。当你开始打包潜水装备时，要根据使用清单进行打包以确保你携带了所有你需要的潜水装备（详见本书第四章的"潜水装备清单"）。清点后，在打包的同时检查你的潜水装备。如果你有段时间没有使用该装备了，那就把它组装好后测试一下，确保其运行正常。

用装备包来打包你所需的潜水装备——除了配重带、潜水气瓶和浮力补偿器。当你不得不搬运潜水装备时，你可将浮力补偿器安装在潜水气瓶上，然后将潜水气瓶背起，一

图 6.11

带滑轮的装备包可以使运输潜水装备更加轻松

手提着你的装备包，另一手拿着你的配重带。带滑轮的装备运输设施可以减少你搬运潜水装备的工作量（见图6.11）。

组装装备

如今，背包已经是浮力补偿器的一部分了，通常有一条或多条带子固定潜水气瓶。很多带子由遇水伸展的网状物织成。在用带子缠绕潜水气瓶前，将带子放在水中浸泡几分钟。这个浸泡过程可以使网状的织物软化，当你收紧带子时，其延展性会更好。请用干燥的纤维织物捆扎潜水气瓶，因为潜水气瓶可能由于带子变湿伸展而滑落。潜水气瓶从背包上滑落可能酿成一场灾难。

先将潜水气瓶的罐阀正对着你的背包。立起潜水气瓶，并让罐阀朝向你的右侧。当潜水气瓶在你和背包之间时，使气瓶固定带向下滑过潜水气瓶，再将带子收紧，使罐阀正对着背包（见图6.12）。

气瓶固定带绑在潜水气瓶上的位置因背包种类的不同而不同。一般来说，背包顶部可与气瓶阀门的底部齐平。在背上背包之后、安装调整器之前，你需要调整水肺潜水气瓶的高度，然后通过慢慢向后仰头来检查高度是否合适。如果你的头撞到罐阀，这就表明潜水气瓶的位置太高。试着越过肩膀去触碰罐阀，如果你不能够到，

图 6.12

将背包固定到潜水气瓶上

这就表明潜水气瓶的位置太低。你应当根据需要自行调整潜水气瓶的高度。当你熟悉正确的位置后，你不需要在完成水肺潜水装置的组装前对它进行测试，但是你仍然应该在入水前对它进行检查。

在将带子固定前应尽力把带子收紧，然后通过用一只手抓住罐阀、另一只手抓住背包的顶部来测试带子的松紧程度。试着上下移动固定在潜水气瓶上的背包。如果背包移动了，说明带子需要再收紧一些。

将调整器安装到潜水气瓶上。潜水气瓶的阀门处应该有一个阀门保护器或一块胶带覆盖在阀门打开处。将阀门保护器或胶带揭开（不要随意丢弃，将其放置在垃圾收容器内），确保O形圈在原位且未破损。调松 yoke 螺丝，卸下防尘罩。如果你的水肺调整器二级头有净化减压装置，释放净化装备。将水肺调整器安装到潜水气瓶上之前，应暂时轻轻地将潜水气瓶罐阀调至打开的位置，然后清除上面的水或灰尘。

你的水肺调整器有几个软管。将连接主二级头的软管和气瓶阀门的开关同时朝向潜水气瓶的同侧，以便软管可以绕过你的右肩。你这样连接软管的话，其他软管只要未缠绕打结并能够自由悬挂，就可以自由地正确摆放。

小心地将水肺调整器的导入开关放置在潜水气瓶的罐阀出口处，然后把 yoke 螺丝或 DIN 配件拧上，保持固定但不用太紧。只使用你的手指和拇指来拧紧装备。图 6.13 为潜水气瓶与水肺调整器正确连接的示例。

图 6.13

如果潜水气瓶
连接正确,你
的水肺调整器
和软管应如图
所示

　　把水肺调整器的各种软管接到潜水装备上。在给软管加压前,更容易把低压软管接到浮力补偿器上。将仪表控制台接到浮力补偿器上,但暂时不要连接你的备用二级头。

　　打开空气供给。手持压力表,不要将它的前端朝向任何人,避免由于加压失败而对任何人造成伤害。压力表防爆塞是预防爆炸突然发生的好方法,而手持压力表也是一个好的预防措施。沿逆时针方向缓慢打开气瓶罐阀。也用这个方法打开阀门,然后关上大约1/4。你应该可以感觉到软管随压力的增大而在变硬。仔细辨认系统中漏气的声音。如果水肺调整器漏气,用你的拇指盖住打开的管口来阻止其漏气。如果气瓶罐阀密封处漏气,应关掉气瓶,移除水肺调整器,并且检查密封处。你可能需要更换 O 形圈。在使用潜水装备之前应该解决所有的漏气问题。

　　最后一步是测试潜水装备。用压力表进行检测,确保潜水气瓶是满的。根据需要,通过仪表控制台重置装备。在观察压力表的同时,短暂地按下排水按钮,对二级头进行测试并保证其没有任何碎片残渣,然后通过每个二级头深呼吸几次。当你通过水肺调整器进行呼吸时,潜水气瓶的压力读数应该保持不变。如果当你吸气时压力读数持续下降,那就说明你没有充分地打开罐阀,不要只打开一部分来检测潜水气瓶的压力。当你完成水肺调整器的检查后，将备用二级头接到浮力补偿器上。把浮力补偿器上的低压充气阀门调低一两秒，以确保阀门正常发挥作用。当你完成这套装置的装配和测试后，请把它放在一边，将水肺调整器和仪表放在上面。

无论是对于新手还是对于有经验的潜水者而言，潜水装备的组装流程都是相同的。你应当在穿上防护服之前组装和测试你的潜水装备。练习可以帮助你回忆起组装潜水装备的过程。

穿上和检查水肺潜水装备

一般来说，你应当先穿浮潜背心，再装配重带。但如果你用的是外套式浮力补偿器，那么你应该在穿防护服前配上配重带。

在入水前穿防护服的一个好办法是让你的潜伴拿住整套装备，并帮助你穿好它。你的手臂穿过肩带以后，身体向前弯曲并平衡你后背的部分，扣上腰带。当你系腰带时，将水肺调整器的软管放在肩膀上，避免软管被腰带卡住。有些提供船潜服务的船上的座椅安装了垂直槽架，允许你坐着穿戴潜水装备。不要坐在甲板上或地上整理潜水气瓶，否则，其他潜水者的潜水气瓶可能打到你的头。

有些潜水者喜欢在水中完成潜水装备的穿戴——这是一种很好的方式，尤其是在你乘坐的潜水船很小，或你的背有点儿小问题的时候。首先把水肺装置放到水里，确保它不漂走，像穿一件大衣一样在水中穿上浮力补偿器。将浮力补偿器充满气，坐在上面，让你的手臂穿过袖孔，继续下滑，进入潜水装备里面；也可以把你的潜水装置放在你的头顶上方，临时将你面前的潜水气瓶的阀门朝向自己并且使背包向下。把呼吸管的咬嘴含在口中，保持主二级头的软管在你的手臂之间（如果你把右手臂放在软管线圈内，当你试着将潜水气瓶举过头顶时，软管将环绕你的手臂）。使你的前臂完全通过袖孔，软管刚好在你的肘部，然后将水肺装置举过你的头。你应该在水下把自己推到一个更低的位置，使自己完全处于水肺装置的下面。将潜水气瓶缓缓地放到背后合适的位置。在这个过程中，用左手把呼吸管从浮力补偿器中拉出来。当潜水气瓶到位后，前倾身体，收紧腰带。

当配备好整套水肺潜水系统和其余的潜水装备后，检查所有的装备，以确保其位置正确、经过了调整，而且功能正常。你的潜伴也应如此，然后互相检查对方的潜水装备。

你与你的潜伴应做一次从头到脚的互助检查。具体检查的每一项在清单中列出来了。

从头到脚的互相检查

✓	面镜	佩戴正确，紧贴面部，边缘未压住头发，没有起雾
✓	呼吸管	装在面镜的左侧
✓	潜水气瓶	阀门全部打开后回旋 1/4，阀门朝向使用者的右侧，高度适宜，背包贴身、舒适
✓	压力表	无损坏或漏气
✓	水肺调整器	主气源和备用气源功能正常，彼此知晓对方备用气源的位置，水肺调整器的软管恰当摆放，可自由使用
✓	浮力补偿器	充气、放气功能正常
✓	配重系统	位置正确，重量适宜，右手可快速卸载，彼此熟悉对方的重量释放系统
✓	防护服	穿着到位、拉链拉好
✓	潜水刀	装配适宜，容易取用、固定
✓	脚蹼	安全固定、穿着到位
✓	仪表	手表、水下计时器或潜水计算机准备妥当

检查潜水装备是很重要的。入水前解决问题比入水后更容易。检查对方的潜水装备不会花很多时间，但是这种做法可以节省大量时间。要养成潜水前互相检查的习惯。

水肺潜水的基本技能

为了成为一名水肺潜水者并在承受最小伤害风险的情况下享受潜水，你需要学习正确的入水和出水流程、控制好浮力、在水中下潜和上浮、随时观察仪表数据、和潜伴协作。本节提供了这些技能的有用的说明，但你必须通过实践来学习和掌握它们。你将在控制水域学习这些技能，然后在开放水域运用这些技能。

入水技能

常用的入水姿势有 4 种：涉水入水、坐式入水、脚先入水和倒卷入水。你需要学习什么时候使用何种类型，以及每种类型各自的流程。使用任何一种入水方式的目标都是在不伤害自己或失去任何装备的前提下尽可能轻松地进入水中。在你入水后情况正常时，如果你要游泳或待在水下表层，请用呼吸管替代水肺调整器。

你可以从岸上或船上进入开放水域。你可以从岸边猛扎入水，或者通过一座类似船坞、岸墩或码头的建筑入水。这些入水地点的条件差异很大，因此相应的入水技能差异也很大。在某些地方，激浪可能是要考虑的一个因素。水底从光滑柔软到粗糙坚硬都有可能。水底可能逐渐倾斜或迅速陡峭，而且可能有坑洞和断层。入水区域可能出现植物、动物和岩石。适合一个区域的良好的入水技巧可能并不适用于其他区域。经验和对该区域的认识决定了入水流程是否有效。

当在一个开放水域涉水时，你需要学会一些基本技能。涉水入水听起来很简单，但是要记住，潜水装备会影响你的身体重心、移动性和周边视觉。当穿着脚蹼时，你必须倒着走或横着走。

如果入水地点的激浪很小或几乎没有，你可以先涉水，在水里穿好脚蹼，然后开始潜水。你可以通过水肺调整器进行呼吸并对浮力补偿器进行部分充气；交替移动脚蹼来探知水底的坑洞和岩石，并驱赶生活在海底的生物。当水位到达大腿的高度时，在水中俯卧，开始游泳。当水底为淤泥时，你不应该涉水进入，因为你可能深深地陷入泥里，而当你试图挣脱出来时，你可能会挣掉脚蹼。当水底坚硬而水面平静时，你可以不穿脚蹼涉水进入，并在水中穿好脚蹼。对潜水地点的水底状况进行了解是非常有帮助的。

在大多数有激浪的地区，你应该在进水之前穿好脚蹼，并且在潜水结束后直到你彻底离开水面时再脱下它们。把握你的入水时机，与小波浪相吻合（详见本书第五章关于波浪和洋流的讨论）。确保所有的装备到位，并通过水肺调整器呼吸。将浮力补偿器里的空气放掉，因为你需要在波浪高于你腰部的时候伏在波浪的间隔中。如果你的浮力补偿器处于充气状态，你将无法躲在波浪之下，一个大波浪可能会把你抬起并抛出去。始终用一只手抓住你的面镜；在面镜顶部五指分开，然后弯曲手指，这样你就能看到景物。保持膝盖弯曲并侧身进入波浪中，最大限度地削弱身体受到水流的冲击，如图 6.14 所示。在波浪即将打来时停止动作，让波浪通过，然后继续移动，直到移动至水深足够你游泳的地方。让波浪从你的上方经过，然后迅速地穿过冲浪区。

若从商业潜水船下水，你可以从船的侧面入水或者从船后方的和水面齐平的平台上入水。确保所有装备都配备到位，通过你的水肺调整器呼吸，牢牢地抓住你的面镜。对于一些特殊的装备，如相机，请人在你进入水中后再递给你，还可以通过一条装备绳来取得这些物品。当你从侧面进入水里后，你需要标记船运动的方向。即使船已下锚，风也可能会导致船从一侧向另外一侧摇摆。如果你在船摇摆方向的一侧入水，那么当你入水后，船可能会越过你。

图 6.14

当波浪迎面扑来时，侧身移动，保持膝盖弯曲，抓住你的面镜，前倾进入水里

（感谢弗雷德·汉弗莱供图）

图 6.15

坐式入水

图 6.16

大步跨越式入水

不论水深如何，你都可以从码头、船上的游泳跳台或者其他任何你可以坐下接近水面的地方，通过坐式入水方式可控地安全入水。确保所有的装备到位，转身坐下，把你的双手放在身体一侧的支撑面上，然后轻轻地把自己向上提，使你的身体移出水面，随即把自己投入水中（见图 6.15）。可控的坐式入水是一种简单、轻松的入水方式。

当你离水面过远而不适合使用坐式入水方式时，你可以采用脚先入水的方式，例如从租赁的船上入水。脚先入水的方式主要有两种：大步跨越式和双脚并拢式。

当你与水面的距离为 3 ～ 5 英尺（约 0.9 ～ 1.5 米）并且你想在入水过程中保持在水面上时，你可以使用大步跨越式入水方式（见图 6.16）。站在入水处，确保你的装备都已到位，并将你的浮力补偿器部分充气。观察入水点，并确保对该地区的情况清楚明了。一只手使劲扶着你的面镜，把手指分开，这样你就可以看到景物。直视前方，迈出一条腿。入水的时候迈开一步，而不是双脚跳或单脚跳。如果你将一条腿尽可能地前伸，另一条腿会自动跟上。在你接触水面前，保持一条腿向前伸展、另一条腿向后伸展的姿势，然后在接触水面的瞬间迅速把你的双腿并拢来阻止你下沉的势头。一旦你在水面稳定下来，你就可以转身给岸上一个信号表示你可以了，然后离开入水处一段距离，以便下一个潜水者可以入水。

当与水面之间的距离过大时，为了避免大步跨越式入水造成的不利影响，你可以使用双脚并拢式入水方式。其流程和大步跨越式入水的流程是一样的，只不过你应在迈步离开入水点之后，在接触水面之前就并拢双腿。双脚并拢入水直到淹没在水下。你在回到水下表层并稳定下来后，发信号给下一个潜水者，并且远离入水处。

倒卷入水可以从坐姿或蹲姿开始。坐姿倒卷入水多应用于从一个比较低的、不稳定的平台处入水。当距离水面太远，不能使用常规的坐姿入水，且入水处的站台不太稳定时，就要采用倒卷入水方式。进行坐姿倒卷入水，首先要确保所有的装备到位，然后背朝水面坐下。把你的屁股移到你坐的位置的边缘。请其他人帮你确保入水处没有干扰物。用一只手握住你的面镜，另一只手抓住面镜带。如果你没有抓住面镜带，水的力量可能会把它冲起来划过头顶，面镜就可能会脱落。身体后倾，开始准备入水。当你倒卷时，保持膝盖靠近你的胸部；如果不这样做，你可能会被你坐的位置的边缘磕到脚跟（见图6.17）。采用这种方式，你很有可能在水里做一个后空翻，失去方向；当你再卷回水面时，你可以重新定位和调整自己。

蹲姿倒卷入水则适用于那些不适合坐下来的平面。单薄而摇晃的小船就是一个很好的例子。进行蹲姿倒卷入水时，要在接近入水处的可以稳定坐下的区域迅速调整好自己的装备，确保入水处无干扰物，然后半蹲着，转身背朝入水处，自然地朝水中坐下（见图6.18）。为了防止脚被绊住，要将膝盖贴近胸膛。

图 6.17

入水时如果将腿打开，有可能使脚跟磕到船上

图 6.18

蹲姿倒卷入水

在装配好水肺调整器的条件下进行水面浮潜

为了节省潜水气瓶中的空气,你可以使用呼吸管在水表层游泳。这通常应用于那些需要从岸边游出一段距离才能到达潜水点的情况。如果你在水面游泳时就使用潜水气瓶内的空气,那就会大大减少你可以待在水下的时间。当你在装配好水肺调整器的条件下使用呼吸管游泳时,你只需将你的浮力补偿器部分充气。如果浮力补偿器充气过多,再加上水肺潜水气瓶的重量一起作用,可能导致你在面朝下游泳的时候侧翻。因此,最好采取仰泳或侧身游泳的方式,这两种姿势与面朝下的姿势相比,踢水的范围可以更广,而且潜水气瓶的重量并不会是一个决定因素。与你的潜伴并排游泳,不要在他的前面或后面游泳。缓慢而稳定地游动,保持速率稳定。如果用呼吸管游泳之后你觉得气不足,可在下潜之前稍作休息。

找回和清理水肺调整器

如果你在水下穿戴着水肺潜水装备,又因为一些情况(如使用呼吸管或讲话等),将水肺调整器的二级头从口中拿了出来,那么你就需要从你的右肩后面(二级头会自然滑落到的位置)找回二级头。而且,二级头里面会有水,因此在通过二级头进行呼吸之前,你要清理里面的积水。如果你要从口中咬着水肺调整器的咬嘴开始清理,那么你需要将水肺调整器置于水里。这个任务可比听上去要难得多,因为如果你将二级头放入水中时咬嘴朝上，水肺调整器会自由浮动。因此，将二级头放入水中时应该咬嘴朝下，以防止水肺调整器自由浮动。

有两种方法可以从右肩后面取回二级头。最常用的方法是扫动法。将身体向右倾斜，重力会将二级头从你的身体处移开，用右手向后探，直到摸到潜水气瓶的底部，然后把胳膊伸直，用胳膊扫出一条大弧线，软管就会缠到你的胳膊上，这样你就可以轻松地取回二级头。

第二种方法是越过肩膀回收法。将右手向着水肺调整器的一级头方向伸过去，同时用左手把潜水气瓶从底部托起，抓住一级头与二级头的连接处，顺着向下摸去，直到够到二级头的终端。有些潜水者觉得这种方法非常困难，甚至是不可能完成的任务。

清理水肺调整器可以和向水肺调整器里吹气一样简单，只要排气阀处于最低点，二级头里的水就很容易排出。如果呼气的时候排气阀未处于最低点，那么只有一部分水能被排出，当你吸气的时候，你就有可能吸入一些水。为了不在吸气的时候被呛到，在清理水肺调整器的时候要确保排气阀处于最低点，并且在清理之后吸气时要小心谨慎。

另一种清理二级头的方法——使用排水按钮，即利用低压空气将空腔里的水排出。如果你把咬嘴放在口中，然后按下排水按钮，你可能会把水吹进喉咙里。有两种方法可以避免这种情况。一种方法是一边轻轻按下排水按钮，一边将冒着泡的水肺调整器放到口中，利用肺里的空气制造出的气压阻止水进入嘴巴和喉咙。另一种方法是将水肺调整器放入口中，用舌头顶住开口处，短促地按压排水按钮，将水排出。任何一种方法都是可行的。如果你在清理水肺调整器的同时把它放到了口中，那么要在放到位的瞬间松开排水按钮，避免给肺部过度充气。养成一种习惯：任何时候只要水肺调整器离开了你的嘴，你就要慢慢地连续吐气，不要在呼吸压缩空气的时候屏住呼吸。

水肺潜水的 3 个重要原则

1. 尽早、尽可能经常平衡耳压。
2. 永远保持呼吸，不要屏气。
3. 如果水肺调整器离开了你的嘴，要连续吐气。

进行呼吸管和水肺调整器切换

你一定要能够在使用呼吸管进行呼吸和使用水肺调整器进行呼吸这两种方式间自由切换。当你准备下潜时，你应从呼吸管切换到水肺调整器；当你潜水结束后上浮到水面时，你应从水肺调整器切换回呼吸管。你在进行任何一种切换的时候，都要保持脸在水中。深吸一口气，从一个咬嘴切换到另外一个，然后清理新的呼吸装备。

给浮力补偿器充气和放气

你需要熟练掌握给浮力补偿器充气和放气的方式。比较简单常见的充气方式是利用低压空气给浮力补偿器充气，通常在需要在短时间内完成充气时使用这种方式。对浮力补偿器进行持续几秒的充气时，如果活塞被卡住了，可能会导致严重的浮力失控问题。通过每次充入少量空气的方式，你可以更好地控制你的浮力。

如果在潜水时，你的低压充气装备或集成型二级头出现了问题，你可能需要断开你的低压软管。当你断开低压软管时，低压充气装备就不再工作了。因此，你必须通过用嘴给浮力补偿器吹气的方式来控制浮力。通常浮力补偿器的咬嘴比浮潜背心的咬嘴要精良。为了便于排水，浮力补偿器的咬嘴有一个排水按钮，你在打开连接浮力补偿器的阀门之前就可以把水清理干净。清理浮力补偿器的咬嘴以及用嘴给浮力补偿器充气时，请遵循以下流程。

1. 将咬嘴放入口中。

2. 向咬嘴中呼出少量空气来清洁咬嘴。

3. 保持咬嘴在口中的位置固定。

4. 按下人工双向气阀。

5. 向浮力补偿器中吹气。

6. 松开人工双向气阀。

7. 重复以上操作，直到获得你所需的浮力。

在水体表面时，你同样可以使用在浮潜中所用到的摆动技巧（详见本章前面所介绍的）。但是在水下，用嘴充气的流程是不一样的。在水下，当你需要用嘴给浮力补偿器充气时，应当遵循以下流程。

1. 左手抓住充气阀门，右手抓住调整器的二级头。

2. 深吸一口气。

3. 将浮力补偿器的咬嘴放入口中。

4. 清理咬嘴。

5. 将肺部的大部分空气吹入浮力补偿器。

6. 当你将咬嘴从口中取出时，水会进入咬嘴里，所以要留出足够的空气来清理调整器。

7. 重复以上操作，直到获得你所需的浮力。

你可以通过人工双向气阀或单向气阀来给浮力补偿器放气。如果你使用的不是单向气阀，你一定要确保打开浮力补偿器软管较低一头的排气阀，并且将它举到比浮力补偿器最高点还要高的位置。使用单向气阀比使用排气阀要方便得多。注意：只有当排气位置处于最高点的时候，你才能对浮力补偿器进行放气。如果你试图在水平或上下颠倒的位置进行放气，空气是无法排出的。因此在对浮力补偿器进行放气时，你需要处于"头上脚下"的垂直状态。

测试浮力

浮潜和水肺潜水的浮力测试存在一定的相似性，但是也有一些非常重要的不同之处。与浮潜相比，水肺潜水的浮力更多变，你的肺部空气量的变化也更大。潜得越深，防护服压缩对浮力的影响就越大。同时，当你通过潜水气瓶进行呼吸的时候，你的浮力也会发生变化。为了随时调整和控制你的浮力，你需要对浮力变化非常敏感并迅速反应。

就水肺潜水而言，一开始的浮力测试可以与浮潜的浮力测试一样，在水表层进行。将浮力补偿器充满气再放气。确保低压充气和排气阀都功能良好。将咬嘴放入口中，把浮力补偿器完全放气；放松，然后慢慢呼吸。当你的肺部空气量比较高时，你应该能够保持在眼睛刚好在水面以下的位置不下沉。如果你的肺部空气量很充足但你仍然下沉，你就需要卸掉部分重物。如果你完全吐气，你就应当下沉。如果你完全吐气后仍然无法下沉，那么你就需要增加一些重物。你应当在接近潜水点之前测试你的浮力状态，在开始潜水之前解决所有的浮力问题。

当你在开放水域下潜时，你可能需要给浮力补偿器增加一些空气以便维持中性浮力，并力争持续保持中性浮力。给你的浮力补偿器增加少量的空气，然后通过停止所有的动作来测试你的浮力，仔细观察所发生的情况。如果你下沉，那就继续充气；如果你上浮，那就放掉一些空气。随着经验一点儿一点儿地积累，你会知道什么时候应该充气、什么时候应该放气，以及能够对量进行合理掌握。

在泳池中，你可以采用挺直身体，俯卧于水中，手臂位于身体两侧的姿势来学习调整浮力。如果你的浮力正合适，当进行缓慢的深吸气时，双肩会上抬，脚蹼的脚尖部位会保持在整个身体的最下方；缓慢而充分地吐气会让你的双肩下沉。有些人把这种测试浮力的方式称为"潜水俯卧撑"（尽管你没有用到你的手）。如果你完全吸气时双肩没有上抬，那就给你的浮力补偿器增加少量的空气，然后重新尝试一下。图 6.19 展示了一个正在做"潜水俯卧撑"的潜水者。

作为一名水肺潜水者，在开始潜水时，你需要足够的重量来保证你可以下潜；在潜水结束时，你需要足够的重量保证你在上浮的过程中可控。水肺潜水所需的确切重量，是你在 15 英尺（约 4.6 米）的深度处保持潜水气瓶里有 300 磅力每平方英寸（20atm）的空气而浮力补偿器里没有空气的情况下，可以保证你在水下徘徊的重量。这个重量在刚开始潜水的时候可能会稍微超过你的负重能力。潜水结束时，在 15 英尺（约 4.6 米）处测试一下你的浮力，看看是否需要为下一次潜水做出调整。

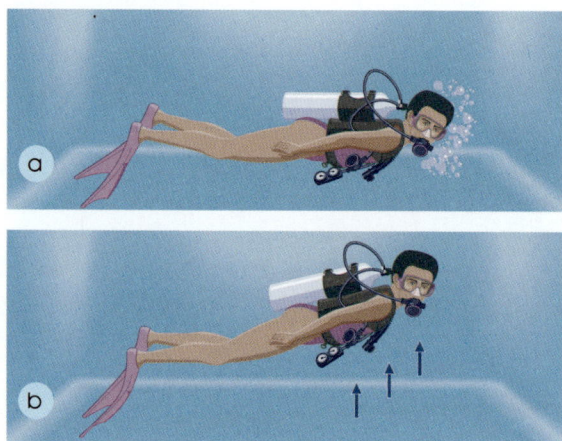

图 6.19

一个规范的"潜水俯卧撑"保证了潜水者对浮力的良好控制

浮力控制

没有一种方法可以明确定义潜水者控制浮力的能力。精确的浮力控制能力对于潜水安全、享受乐趣和环境保护来说都很重要。当你的浮力失控时，你和你周围的环境都将面临危险。

当你将浮力调整为一定的值时，你可以轻微地上下转动你的脚蹼，保持鞋尖接触泳池的底部，然后吸气和呼气，将自己向上推动2英尺（约0.6米）并保持不动。你不一定会保持在水平位置上，但这并不重要。你要通过控制你的平均肺容量来保持你的位置和深度，但是要记住保持呼吸。如果你正在下沉，就让更多的空气进入你的肺部；如果你开始上升，就要减少肺部的空气量。通过这样的练习，你将能够在水中悬停不动。

为了锻炼在水里逗留的能力，你还需要进行另外一种练习。在水中处于一个垂直于水底的位置，在脚踝处交叉双腿，一只手握住另一只手的腕部，身体保持不动。找到一个与眼睛齐平的参照物，锻炼自己直立在水中并能悬停的能力。注意呼吸对浮力的影响。一旦你掌握了水平和垂直悬停的能力，你会发现几个好处：你携带的空气将帮你维持更长久的时间，游泳也不会很累，你慢慢地会越来越少地调整浮力，而且你也不会对潜水环境造成太大的影响和伤害。随着你的浮力控制练习的继续，你将不断增强在水中悬停的能力，成为一名经验丰富的潜水者。

有一种对在上浮过程中保持中性浮力很有用的技能，那就是开阀上浮技术。当你上浮时，空气膨胀会影响你的浮力，你必须释放一些膨胀的空气来控制浮力。如果你间或排气，你的浮力就会一直处于变化的状态，不好掌握：你可能没有释放出足够的空气，或者你可能又释放得太多了。开阀上浮是一个更好的选择。在低于肩膀线的位置按住浮力补偿器充气/排气阀，让咬嘴头朝下，然后松开排气阀。此时空气无法排出，因为开口比排气口低。保持咬嘴头朝下、排气阀打开的状态，缓慢抬高充气/排气阀，直到咬嘴开始冒泡。当咬嘴和排气口在同一水平线上时，气泡开始出现。如果你在上浮的同时保持咬嘴处在冒泡的位置，气瓶里膨胀的空气会随着气泡从排气阀里流出，这样可以使你的浮力保持不变。如果你需要释放更多的空气来控制浮力，可以稍微提高一下充气/排气阀的位置；如果你需要减少释放的空气量，小幅降低充气/排气阀的位置就可以了。

使用潜水旗

在潜水的时候，你应该放置潜水旗来显示相应的潜水位置。一些地区的管理者会要求潜水者使用潜水旗，所有的地区都鼓励潜水者使用潜水旗。当你使用潜水旗的时候，你需要遵循以下约定：潜水旗的位置在距你 100 英尺（约 30.5 米）的范围内，而且越接近你越好。虽然驾船者应该在 100 英尺（约 30.5 米）外发现信号，该标志不能确保你一定不会被船撞到，但是该标志作为信号，会让许多驾船者明白附近有潜水者。图 6.20 所示为潜水者正在使用潜水旗作为标志。

如果你把潜水旗固定在水面漂浮物上，你需要将漂浮物拖到你想潜水的区域。在一个水下植物不多的水域，你完全可以在水面上拖着漂浮物去潜水。在水下植物丰富的水域，你需要固定漂浮物以确保它不会渐行渐远。而且，在潜水结束后，你必须回到潜水旗所在处。进入风浪区的时候，你应该把漂浮物拖在你身后；退出风浪区的时候，漂浮物应该在你的前面。

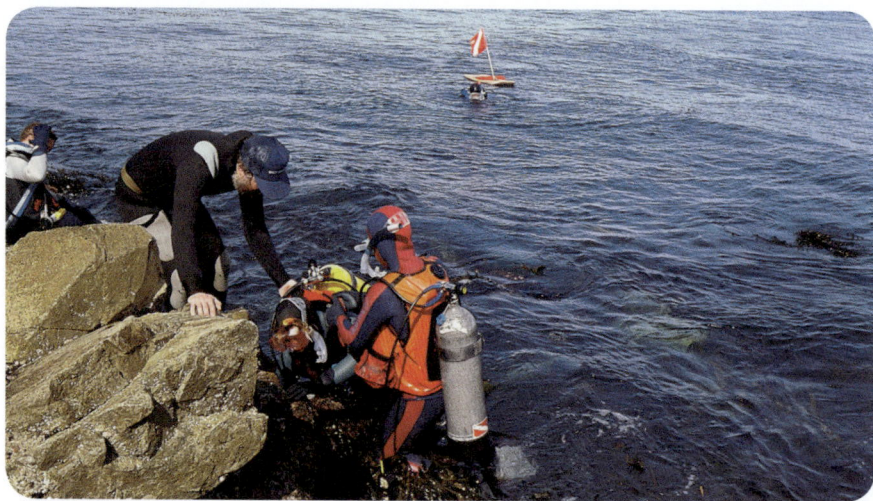

图 6.20

尽可能在水面就近放置潜水旗，以帮助你避开船只

下潜

浮潜下潜与水肺潜水下潜是不同的。在浮潜下潜的时候，你通常需将头部向下扎进水里，但水肺潜水者是脚先下水的。脚先入水下潜

178

可以更好地控制浮力和定位，也允许潜水者在下潜期间进行沟通，而且更有利于平衡空气空间压力。

下潜涉及多个步骤，开始时看起来很复杂，但经过练习可以发现其规律。下潜的过程包括准备下潜、开始下潜、完成下潜。

1. 准备下潜

> 检查仪器。在水面上确定自己的方位，设定好潜水罗盘。确保你的水下计时器和深度计归零。

> 确认你的潜伴已经准备好。

> 将水肺调整器更换为呼吸管。

> 轻微地为你的耳朵加压，从而开始平衡压力（见本书第三章）。

> 左手握住浮力补偿器的排气阀。

> 发出或确认下潜信号。

2. 开始下潜

> 通过放空你的浮力补偿器开始下潜。通过单向阀来完成排气比把排气阀举过头顶更好。在整个过程中，始终用左手握住排气/充气双向阀，这样你可以在任何时候给浮力补偿器放气或充气。完全呼气可以帮助你开始下沉。

> 在最开始的 10 英尺（约 3.0 米）处做浅呼吸。

> 在前 15 英尺（约 4.6 米）的时候，大约每 2 英尺（约 0.6 米）调整一次耳朵的压力。如果遇到困难，就上浮几英尺（1 英尺约等于 0.3 米）以减小压力，调整后再次下潜。向面镜里呼一些空气，以防止面镜被挤压（关于如何平衡压力的内容见本书第三章）。

> 在下潜的时候保持你的脚蹼处于稳定状态，这样可以保证不挑起水底的泥沙。

> 按你保留在肺部的空气量平均值控制缓慢下潜的速度。当你的肺部充满空气而你却下沉时，短促的换气可以帮你恢复浮力。

3. 完成下潜

> 在整个下潜过程中，始终与你的潜伴在一起。

> 避免与水底接触。

> 在不到水底的地方，把身体调整到可游泳的水平状态，和你

的潜伴达成一致方向后开始你的探索。

　　在开放水域一般有两种下潜方式：基准下潜和无基准下潜。基准下潜是你沿着海底的一条直线或坡度进行下潜。你应尽可能采取基准下潜的方式。如果垂直入水、没有任何基准参考，那就是无基准下潜了。无基准下潜比基准下潜要难控制得多。

清洁面镜

　　如果要在水肺潜水的时候清洁面镜，你需要学习在鼻子暴露在水中时通过嘴巴来呼吸的技能。通过专注地练习，你可以快速掌握这项技能。首先，尝试用你的嘴吸气并通过鼻子呼气。接下来，尝试用嘴吸气并用嘴呼气。如果你感到有水往上进入你的鼻腔，请立刻呼气来阻止水进入。

　　练习清洁面镜时，你需要将面镜完全没入水中。这并不难，但是有几个技巧可以帮助你更容易地实现。在你轻轻呼气的时候，向前倾斜你的脸，面镜顶部的封胶就能被冲破，面镜就容易从脸上移除，空气会从最高点溢出。当你重新调整好你的面镜并开始清洁时，一定要保证一只手揽住你所有的头发，另一只手调整面镜的位置。如果头发卡在了面镜里，会导致进水和漏气。如果你还戴着头套，一定要在清理面镜之前整理好头套。

结伴潜水

　　你应该采用潜伴系统，与潜伴一起潜水。你的潜伴很有可能看到你看不到的东西，因此他可以为你提供提示和帮助。潜伴与你之间可以相互检查对方的潜水装备，根据观察提供反馈，像一个团队一样工作。潜伴应与你保持足够近的距离，这样才能在紧急的情况下立即协助你。水越浑浊、下潜的深度越深，潜伴就应该越靠近你。在你的训练中，你也要努力和你的潜伴在一定距离内保持联络，学习如何追踪你的潜伴。只要你遵循了一些标准流程，在开放水域与你的潜伴保持联系就并不困难。

　　你和你的潜伴需要协商确定彼此之间的相对位置，并在潜水过程中尽量保持这个位置。这样一来，你的潜伴一旦有事就会知道去哪里找你，你也能知道到哪里寻找你的潜伴。最好的潜水队形是并列；最不可取的潜水队形是一个潜水者高于其他人——由于潜水装备的制约，在潜水时往上看或往后看是相当困难的。

你和你的潜伴需要协商确定潜水中移动的方向。双方应保持这一方向，直到有人提出不同方向的意见。当你采用这种方法时，如果你和你的潜伴走散了，你几乎不需要考虑其他方向。

你应当每隔几秒就确认一下潜伴的位置。如果你在游泳的过程中左右交替观察这片区域，在扫过你的潜伴所在的方向时，你应该能瞥到你的潜伴。

当水下能见度较差的时候，你可以和你的潜伴靠得近一些，牵手前行也是可行的。或者你可以使用一根短绳子（潜伴绳）将彼此连接在一起，通过这根绳子来保持潜伴之间的联系。如果你和潜伴走散了，寻找你的潜伴所用的时间最长不超过一分钟。如果你仍然无法找到你的潜伴，稍微上浮一点儿并旋转一周，看看周围是否有

潜伴系统

当涉及诸如游泳、攀岩、浮潜，甚至深潜这类存在风险的活动时，与合格的同伴一起组队合作是再适当不过的了。保证安全是潜伴系统的主要目的。同时，潜伴系统也能使潜水变得更加愉快。下面描述了潜伴的一些职责。

> 到达潜水地点后，协助安排潜水事宜。

> 注意并熟悉信号标识和应急安排。

> 彼此协助穿戴潜水装备。

> 检测潜水装备。

> 在潜水时保持沟通，如果走散了，可以遵循追寻流程重聚。

> 提供有关深度、方向、时间、气压、上升速度等信息的提醒。

> 发现潜水的乐趣。

> 指出对方没有注意到的问题，如空气泄漏等。

> 根据需要提供安慰和帮助。

> 根据要求提供额外的援助。

> 根据需要进行急救。

> 协助逃生，快速去除潜水装备。

气泡冒出。离水底稍高几英尺（1英尺约等于0.3米）的地方通常有较好的能见度。如果你看不到潜伴的气泡，你可以上浮到水体表面，等待你的潜伴，而你的潜伴应该也在做同样的事。当你们在水面会合后，可以再次下潜并继续潜水。很显然，比起水下相聚，这样能更好地保持与你的潜伴在一起的状态。

如果你无法在水下重新定位你的潜伴，而你的潜伴也没有及时浮出水面，那么你可以看看你的周围，记住你的位置，这样你就会知道你的潜伴最后一次露面的大概位置。如果有人在监控潜水活动，你应立刻通知此人你和潜伴走散了，并且开始搜索。如果没有人监控潜水活动，那就尝试寻找冒气泡的地方，很有可能那里就是你的潜伴所在的位置。

水下游泳

当你沿着海底游泳时，你的脚蹼可能会在划水的时候带起像小云朵一样的泥沙，这不仅会危害环境，也会降低能见度。如果你超重了，游泳时你的踝关节会使脚蹼直指海底，这让扬起的淤泥变得更多（见图6.21）。要想减少淤泥扬起的话，一种方式是控制自己的重量。在泥沙很厚的海底游泳时，可以在你的浮力补偿器中添加一点儿空气，让自己上浮一些。这个浮力会帮助你以一种头稍微向下的姿势游泳，使你的脚蹼向上。另一种方式是，你可以保持离海

图 6.21

超重会让潜水者在海底带起成片的泥沙

底足够远，以防脚蹼接触海底的泥沙。最后，如果你还是会带起泥沙，你可以考虑改变你的踢水方式。

当你在游泳中踢到了什么东西时，你必须克服不管踢到什么都想立即离开的本能反应。如果你的踢力很强，可能会破坏环境或伤到其他的潜水者。一旦你感觉到脚蹼碰到了什么，立刻停止踢水，回头看清楚到底碰到了什么，再继续游泳。

定位导航

为了在水下顺利前进，你可以使用天然的定位导航物，也可以使用潜水罗盘来导航。最佳方案是结合这两种方式来确定你在水中的相对位置。

使用天然的定位导航物时，你可以通过观察周围环境来确定你的位置。光线、影子、植物、地形、水流的运动趋势、深度和其他要素都可以帮助你进行导航。你在移动时，要注意观察周围环境。注意观察你的移动方向与水流方向、

图 6.22

传统潜水罗盘（左）和电子潜水罗盘（右）

沙砾的波纹、海底轮廓、太阳的角度等之间的关系。通过对这些自然参照物的观察，你可以确定你在水下的正确方向。

潜水罗盘提高了导航的准确性。图 6.22 展示了两种类型的潜水罗盘。首先，你需要给潜水罗盘设定一个基准方向（称为罗盘航向），然后以基准方向为参考来确定自己的方向。潜水罗盘应该有一条基准线，称为罗盘准线。前进时，你应将这条基准线对准你的前进方向。只要你保持罗盘水平，指北针或罗盘卡会通过与基准线之间的相对位置为你指引方向。很多潜水罗盘的边框都是可旋转的，上面刻有索引，你可以通过设定索引来标明你的方向。电子潜水罗盘能够在你设定前进方向后使用箭头来指明方向，这样你就不需要在潜水过程中不停地旋转边框进行调整了。

为了确保你能在潜水罗盘所标明的方向上前进，在潜水过程中，你必须保持罗盘的基准线与你的身体的中心线在一条直线上。

如果基准线偏向一边，尽管指北针没有问题，你也不会在正确的前进方向上。图6.23展示了罗盘锁定的位置。

罗盘航向是一组指向目的地的航向。标明航向的类型多种多样，最常用的被称为"正方形导航"。

图 6.23
罗盘锁定的位置

做"正方形导航"时，根据给定距离（可以通过时间、瓶压或脚蹼踢水的次数等来衡量），设定一个初始航向并向这个方向前进。到达给定距离后，停住，向右转90度，注意保持潜水罗盘的基准线与你的身体的中心线在一条直线上。注意潜水罗盘上北方的位置，并沿这个方向继续前行到给定距离。然后停下来，再向右转90度，留意潜水罗盘上北方的位置，这时指北针指示方向应该与你最初观察时的方向相反。然后继续前进同样的给定距离，然后停下来，再右转90度，根据航线前行，回到你最初的起点。

潜水者常用到的另外一种导航方式称为"直线型往返导航"。在潜水罗盘上设定好最初的方向，当潜水进行到半程时，调转180度，直到潜水罗盘的北向与最开始的方向完全相反，然后继续潜水，游回你的出发地点。高级水肺潜水课程提供了更多的潜水罗盘导航训练。

如果在潜水过程中你不是特别清楚你现在所处的位置或你什么时间应该停止潜水，你可能需要上浮到水面上，找到你的出水点的参照物，将罗盘航向设定为直接导向终点位置。当你距离你放置潜水旗的位置超过100英尺（约30.5米）时，你需要特别小心。

当没有其他干扰时，潜水罗盘可以提供正确的方向。几英尺（1英尺约等于0.3米）内的金属物体、其他罗盘和电场等会导致指北针显示不准。要让潜水罗盘远离金属、磁铁、潜水灯和其他罗盘，以确保其导航的准确性。

监测仪表

大多数潜水仪表不会主动提供信息，你需要随时查看。有些仪表会发出提示音，但大多数仪表需要使用者主动查看。潜水时，你需要习惯性地查看仪表，以控制你的深度、潜水时间和方向，同时也可避免耗尽空气。在训练中，你应该能够准确地估计气瓶中的气压。如果不能保证瓶内的气压随时保持在 300 磅力每平方英寸（20标准大气压），你需要更频繁地监控你的定位装备。

如果在开放水域潜水，在组装装备时你应查看仪表。检查潜水装备时，再确认一下仪表。下水前和下潜过程中，同样要确认仪表。在水下移动之前，先通过潜水罗盘确定方向。每过几分钟就要查看仪表，多与你的潜伴交流气压情况。在潜水过程中，你应该能够准确估计你的深度、潜水时间、方向、气瓶压力，以及潜伴的气瓶压力。否则，你需要增强仪表监控能力。

使用潜水手势信号

水肺潜水和浮潜使用的手势不大相同。水肺潜水的手势信号涉及氧气的供应。学习和使用如图 6.24 所示的标准手势，记住要清晰准确地使用和辨认这些手势。

上浮

水肺潜水的上浮和浮潜的上浮大同小异。通过练习和实践，你可以熟练地掌握水肺潜水的上浮技能。

上浮时，潜水的队友需要先给出一个上浮信号，其他队友需要听从指挥。准备上浮时，你要注意你的潜水时间、深度和剩余的空气量。找到浮力补偿器的充气 / 排气阀，用左手握住。本章前面介绍过上浮的技能（见"浮力控制"的内容）。

上浮时保持呼吸顺畅，不要和队友分开。随时查看深度计和你的队友。上浮的最大速度为 0.5 英尺（约 0.2 米）每秒，这是相当缓慢的。当上浮得太快时，有些仪表会发出警告。你需要进行训练和练习，以避免超过上浮的最大速度。

根据潜水计算机的提示，停止上浮并进行减压（排气）。你

1. 下潜　　2. 上浮　　3. 暂停　　4a. 确认　　4b. 确认

4c. 确认　　5. 出现状况　　6. 出现紧急状况　　7. 气量低

8. 氧气耗尽　　9. 给我空气　　10. 看　　11. 危险

12. 注意看我
（手指先指向眼睛再指向胸口）　　13. 你带头，我跟上　　14. 与你的潜伴会合

图 6.24

水肺潜水的
手势信号

应在 15 英尺（约 4.6 米）深度处停留 1 ～ 3 分钟，以防止减压病
的出现。减压技能将在本书第七章中介绍。上浮时，向上看，注
意观察周围。举起一只手保护头部，以防在头顶方向上遇到障碍。
接近水面时，在水中转一圈，查看周边环境。浮出水面时再转一圈，观察周围，然后增压，以增大浮力，更换呼吸管接口准备浮潜。

掌控装备

有时你需要在水下移动、调整和更换潜水装备。有时你可能需要卸下装备以便出水上船，或调整装备，或解开缠在一起的装备。通过培训和练习，你应该能够轻易地掌控装备。

卸下水肺装置很简单，类似于脱去外套。解开固定卡扣，松开左臂，将水肺推至右臂下，用左手握住水肺装置，将右臂拉出。先扭动手腕，将手先缩进防护服的袖口（而不是先拉你的手臂），这样右臂会更容易抽出。如果是浮在水面上脱掉水肺装置，应该先脱掉配重带，将其放置在水上或支撑台上。至于如何在水中穿戴潜水装备，则可以参照本章前面所介绍的流程。

运用出水技能

根据具体情况，你可能需要选择使用不同的出水技能。从泳池的浅水区出水时，应当先除去配重带、气瓶和脚蹼，小心地将装备放在游泳池的一侧，然后沿着梯子离开游泳池或者自己爬出游泳池。

从游泳池的深水区出水时，应当先给浮力补偿器部分充气。如果沿着梯子爬出游泳池（见图 6.25），用一只手抓住梯子，用另一只手脱掉脚蹼。在这个过程中，要始终抓稳梯子。将脚蹼放在水池边，或将脚跟退出调节带，抓稳梯子出水。离开出水区域的时候，脱掉水肺装置和配重带。

从没有梯子的深水区出水时（见图 6.26），首先移除你的配重带，小心地将它放到水面上。脱掉你的水肺装置，一只手抓住水肺调整器的软管，保持与水面相对的状态，另一只手脱掉脚蹼。双手放在出水位置的边缘，保持水肺调整器的软管在一只手下面的状态，让水没过下颌的高度；同时伸展两腿，一条腿向前，另一条腿向后。将手臂向上抬起，两腿通过剪刀式踢水的方式用力并拢，从而产生一个向上的推力。双臂支撑，尽力将身体上移，直到露出水面的部分足够多，然后双手下推，将自己拉出水。出水之后马上转身，将水肺装置小心地拉出来。

如果用梯子上船（见图 6.27），先不要摘下潜水气瓶和面镜，继续含住水肺调整器的咬嘴，以防落水。使用在泳池的深水区出水时所介

图 6.25
使用梯子从深水区出水

图 6.26
从没有梯子的深水区出水

绍的利用梯子出水的技能。在整个过程中，要始终抓紧梯子。

如果船的后部有甲板平台，通常可以游到平台上，然后脱掉脚蹼，起身登船。

在开放水域的出水方式随着环境的变化也是多种多样的。通常情况下，在彻底离开水之前，你要装配好所有的潜水装备。双脚向后移动，沿着水底用两腿交替踢水。在波浪中出水需要经过特别的训练和练习。站在远离浪头的区域对波浪的状况进行评估。保持呼吸管含在嘴里、浮力补偿器不充气的状态，开始接近风浪区。在整个风浪区里始终扶好你的面镜。跟在一个浪的后面，使得其他浪头经过你，直到来到距离水面只有一两英尺（1英尺约等于0.3米）深的位置。如果波浪不强，你可以站起来出水；如果波浪很强，你需要游到可以爬行的浅滩再爬出水面（见图6.28）。

出水后，你可以和队友一起脱掉脚蹼。即使在出水后，团队合作也很重要。

拆卸装备

拆卸水肺潜水装备的顺序是：以顺时针方向转动阀门来关闭空气输送；堵住二级头的通道来释放软管中的压力；保持通道关闭，直到排出系统中的所有空气；接下来断开连接到水肺潜水装备的全部软

图 6.27

登梯上船

图 6.28

在强浪中爬行出水

管——低压充气机、备用二级头和潜水压力表；松开 yoke 螺丝，将水
肺调整器从潜水气瓶上摘下；彻底擦干和更换一级头的防尘罩；松开
空气瓶带，卸下浮力补偿器。一定要尽快冲洗和护理装备（按照第四
章中介绍的步骤）。

应对生理问题

　　按照训练的要求进行水肺潜水能避免出现问题。但事无完美，
稍一松懈或稍有遗漏都可能出现问题。经验丰富的潜水者几乎可以
应对任何问题。本节介绍处理生理问题的方法。不要过分担心潜水
会出现问题，了解这些应对方法可以减轻你的忧虑。

　　在潜水中，你可能会出现生理问题，包括晕船、头晕、压力、恐
慌、用力过度、咳嗽和抽筋。当出现其中任何一个问题时，身体会发出
警告信号。我们需要理解这些信号，并及时应对，以克服生理困难。

晕船

　　应对晕船最好的措施是预防（见本书第三章"平衡调整和晕
船"），因为晕船后才吃药通常无效。如果晕船，你很可能会呕吐。
在水下呕吐是很危险的，不能正常呼吸会导致休克。晕船的程度需

要自己来判断。如果你已经呕吐或者快吐出来了，就不要潜水。如果你只是感到恶心，入水或许可以帮助你克服这种感觉。一些感觉有点儿恶心的潜水者发现，迅速潜入水中可以让他们感觉好一些。潜水后，他们就不会再感到恶心了。

如果在潜水过程中觉得恶心，要浮到水面上来。如果不得不在水下吐，不要吐到水肺调整器里。用二级头抵住一边的嘴角，呕吐时一定要将排水按钮完全按下。喘气时要吸入的是空气而不是水。吐完后，将二级头放入嘴里，清理干净并恢复呼吸。利用排水按钮应该是底线了，绝对不推荐通过水肺调整器呕吐，因为这种方法会导致水肺调整器堵塞。

在船上晕船呕吐时，尽量吐在背风处的船舷外。不要吐在休息室（或船头）。最好的办法是尽快上岸休息，直到感觉好一些，在再次上船前吃些晕船药。如果你有晕动症，而船舱的环境比较阴暗且离岸不远的话，你应该要求尽快上岸待一会儿。

头晕

在失重环境中如果缺少视线投射点，可能会引起短暂头晕。注视参照物可以帮助你避免迷失方向（见本书第三章）。受伤、温度变化和内耳的压力变化导致的旋转感觉称为眩晕，这比迷失方向造成的头晕更难以克服。

要克服头晕或眩晕，应先寻找一个固定的视线投射点（即参照物）。如果可能，用身体接触固定物作为参考。如果没有可看的或可抓的物体，闭上眼睛，抱住自己。在大多数情况下，头晕经过一两分钟就可以克服。只要缓慢移动，保持头部稳定，就能够浮出水面。好的潜伴可以发觉你的状况，并给你提供帮助。

压力和恐慌

压力是在环境需求和应对能力不平衡的时候产生的一种感知，当人意识到需求无法满足会导致严重后果时，压力便会出现。压力是由外在条件或内在态度所引起的。

潜水压力可能来自内部，也可能来自外部，包括感冒、生病、疲劳、受伤、恐惧、装备问题、空气供应不足、与潜伴分离、水深、黑暗和迷失方向等。压力并不总是坏事，适度的压力可以引起兴奋，增强应对能力，这就是所谓的良性压力。过大的压力会导致焦虑，减弱应对能力，并导致消极状态，即所谓的忧虑。对形势的了解和评估会影响你对压力的反应；训练、经验会影响你对压力的认知和评价。因此，你对环境的认知取决于你的知识水平、能力、经验和对环境的固有恐惧。

潜水压力可能导致恐慌，这是一种对突然感知到的风险所产生的不受控制的非理性反应。恐慌往往会导致毁灭性的结果，因此，你必须管理潜水压力以避免产生恐慌情绪。汤姆·格里菲思博士对压力进行研究后说："压力增加进而导致恐慌的关键在于意外问题的发生。"能认识和管理潜水压力的潜水者可以克服这种问题，他们的潜水活动比那些不能应付潜水压力的人更安全。

压力由心理及生理要素组成。焦虑会不自觉地导致生理变化。当压力导致焦虑时，呼吸频率和心跳速度递增，神经系统变得更加活跃，意识清醒度降低。这些因素降低了身体性能，并增加了焦虑，而增加了的焦虑又会形成循环。除非中断这个循环，否则焦虑会升级为恐慌。克服心理困难与解决生理问题一样重要。救生员弗兰克·皮亚曾说："人在困境中产生的压力大部分来自自己对形势的判断。"人可能由于外界情况而感到振奋，也可能感到焦虑和痛苦。皮亚说："恐慌和兴奋的生理状态的区别在于思维处理的过程。"

迈克尔·J.阿斯肯写过一本关于压力的书，鼓励进行自我对话。通过自我对话，人可以判断自己在压力下的情感状态。阿斯肯说，在有压力的情况下，"注重结果，希望能有一个好的结果，甚至告诉自己结果会好，并不能够实现成功。最有效的自我对话是想象你的老师正坐在你的旁边，引导你回答"。

当你对前面所提到的这些概念有了一定的认识后，你就可以识别和管理压力。发生问题时，第一步是去感受你的呼吸频率和进行自我对话。如果你的呼吸速度快，对情况有负面想法，那么是时候打破压力的恶性循环了。停止所有的身体活动，增大浮力并深呼吸。潜水者遇险通常并不是因为缺氧！管理好呼吸可以让思维更清晰。在头脑控制你之前要学会先控制它。想象你是在告诉别人如何处理这种情况。评估你的选择，确定最佳的行动方案，然后采取行动。当你开始克服困难，信心开始增加，生理反应也会开始恢复正常。图 6.29 显示了恐慌的恶性循环和打破恐慌的恶性循环。

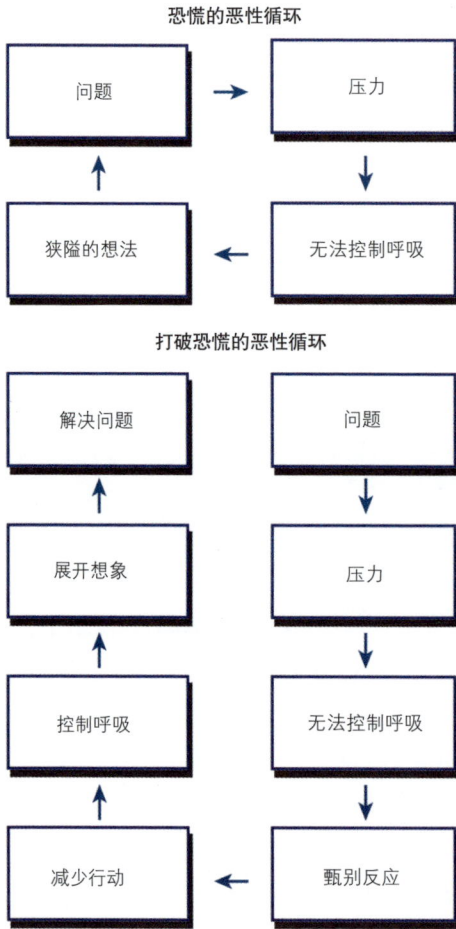

恐慌的恶性循环

```
问题  →  压力
 ↑         ↓
狭隘的想法 ← 无法控制呼吸
```

打破恐慌的恶性循环

```
解决问题      问题
  ↑            ↓
展开想象      压力
  ↑            ↓
控制呼吸      无法控制呼吸
  ↑            ↓
减少行动  ←  甄别反应
```

图 6.29

恐慌的恶性循环和打破恐慌的恶性循环

现在，你可以理解为什么在同样的情况下有些潜水者会兴奋，而另一些潜水者会恐慌了。请记住，压力只是一种感知，可以通过培训和练习加以改变；还可以通过在头脑中的生动想象来管理它。事实上，身体并不能区分实际状况和想象状况之间的区别。通过学会解决头脑中的问题，你可以学会识别和管理压力。

用力过度

如果在潜水过程中用力过度，潜水装备可能无法提供足够的空气来满足呼吸的需要。当你突然感觉窒息时，你可能会怀疑潜水装备发生了故障，但通常情况下潜水装备不可能突然发生故障而阻碍空气流通。

因此，多数情况下用力过度会造成供气不足。管理用力过度与管理压力的方法相似。停止所有的体力活动并深呼吸，在两分钟内就可以解决这个问题。

咳嗽

当水刺激喉头时，人就会通过反射性地咳嗽来清除气管中的异物。而在水中咳嗽可能会呛水，这时你需要以最快的速度克服咳嗽的冲动。最好的办法是连续快速吞咽 3 次。如果一定要咳嗽，尽量在水肺调整器中进行，这样你吸入的是空气而不是水。因为在咳嗽的过程中会排出空气，你可能会失去浮力，所以严重咳嗽后你需要增大浮力。

抽筋

当肌肉受凉或循环到肌肉的血液不足时，可能会发生抽筋。抽筋是一种突然的、强烈的、不自主的、持久的、痛苦的肌肉收缩。潜水者小腿和脚常常抽筋。要缓解抽筋，需要拉伸肌肉，或者按摩肌肉以促进血液循环（见图 6.30）。捶打肌肉是无效的，而且容易导致组织损伤。如果腿或脚在水中抽筋，可以抓住脚蹼的尖部并向身体的方向拉伸，这样可以缓解抽筋；拉伸另一侧腿的肌肉，这个动作能抑制抽筋肌肉的神经冲动。潜水者之间可以相互帮助，以摆脱抽筋。

图 6.30

潜伴可以通过按摩和拉伸肌肉的方法帮助你缓解抽筋

解决潜水中的身体问题

潜水时，潜在的身体问题包括异物缠绕、失去对浮力的控制、失去空气供给，以及潜伴状态不好、受伤或无行为能力等。与生理问题一样，你有能力解决这些问题；但是如果可以的话，最好还是避免发生这些问题。

异物缠绕

你可能会凑巧碰到钓鱼线、网、铁丝、细线和绳子等可能会缠绕你的物体。一些地区的水下植物也有可能缠绕潜水者。简化你的潜水装备以减少可能被缠绕的部位，有助于减小被缠绕的可能性。小心谨慎也是很有用的。当你碰上可能缠绕你的东西，绕开它游过去，或者把它推到你的下面，再游过去。避免在可能缠绕你的东西的下方游泳。罐阀和调节阀周围是最容易被缠绕并且也是最难挣开缠绕的位置。

如果你在水下被缠住了，这时你应该停下来，然后检查问题所在；千万不要转身，因为转身动作往往会让问题变得更糟。如果你能发现是什么缠住了自己，你应该把缠绕物解开，或者向你的潜伴发出信号，请求他们帮你解开。如果视线良好，你能看到你在做什么，可以用潜水刀割开缠绕物，并把它解开。尝试自行把缠住罐阀的缠绕物解开则是一个明显的错误。如果你的潜水气瓶被缠住了，但你够不到缠绕物，而且你的潜伴不在附近，无法对你施以援手，这时你应该移动你的水肺潜水装备，把它从缠绕物中解开后再放回去。

失去对浮力的控制

如果你在水下失重或者浮力补偿器上的低压增压泵或干服被粘住了，你有可能失去对浮力的控制。你可以遵循相应的步骤防范对浮力失去控制。在潜水中随时检查你的负重系统，以确保它是安全的。每次在使用你的低压增压泵前对它进行检查，一旦发现任何不能正常操作的迹象，应立即把它送去维修。

如果在水下时你的负重装备掉落，你要立即将自己转换成倒立姿势，并用力地向下游，重新取回负重装备。如果你成功做到这一点，你就可以避免无法控制地上浮；如果不成功，你会浮回海面。你上浮的速度取决于你在失去负重的情况下的浮力、你的防护服的类型、你的浮力补偿器内当下的空气含量、你的深度和你可以继续移动方向的表面积大小。对于向一个指定方向移动的物体，它的横截面积越大，在这个方向承受的阻力就越大。如果你无法控制浮力，处于失控的上浮状态，你可以通过夸张的伸展姿势来减缓上浮的速度：挺直后背，伸展四肢，将脚蹼抬起，使其平行于水面。建议你采用夸张的充分伸展的姿势（见图6.31），这是一种减慢上浮速度的好方法。

除非你小心地使用浮力补偿器的增压泵，保持每年进行年检维修，否则的话，最终充气阀门会被卡住。如果充气阀门卡在了打开的位置，你应该首先把浮力补偿器的减压泵阀门打开。现在的浮力补偿器的排气速度比低压增压泵的充气速度要快些。如果充气阀门还是卡住，要断开低压软管。如果因此身体不受控制地上浮，可以通过充分地伸展身体来减缓上浮的速度。

失去空气供给

如果你每年都对水肺调整器进行维修检验，恰当地维护你的水肺调整器，随时检查你的潜水压力表，你不太可能碰上空气供给的问题。潜在的空气供给问题包括水肺调整器的漏气、气压过低和没有可供呼吸的空气。潜水者有处理这些问题的方法。

沙子、泥土、呕吐物和冻结可能导致水肺调整器漏气。如果水肺调整器发生漏气，最好的应对方法是使用备用二级头。你也可以使用潜伴的备用二级头。如果除了漏气的水肺调整器外没有其他的空气来源，你可用嘴唇轻轻抵住咬嘴，吸入你需要的空气，并允许多余的空气溢出。当通过水肺调整器呼吸时，你应向下看，以避免这些漏出的空气造成你的面镜漏气。

潜水结束时，你的潜水气瓶中至少应该有 500 磅力每平方英寸（34 标准大气压）的空气。如果你在潜水时几乎用光了潜水气瓶内的空气，那么从你的水肺调整器里吸气就会变得很艰难。潜水者常常将这种情况称为"氧气耗尽"，但是在现实的潜水过程中，他们只有处在呼吸困难的深度时才可能会耗尽潜水气瓶中的空气。当你在水中上浮时，逐渐降低的环境压力会让你从潜水气瓶中获得额外的空气。当呼吸变得困难且你的潜水气瓶几乎是空的时，你应该使用潜伴的备用气源，或保持上浮并通过你的调整器浅浅地呼吸。

在极为罕见的情况下，你在水下完全丧失了基本的空气来源，

图 6.31

充分伸展身体是一个减缓上浮速度的好方法

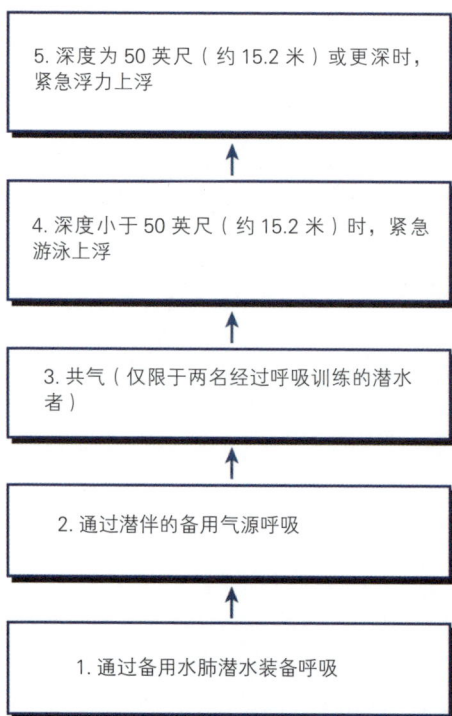

5. 深度为 50 英尺（约 15.2 米）或更深时，紧急浮力上浮

↑

4. 深度小于 50 英尺（约 15.2 米）时，紧急游泳上浮

↑

3. 共气（仅限于两名经过呼吸训练的潜水者）

↑

2. 通过潜伴的备用气源呼吸

↑

1. 通过备用水肺潜水装备呼吸

图 6.32

失去空气供给时的应对方案

图 6.33

共气需要你和你的潜伴相互协作

这时你有 5 个应对方案。图 6.32 显示了这些方案的先后顺序。

使用备用二级头上浮接近于正常的上浮。你可以使用潜伴的备用二级头呼吸并上浮。当你在水下需要空气时，如果可能，引起潜伴的注意并发出"氧气耗尽"和"给我空气"的手势信号。如果潜伴的备用二级头和主二级头是相似的，潜伴会给你备用二级头，或者你可以自行取下它。如果潜伴的备用二级头集成到了浮力补偿器的低压调整器上，他会给你主二级头，并用备用二级头呼吸。如果你不能引起潜伴的注意，那就使用备用二级头开始呼吸，然后向潜伴发出你没有空气的信号。在你的呼吸频率稳定以后，你和潜伴互相抓住对方的右前臂或浮力补偿器，正常上浮。

共气（见图 6.33）——两名潜水者共享一个水肺调整器的二级头——这不是失去空气供给时优先考虑的方案，因为它可能对两个人的安全造成危害。如果你考虑以共气作为你失去空气供给时的方案，你和潜伴应该在潜水前在水面进行过相关练习。不是所有的潜水者都对共气很熟练，两名未熟练掌握共气技能的潜水者若盲目尝试共气可能会导致灾难。然而，那些熟练掌握共气技能的潜水者会让失去空气供给这种事情变得微不足道。

要想进行共气，首先要发出"氧气耗尽"的信号，紧接着发出"给我空气"的信号。潜伴用右手抓住水肺调整器的二级头，左手抓住你的肩带，然后将二级头用一种能够方便你含住的方式朝你的方向递出。你用左手抓住同伴的手腕（不是水肺调整器），用右手抓住他的肩带，将二级头靠近你的嘴巴，用嘴唇抵住咬嘴，而不是把咬嘴含进你的嘴巴里。不把咬嘴放入口中，以便你快速地交换水肺调整器，并且减少由于面部动作引起的面镜漏气。起初进行几次快速呼吸，然后将水肺调整器递给你的潜伴。当你未使用水肺调整器呼吸时，要持续缓慢地呼出少量的空气，呼气有助于预防上浮期间肺部过度膨胀造成的伤害。在首次共气完成以后，你和潜伴每人再呼吸两次，然后将水肺调整器递给对方。在共气时不要充分吸气，因为充分吸气会导致浮力问题或肺损伤。吸入适量的空气即可，因为你每隔几秒就可以得到空气。每次在第一次吸气后，你应该完全呼气。完全呼气有助于排出二氧化碳，并且减少你的呼吸需求。

尽快和潜伴建立一个呼吸节奏，然后游到水面；在上浮过程中双方互相紧握。当水肺调整器不在你口中时，应持续不断地吐出水泡。记得控制好你的浮力。

紧急游泳上浮（ESA）是指只使用肺部的空气来进行水肺潜水上浮。ESA的速度比正常上浮的速度更快，但两者的速度都不是非常快。含住水肺调整器，并且时不时地通过它进行呼吸。不要屏住呼吸，否则你的肺会因过度膨胀而受伤。如果你呼出的空气太多，你就会强烈急促地吸气。

成功完成ESA的关键是呼出适当的空气，使肺部保持感到舒适的体积。当你正确进行ESA时，你可以轻松地上浮50英尺（约15.2米），而不需要过多的空气。

如果需要上浮超过50英尺（约15.2米），你可以减轻身体的重量来发起紧急浮力上浮（BEA）。在上浮的第一阶段游泳，但当利用浮力可以代替游泳时，就让自己漂移上浮。在BEA的最后15英尺（约4.6米）中充分伸展身体，并使肺部处于舒服的状态。

对失去空气供给时的应对技巧要非常熟练，你必须掌握这些技巧，并周期性地复习。要与潜伴讨论失去空气供给时的应对流程，并在使用选项上达成一致。你应该熟悉这些手势、位置和技术。

帮助潜伴

你已经读到了许多关于如何帮助潜伴和潜伴如何帮助你的方法，因此你应该意识到了潜水活动中潜伴系统的重要性。除了帮助潜伴处理缠绕、抽筋、装备问题及失去空气供给的状况，你还应在你的潜伴因疲惫、疾病或损伤而行动不便时提供帮助。

在水面变得焦躁不安的潜伴需要你协助他重新恢复对环境的掌控力。帮助这样的潜伴获得浮力，使他冷静下来，并且缓慢深长地呼吸。当情况得到控制时，你就可以帮助潜伴解决引起他焦躁不安的麻烦事。

如果潜伴变得筋疲力尽，可采用肱二头肌推动、脚蹼推进或者互绕步推（手臂和手臂交叉）的方式在水面对其提供援助。这3种类型的帮助如图6.34所示。如果你的潜伴还有力气搭把手，使用肱二头肌推动即可；如果你的潜伴已筋疲力尽，那就使用脚蹼推进。你在提供帮助时要随时观察潜伴的情况并给予其鼓励。注意：水肺潜水的救援技术不同于水面救援。

图 6.34

对筋疲力尽的潜伴提供如下帮助：a.肱二头肌推动；b.脚蹼推进；c.互绕步推

198

处理潜水事故

　　潜水者在不具备良好的判断力或未能达到练习的要求的情况下潜水可能导致潜水事故的发生。如果你做了你应该做的事情，潜水事故发生的概率会非常小。但是你可能要帮助那些违反安全规则的人。本节将列出那些你有能力提供的帮助。

训练和准备

　　以下3种类型的应急培训适合推荐给所有的潜水者：急救、心肺复苏（CPR）和潜水救援技术。你可以从各种公共服务组织得到急救和心肺复苏的培训。你将在潜水入门级课程中学到一些潜水救援技术，但是你也应该完成一门潜水救援的专业课程学习。

　　应急准备包括应急装备和可用信息。一个潜水点上可用的应急装备应该包括下列项目。

- 潜水急救包（物品清单请参见本书第四章）
- 氧气输送系统
- 毯子（如果条件允许）
- 饮用水

　　你没有必要自己准备所有的应急装备，但你在参加乘船或有组织的潜水时，你需要注意这些装备是否具备。

　　沟通工具——电话、手机、无线电或船舶无线电台——可用来发出求救信号。明确当地紧急医疗援助的联系方式及潜水点提供紧急医疗援助的潜水者的联络信息。知道当地紧急支持服务的电话号码和无线电频率，包括海岸警卫队、护理人员、医院、救护车、警察和治安官办公室、增压设备和潜水者警报网络（DAN）。潜水者警报网络有 24 小时紧急电话可协助处理潜水事故。

潜水救生

潜水救生的基本要素是识别、评估、救援和疏散。识别是能够通过检测迹象来识别或预测事故。训练有素和经验丰富的潜水者可以在入水前、在水面停留时、下潜过程中、水下、上浮过程中和出水过程中识别可能导致事故的情况。随着你的经验的增加，你辨别潜在问题的能力将变得更强。

评估是持续评估各种影响救生情况的因素。救援人员需要考虑自己营救伤者的能力、伤者的自身条件、环境条件、可用的装备和额外的资源。

救援技术包括接近、伸展、投掷、建立浮力、防御、拖曳、深水救援呼吸、装备移除、将伤者从水中移出等。在水面和水下营救有意识和无意识的潜水者的救援能力是一项需要培养的重要的技能，你应该在完成基本的潜水训练后尽快参加一个潜水救生或救援的专业课程。

在水下丧失意识的潜水者如未被及时营救，可能会溺水身亡。疾病、药物和头部撞击都会导致潜水者丧失意识。如果一个潜水者在水下失去意识，要想办法使他浮起来并立即带他浮出水面。如果潜水者停止呼吸，不需要担心其体内气体膨胀的问题，因为对于一个无意识的人来说，不管他头部的位置如何，他都会自动呼气。不用担心潜水者的减压状态，他可以接受潜水减压病治疗；但没有空气的话，大约 4 分钟后他就会死亡。当你在试图拯救一名潜水者时，不要危及你自身的安全。

尽快为停止呼吸的潜水者提供空气，而且必须在水面进行。你的心肺复苏技能和潜水救援技术在这时是无价的。保持伤者的气道通畅。通常情况下，对于一个无意识的人来说，你只需帮他做到这一点，他就能够呼吸。倾斜头部和下颌，以使气道通畅。把他的头部转向一边，使水从嘴巴和喉咙流出。呕吐很常见，因此要为此做好准备。迅速从伤者的嘴巴和喉咙中清除呕吐物，否则他可能由于吸入呕吐物而窒息。

如果在你帮助他打开气道后他仍没有呼吸，那么他就需要人工呼吸和医疗援助。你应当大声呼喊求助。如果你能迅速将伤者从水中移出，你应该这样做。如果需要等待几分钟才有办法将伤者移出，那你就在水中开始做人工呼吸。

保持伤者的气道开放，并轻轻捏住伤者的鼻子使鼻孔不漏气。用你的嘴巴罩住对方的嘴巴，吐气使他的肺部充满空气、胸部轻微向外扩张。当游到安全地带时，每隔 5 秒对伤者进行一次人工呼吸或每 10 秒进行两次人工呼吸。如果伤者的气道传来"咯咯"的声音，就说明气道中有水或呕吐物，你需要在继续进行人工呼吸前将伤者的身体翻转过来，使水或呕吐物流出。在水中进行人工呼吸的首选方法包括使用人工呼吸面罩，你可以将其装在浮力补偿器的口袋里。图 6.35 展示了使用人工呼吸面罩进行人工呼吸的场景。

你永远也无法在水中等到一个风平浪静的时刻，因此别费力气去尝试了。你没有办法在水中实施心肺复苏，因此你必须把伤者从水中移出，并转移到一个稳定的平面上。

疏散是潜水救生的最后一个要素。疏散程序包括事故防范、通信和交通工具的选择。提前计划好如何将受伤的潜水者转移到医疗机构，这属于基本的准备工作。

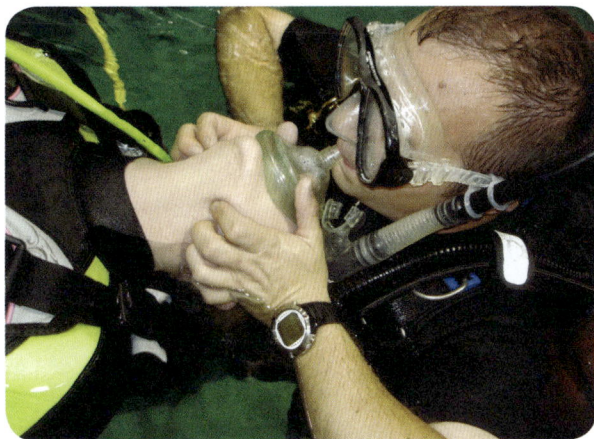

图 6.35

用人工呼吸面罩进行人工呼吸

急救

标准的急救课程不会教授一些潜水急救方面的知识。本小节涉及这些未提及的方面，你也可以在关于专业急救和供氧支持的课程中获得所需的额外学习和培训。

没有什么比确保基本的生命支持更重要的了：气道、呼吸和血液循环。下一个优先事项是对潜水中发生严重损伤导致休克的潜水者进行治疗。让受伤的潜水者侧躺下来呼吸，尽量维持他的体温（但避免体温过高）；如果他是有意识的，让他慢慢地小口喝水。如果你怀疑他有动脉气体栓塞、减压病，或者溺水，向他提供可以提供的氧气浓度最高的空气。如果潜水者已经失去意识或出现减压病症状，那么直到有医疗机构对他的症状进行诊治前，让他保持平躺。随时观察伤者。

你应该能够识别严重潜水疾病的症状和体征。以下症状和体征表明潜水者有受伤的状况出现，且需要氧气支持和医疗救助。

- 意识模糊
- 癫痫
- 意识丧失
- 恶心或呕吐
- 呼吸急促
- 突发、极端虚弱
- 麻木或发麻的感觉
- 没有能力做简单的运动
- 瘫痪
- 瞳孔不对称

潜水者在世界上的某些地方会碰到有毒的海洋动物，一些有毒的海洋动物会造成致命的伤口（见本书第五章）。这些伤口可能会引起潜水者疼痛、无力、恶心、休克、精神错乱、瘫痪、抽搐、抑郁、呼吸停止，甚至心搏骤停。幸运的是，这样的伤害是非常罕见的。

这些伤害一般是由穿刺或叮咬造成的。对穿刺中毒的急救包括清除所有的伤口异物，对受伤部位进行半小时的热敷，并保持受伤部位位于心脏的水平位置以下。所有受伤的人员都应该获得医疗救助。

对叮咬中毒的急救包括杀死接触皮肤的刺细胞，清除所有的残留物，清洗伤口区域，涂上缓解疼痛的止痛药膏，并寻求医疗救助。

在事故现场，你可能无法迅速回忆起适当的急救流程，因此，你应该随身携带关于潜水急救的书，以帮助你识别受伤状况和采取适当的急救措施；也强烈推荐你携带有关野外急救的书，因为潜水通常是在偏远地区进行的。

独自处理潜水事故

如果发生了严重的潜水事故，在没有监察人员负责的情况下，你需要尽力应对事故。你要主动寻求帮助，但不要让受重伤的潜水者处于无人看管的状态。

争取别人的帮助。尽力对受伤的潜水者进行身份和医疗状况等信息的识别。记下所发生的事情，包括个体的潜水侧面图、症状，潜水时间等。将这些信息固定在一个显眼的地方，并把它和受伤的潜水者一起送到医院。如果可能的话，尽量陪同受伤的潜水者去医院。

潜水人生，点滴智慧

习惯是重复的结果。如果你重复一个正确动作的次数足够多，你就会养成一个好习惯。此外，如果你重复一个不正确动作的次数足够多，你也会养成一个坏习惯。潜水者需要培养良好的潜水习惯来避免事故的发生，但有时他们不愿意花时间去培养这些好习惯。

我经常观察在特许船只和潜水地点准备潜水的潜水者。我注意到有些潜水者未充分检查他们的潜水装备，有些潜水者不能正确地计划他们的潜水，有些潜水者未能遵守本章所介绍的做法。他们通常知道该做什么，但是因为他们每次去潜水时都会漏掉许多步骤，所以他们习惯性地跳过了一些重要的流程。如果一名飞行员忽视了基本要求，不正确进行起飞前的检查，航行的安全性会如何呢？但当你不断重复这些行为直到变成习惯，你就会自然而然地做出这些行为。人们可以把复杂的过程变成简单的重复操作。我强烈建议你花一点儿时间来养成良好的潜水习惯。如果你这样做，我向你保证你受伤的概率会非常小。

总结

潜水技能的范围很广，包括从浮潜的简单流程到水肺潜水的复杂问题的处理技能等。你要保证从一开始就掌握正确的技能，不断练习，直到你可以轻松地运用这些技能，并且要不断复习以保持熟练。通过训练，你也可以为处理潜水中的紧急事故做好准备。

小丑鱼、海葵，红海，埃及

第七章

潜水计划

潜水大发现

经过本章的学习，你将能够做到以下事项。

1. 至少可以列出 9 个在潜水计划中需要考虑的因素。

2. 能够说出潜水的原因、参与人员、潜水地点、潜水时间、潜水流程和潜水计划的内容。

3. 可以解释潜水的现场计划流程。

4. 列出至少 5 种在水肺潜水时潜水地区考察和评估的方法。

5. 使用潜水表格来计划不要求减压的反复潜水。

6. 解释以下潜水计划的流程：水温寒冷或条件严酷的潜水，上浮速率变化的潜水，不同级别的潜水，省略减压，需减压后的下潜，潜水后返回高海拔区域，预防性减压时间超过最长潜水时间的潜水。

7. 定义残留氮、反复潜水、水面休息时间、减压停顿、反复潜水组别代号、安全停顿、总潜水时间、残留氮时间、实际潜水时间、免减压停顿时间限制、潜水侧面图、多级潜水侧面图、分步潜水、锯齿形潜水侧面图、尖峰潜水、紧急减压、应急计划、滚动。

8. 解释水肺潜水的应急计划。

9. 能够说出潜水计算器的优缺点。

首先你要学习潜水理论，其次是潜水技能，然后将所学的知识运用于实践。你的训练目标是在没有督导的情况下能够独立合格地潜水，当然也包括计划自己的水下旅行。

在本章中，你将了解潜水计划的所有阶段：事先计划、短期计划、潜水地点定点计划和潜水结束后的计划。你还将了解关于潜水区域的知识，以及如何做潜水配置计划。潜水计划是指安排你的潜水时间和潜水深度，以避免减压病。

海蛞蝓，圣克利门蒂岛，加利福尼亚州

一次精心策划的潜水可以给我们带来很多的乐趣和满足感，并减少受伤的风险。糟糕的潜水计划会导致失望，让你感觉尴尬和不适。在本章的最后，你会理解"给你的潜水制订计划，然后按计划潜水"的重要意义。

潜水计划的影响因素

许多因素都会影响你的潜水或潜水旅行计划。当你计划潜水游玩时，牢记以下内容。

健康和保持健身非常重要。服药期间或手术后不久，很可能不符合潜水的条件。如果你的健康有异样，可以咨询潜水医师。若是对自己的身体状况有任何的疑问，在你完全恢复健康前应避免潜水。如果容易患晕动病，要提前采取措施。

气候是影响潜水计划的一个重要因素。如果你去离居住地很近的地方潜水，那制订一个潜水计划会比制订一个去数英里（1英里约等于1.6千米）之外的地方的潜水计划简单得多。气候的差异通常意味着潜水状况的极大差异，也意味着你对潜水装备需求的差异。

离潜水目的地的远近也会影响你的潜水计划。如果经过长途跋涉后到达目的地，请在潜水之前休息一天，让自己从奔波劳累中恢复过来。同样，经过一天的反复潜水之后，也要在登上回家的飞机前好好休息一天。

天气状况会显著影响潜水条件。风暴和天气的突然变化会让潜水变得危险。提前看一下天气预报，如果预报有恶劣天气，请重新计划你的潜水。你应知道预期的风速、空气温度和海水状况。

季节的变换会影响水流运动、水下能见度、空气和水温、潜水进入和返回的区域，以及特定种类的动物的出现。你应该知道在一年的不同时间内同一潜水地点预期的变化和内容。它有助于你了解水下能见度、水温、潮汐、潮浪、汹涌、洋流、海底构成、泥沙条件、植物和动物等。

你需要调整好身心以适应潜水。适应潜水意味着：

充分的休息；

充足的营养供给；

适合环境和活动需求的体力和耐力；

胜任潜水活动；

无须担忧你的潜水计划；

不是被迫去做一件你未准备好去做的事情；

别让骄傲自大影响你的判断力。

你的潜水目标也会影响你的潜水计划。不同的潜水活动需要不同的计划和不同的装备。水下摄影的潜水计划和游戏性的潜水计划是不相同的。

你必须了解和遵守当地的法律、法规及海关的有关规定。一些地区的法律要求潜水者使

尊重你周围的环境，并且在计划潜水时充分考虑到岸上的其他游客

207

用潜水旗。你还应遵守渔猎的有关规定。一些潜水专家不鼓励带走潜水区域内的任何生物。你需要知道你被期待的是什么行为。提前了解这些期待，可以帮助你避免在潜水地点遭遇牢狱之灾。

入乡随俗非常重要。清晨的潜水活动会冒犯潜水地点附近的居民吗？将车辆停于某处会惹怒其他人吗？你应当将潜水地点附近的居民，包括附近的捕鱼者都列入考虑范围之内。要考虑到噪声、更换衣物和进入潜水点给他们带来的影响。尽可能让你的潜水计划不打扰别人。

事先计划和准备

潜水计划的第一阶段是决定潜水的目标、潜伴、地点、时间、方式和内容。

为什么潜水？——确定潜水的目标。你潜水要做什么？拍照、探索，还是寻找文物？

和谁一起潜水？——确定你想一同潜水的人。选择一个对你的潜水目标感兴趣的潜伴。

去哪里潜水？——确定一个主要的潜水点和一个备选潜水点。

什么时间潜水？——确定潜水的最佳时间。大部分地区的海水状况通常是早晨比下午更为平静。潮流和海拔可能影响潜水的最佳时间。

如何开展潜水？——确定如何到达潜水地点。谁来开船？方向是什么？

潜水的准备和安排有哪些？——确定潜水所需的装备。谁来携带救生装备和潜水旗？你需要多少罐空气？目标活动还有什么特殊需要吗？

事先准备包括：

预订；

支付订金；

购买或租用装备；

检验或维修装备；

给潜水气瓶充气；

获得钓鱼执照或许可证；

购买摄影胶片；

获取紧急联系信息。

你的事先准备工作通常还包括去当地潜水机构的行程。在出发之前检查你的装备。你可能会发现需要花一些时间来完成某一装备的维修，因此要尽早对你的装备进行检查。

短期计划和准备

在你去潜水前的最后一个白天或晚上，你需要采取 3 项行动。首先，你应该看看天气预报和目前的海水状况，以便确认这些条件是否适合你的潜水活动。打电话给你的潜伴，讨论并确认你们的潜水计划。最后时刻的审视（如决定去备选潜水点）也是需要的。如果你预测潜水条件或天气条件恶劣，就需要重新安排这次潜水时间。短期计划的第二步是打包你的潜水装备和个人物品（装备清单见本书第四章）。短期计划的第三步是写下你的潜水计划和时间表，并把这些信息留给一个朋友，告诉你的朋友如果你未在预定时间返回，如何联系有关机构。

现场计划和准备

当你和你的潜伴到达潜水地点时，你必须确定潜水地点的状况是否适合潜水。如果其条件不适合，就改去预先选好的备选潜水点。如果备选潜水点的条件也不适合，那就放弃这次潜水。

潜水地点评估的重要一步是对水流的估计。从水流的运动中寻找蛛丝马迹，例如锚绳周围或在下锚的船上的海藻，或水表面漂流的物体。通过测量一个浮动的物体移动已知距离（如你的船的长度）所需的时间来确定水流的速度。当一个物体一分钟移动 100 英尺（约 30.5 米）时，它的速度大约是 1 节（约每小时 1.15 英里或 1.85 千米）。当水流的速度超过 1/3 节（约每小时 0.4 英里或 0.6 千米）

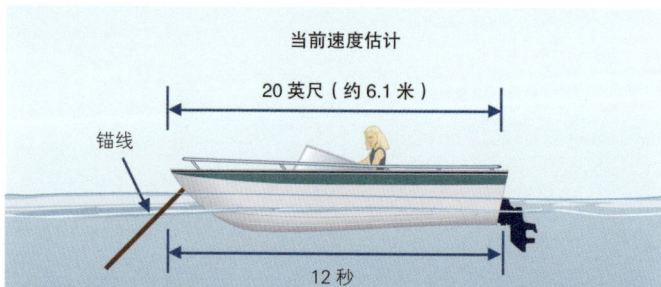

当前速度估计

20 英尺（约 6.1 米）

锚线

12 秒

测量一个浮动的物体漂流 100 英尺（约 30.5 米）需要多长时间。如果一个物体在 12 秒内漂流 20 英尺（约 6.1 米），那么它每分钟的漂流距离为 100 英尺（约 30.5 米）。

流速表
（漂流 100 英尺或约 30.5 米的时间）

时间 （秒）	速度 （节）	时间 （秒）	速度 （节）
5	12.0	95	0.62
10	6.0	100	0.59
20	3.0	110	0.54
30	2.0	120	0.49
40	1.5	130	0.46
50	1.2	140	0.42
60	1.0	150	0.39
70	0.84	160	0.37
80	0.74	170	0.35
90	0.66	180	0.33

注：1 节等于每小时 1.852 千米。

图 7.1

你可以根据一个浮动的物体移动你的船的长度所需的时间来估计水流的速度

时，这必须引起你的注意，因为你游泳的速度只能达到 3/4 节（约每小时 0.9 英里或 1.4 千米）。提前制订潜水计划，以便在潜水结束时可以顺流游到你的返航地点。图 7.1 提供了一张可以帮助你估计流速的表。

如果潜水条件良好，你应该当即确定潜水区域。选择潜水进入和返回区域，并讨论往返的流程。在潜水期间应牢记下述内容：约定的时间、最低气压、针对方向变化而确定的地标。你和你的潜伴应该预先约定好你在潜水期间任何时间所对应的位置。

潜水计划的一个重要组成部分是潜伴合作的流程，应经过双方充分讨论并最终取得一致意见。你们应当确定谁对整个团队负责，你也应当知晓自身的位置，以及明确你将如何移动（稳定或开始、停止），走散后按什么步骤会合。切记在陆地上沟通比在水下沟通容易得多，因此在潜水准备期间应充分利用这个优势进行沟通和协调。

从应对突发事件的角度重新检查你的潜水计划。在共气的流程上与潜伴达成一致意见。与潜伴讨论在严重的潜水危机发生时应该怎么做。知道在哪里、如何和向谁打电话求助。确保在需要时有一个急救包和其他应急装备供你使用。在潜水危机发生前花几分钟时间协调流程，可以在危机发生时节省宝贵的时间。

210

潜水活动要求制订潜水配置计划。你和你的朋友需要在最长潜水时间和潜水的最大深度上达成一致。为了避免减压病，你必须限制潜水的时间和深度。我们将在本章的后面讨论潜水配置计划。

对潜水区域的考察和评估

如果你想成为一名合格的潜水者，熟悉和了解潜水区域是至关重要的，你需要掌握潜水区域的有关信息。对潜水区域的考察和评估可以是正式也可以是非正式的。正式的方式由专业的潜水专家提供。他会告诉你在一个潜水区域探索的对象、可能的风险，并在潜水中为你提供引导。专业的潜水指南提供各种建议并指出在该区域潜水的有趣之处和潜在的危险。当你已经完成了对一个潜水区域的正式考察与评估，请专家在你的日志上签名和盖章。对于新潜水区域进行正式的考察和评估是继续潜水课程教育培训的一种极好的形式。

对潜水区域进行正式的考察和评估是最理想的，但是如果你不能安排一个潜水专家为你介绍这个新的潜水区域，可以考虑以下部分或全部的选项来准备对潜水区域进行非正式的考察与评估。

阅读关于此潜水区域的图书、文章和宣传册。你在去那里之前要尽可能多地了解它。

写信给你计划潜水区域的潜水专业商店，询问你是否可以参加一个适应此潜水区域的潜水课程。

写信给你计划潜水区域的同一地区的潜水俱乐部，询问如果你

潜水人生，点滴智慧

回顾多年的潜水事故报告，我发现事故和伤害发生的常见原因是未充分制订潜水计划或者潜水时未充分执行潜水计划。潜水数十年，让我已经能够避免严重的伤害。然而，我也有一些不好的经历。这些经历都发生在我未充分做好潜水计划时，我没有完成第一次的训练活动而尝试进行潜水时，或者我对于新的潜水地点没有足够的认识时。

有一次，一个热爱潜水的朋友和我在开曼群岛进行拍摄。有一天工作结束的时候，我们去当地的潜水胜地浮潜。我们游过大堡礁的缝隙，用了一小时欣赏这个区域丰富多彩的动物。我们没有对返回的流程进行计划。我建议直接游过大堡礁返回，我的朋友同意了。波浪被人堡礁拦截后更猛烈了，但幸好我熟悉波浪的运动。波浪比预期的更为猛烈，我在大浪打来时设法抓住珊瑚来避免伤害。我的朋友不知道如何应对，结果被珊瑚严重划伤。他受伤的原因是潜水计划的缺失。如果我们在潜水前讨论过返回的流程，他的痛苦遭遇是可以避免的。即使是一个简单的浮潜也需要潜水计划。潜水的最佳规则之一是永远为你的潜水制订计划，然后按你的计划去潜水。

去当地是否可以参加该俱乐部主办的潜水活动。获取几个经常潜水并可能允许你和他们一起潜水的俱乐部成员的联系方式。

当你到达一个新的潜水区域时，找到当地的潜水地点，趁其他潜水者在那里时去拜访他们。可以在潜水者准备入水时或出水后询问关于潜水区域的问题。如果你的潜水装备已经准备好，你可以和他们一同潜水。当然，首先要确保他们有在当地潜水的经验。

在潜水的包船上购买一个位置。当你登上船时，告诉工作人员你对这片潜水区域没有经验，咨询关于潜水过程的建议，并要求介绍一位可以提供更多信息的经验丰富的潜水者。

与当地潜水者一起潜水时，要让他们先行。听从他们的指令并遵循他们的流程，流程会因为潜水区域不同而有差异。你在之前的潜水区域使用的流程，在另一个不同的潜水区域可能是不恰当的。例如在正常的潜水环境中，你可以从一艘船直接入水而无须抓住绳子，但是如果你在一个不同的潜水区域试图这样做，你可能会马上被洋流冲走。保持谦虚，倾听别人的意见，接受别人的建议，以避免陷入危险。

潜水配置计划

你在不同深度停留的时间是有极限的。你的身体吸收的氮气量决定了这些极限。你需要留心残留氮（在过去 12 小时内由于潜水残留在你身体内的氮）的影响。不论你是否准备再一次或多次潜水，你的身体排出这些氮是需要时间的。如果你在多余的氮没有充足的时间排出之前再次潜水，增加的氮仍残留在你的身体里，你会比没有吸收残留氮时更快地达到临界氮水平。在前一次潜水后的 6 ～ 24 小时内（取决于潜水计划）的任何潜水都是反复潜水。图 7.2 显示了反复潜水造成的体内残留氮的含量是如何剧增的。停下来休息——预防性减压停顿可以阻止氮含量继续上升，降低减压病出现的风险。

减压专家使用复杂的数学计算和现场测试建立了单次和反复潜水到不同的深度时的时间范围。这些时间范围以表格的形式呈现，并被编入潜水计算器和潜水计算机的程序内。你需要知道如何使用这些潜水计划设备来规划你的潜水，这样就可以减小你患减压病的风险。

没有任何潜水计划设备可以保证你不会患减压病。潜水减压表、潜水计算器和潜水计算机提供基于统计要求并通过测试检验的信息。如果一个潜水者严格遵守潜水计划设备中分布的时间范围，那么这位潜水者患减压病的统计学概率会很小。这一切基于如下假设：你的身体健康状况良好，在潜水时不会着凉感冒，保持不施加极限力，始终以正确的速度在水中上浮。

如果你潜水的时间达到了任何潜水计划设备中说明的最长时间，你就增加了自己患减压病的概率。要减小你身体承受的压力，以减小自己患减压病的可能性。

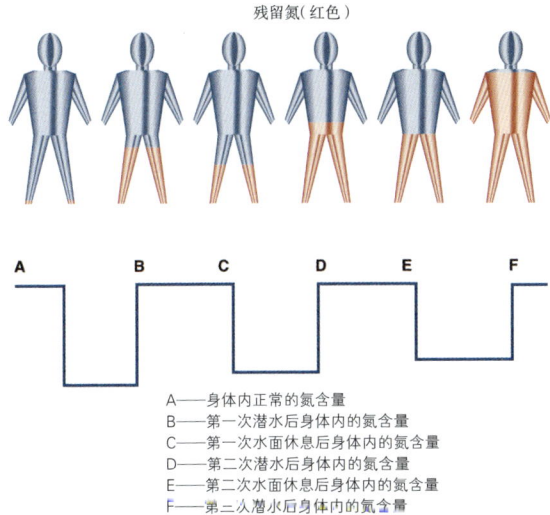

残留氮（红色）

A——身体内正常的氮含量
B——第一次潜水后身体内的氮含量
C——第一次水面休息后身体内的氮含量
D——第二次潜水后身体内的氮含量
E——第二次水面休息后身体内的氮含量
F——第三入潜水后身体内的氮含量

图 7.2

如果你在身体内的残留氮没有排出之前反复潜水，氮会继续积累

潜水减压表

大约在 50 年前，美国海军制作了应用于潜水计划的潜水减压表。休闲潜水团体借鉴了这些军事用表，并对其进行了修改，成功应用于休闲潜水很多年。然而这些潜水减压表的设计初衷是为了军事应用而不是休闲潜水，因此许多潜水减压专家仍然认为应该将美国海军的潜水减压表中潜水的最长时间缩短，才更适合应用于休闲潜水。本章介绍的潜水减压表是根据美国海军开发的新多普勒测试潜水减压表整理出来的。

美国海军的潜水减压表使用的"半衰期"为 5 分钟、10 分钟、20 分钟、40 分钟、80 分钟、120 分钟。在 120 分钟（2 小时）内的氮残余量决定了表格中以字母代表的反复潜水组别代号。因为排气需要 6 个"半衰期"的时间，所以美国海军的潜水减压表将在上一次潜水之后 12 小时（6×2 小时）内的任何一次潜水都定义为"反复潜水"。

这套潜水表包含 4 个分潜水表。

·总潜水时间表（total bottom timetable）

·水面休息时间表（surface interval timetable）

·残留氮时间表（residual nitrogen timetable）

·减压时间表（decompression timetable）

潜水计划表的调整

潜水组织和设备制造商已经调整了潜水减压表，使它们更适合休闲潜水。下面列举了本章引用的标准潜水减压表和调整版潜水减压表的典型区别。

缩小了时间范围——如今潜水计划中包含的最长潜水时间比美国海军潜水减压表中的免减压停顿潜水的临界值缩小了很多。

缩小了深度范围——美国海军提供的潜水计划中，潜水深度可达190 英尺（约 57.9 米），而休闲潜水推荐的最大深度是 100 英尺（约30.5 米）。初级潜水者应该将潜水深度限制在 60 英尺（约 18.3 米）内。中级潜水者可以潜到大约 100 英尺（约 30.5 米）。完成深潜专业课程学习的潜水者可以潜到 130 英尺（约 39.6 米）。专业的潜水者甚至可以潜到更大的深度。水中的深度类似于陆地上的速度。当你获得驾照，你才可以在法律规定的速度范围内开车。深潜［超过 100 英尺（约 30.5 米）］在许多方面类似于驾驶赛车。深潜是一项专业的活动，没有相应资格的休闲潜水者不应该尝试。

修改水面休息时间——1983 年，美国海军的一份研究报告公布了水面休息时间表中的一些错误数据。这些错误数据通常不会对休闲潜水造成影响，但有一些调整版潜水减压表中也包含了这些更改。

结合其他信息——调整版潜水减压表经常结合一些其他信息，使其更易于使用，如包含适用于反复潜水的总潜水时间（TBT）及残留氮时间（RNT）。表格中包括需要减压的信息，从而无须设立一个单独的减压时间表。你可以在本书第215 页和第216 页中看到这种综合潜水减压表的示例。

潜水之前阅读

国际水肺潜水教练空气潜水减压表是为了增加潜水者的安全系数、协助制订潜水计划而制作的表格。空气潜水减压表仅限受过专业训练的人员使用。国际水肺潜水教练空气潜水减压表提供了一个保守的安全边界，来帮助避免减压病。这些空气潜水减压表的使用不能保证消除患减压病的必然性和减轻其程度。为了从这些表格中获取最大的保守边界，潜水者必须根据免减压停顿时间限制仔细计划自己的潜水，并且在上浮时有适当的安全停顿，速度不超过30英尺（约9.1米）每分钟。严禁超过免减压停顿时间限制的范围。严禁潜水超过100英尺（约30.5米）的深度。严禁在不根据海拔变化进行调整的情况下，使用这些表格进行高海拔潜水。潜水者的身体健康状况和准备情景、环境条件、上浮速度和许多其他情况或条件，决定了患减压病的可能性。

从此处开始

表 A — 总潜水时间表（分钟）

深度 米	英尺	免减压停顿时间限制	A	B	C	D	E	F	G	H	I	J	K	L	M
3	10										57	101	158	245	426
4.6	15							36	60	88	121	163	217	297	449
6.1	20				26	43	61	82	106	133	165	205	256	330	461
7.6	25	354	20	33	47	62	78	97	117	140	166	198	236	285	354
9.1	30	223	17	27	38	50	62	76	91	107	125	145	167	193	223
10.7	35	168	14	23	32	42	52	63	74	87	100	115	131	148	168
12.2	40	135	12	21	27	36	44	53	63	73	84	95	108	121	135
13.7	45	102	11	17	24	31	39	46	55	64	72	82	92	102	
15.2	50	80	9	15	21	28	34	41	48	56	63	71	80		
16.8	55	63	8	14	19	25	31	37	43	50	56	63			
18.3	60	51	7	12	17	22	28	33	39	45	51				
21.3	70	42	6	10	14	19	23	28	32	37	42				
24.4	80	32	5	9	13	17	20	24	28	32					
27.4	90	24	4	7	11	14	17	21	24						
30.5	100	18	3	7	12	15	18								
33.5	110	16	3		11	14	16								
36.6	120	10	3	5	7	10									
39.6	130	6	2	4	6										

反复潜水组别代号 → A B C D E F G H I J K L M

反复潜水的深度（英尺/米）

表 C — 残留氮时间表（分钟）

35 (11)	40 (12)	45 (14)	50 (15)	55 (17)	60 (18)	70 (21)	80 (24)	90 (27)	100 (30)	110 (33)	120 (36)	130 (39)	
15/153	13/122	12/90	11/69	10/53	9/42	8/34	7/25	6/18	5/13	5/11	5/5	4/2	←A-
24/144	21/114	18/84	17/63	16/48	14/37	12/30	11/21	9/15	8/10	8/6	7/3	6	←B-
33/135	29/106	25/77	23/57	21/43	19/32	16/26	14/18	12/12	10/9	10/1		6	←C-
43/125	37/98	32/70	29/51	26/37	24/22	20/16	18/14	16/4	14/3	13	12	11	←D-
53/115	45/90	40/62	35/45	32/31	28/22	25/17	22/10	19/2	17	16	14	13	←E-
64/104	55/80	48/54	42/38	38/25	35/16	29/13	25/8	22/2	20	18	14	13	←F-
75/93	64/71	56/46	49/31	44/18	40/8	34/3	29	26	21	18			←G-
88/80	74/61	64/38	57/23	51/12	45/5	33	30	26					←H-
101/67	85/50	73/29	65/15	58/5	52	44	38	33	30	27			←I-
116/52	97/38	83/21	73/7	65	57	49	42	34	30	27			←J-
132/36	109/26	93/13	81	72	65	54	46	41	36	33	30	27	←K-
149/19	122/13	104	90	81	72	62	55	46	41	36	33	30	←L-
169	136	115	99	88	80	69	55	50	44	39	35	32	←M-

提示：对于深度小于35英尺（约10.7米）的反复潜水，使用35英尺（约10.7米）的对应数据。

37 / 98
残留氮的消耗时间（以分钟计算），与实际潜水时间相加可得潜水总时间
计算出来的实际潜水时间的最大值。如果超过了这个数字，就需要进行停顿减压

表 B — 水面休息时间表（精确到分钟）

新的反复潜水的组别

	A	B	C	D	E	F	G	H	I	J	K	L	M
←A-	2:20 / 0:10	3:36 / 1:17	4:31 / 2:12	5:23 / 3:04	6:15 / 3:56	7:08 / 4:49	8:00 / 5:41	8:52 / 6:33	9:44 / 7:25	10:36 / 8:17	11:29 / 9:10	12:21 / 10:02	13:13 / 10:54
←B-		1:16 / 0:10	2:11 / 0:56	3:03 / 1:48	3:55 / 2:40	4:48 / 3:32	5:40 / 4:24	6:32 / 5:16	7:24 / 6:08	8:16 / 7:00	9:09 / 7:53	10:01 / 8:45	10:53 / 9:38
←C-			0:55 / 0:10	1:47 / 0:53	2:39 / 1:45	3:31 / 2:38	4:23 / 3:30	5:16 / 4:24	6:08 / 5:16	7:00 / 6:07	7:52 / 6:59	8:44 / 7:51	9:36 / 8:43
←D-				0:52 / 0:10	1:44 / 0:53	2:37 / 1:45	3:29 / 2:38	4:21 / 3:30	5:13 / 4:22	6:06 / 5:14	6:58 / 6:07	7:50 / 6:59	8:42 / 7:51
←E-					0:52 / 0:10	1:44 / 0:53	2:37 / 1:45	3:29 / 2:38	4:21 / 3:30	5:13 / 4:22	6:06 / 5:14	6:58 / 6:07	7:50 / 6:59
←F-						0:52 / 0:10	1:44 / 0:53	2:37 / 1:45	3:29 / 2:38	4:21 / 3:30	5:13 / 4:22	6:06 / 5:14	6:58 / 6:07
←G-							0:52 / 0:10	1:44 / 0:53	2:37 / 1:45	3:29 / 2:38	4:21 / 3:30	5:13 / 4:22	6:06 / 5:14
←H-								0:52 / 0:10	1:44 / 0:53	2:37 / 1:45	3:29 / 2:38	4:21 / 3:30	5:13 / 4:22
←I-									0:52 / 0:10	1:44 / 0:53	2:37 / 1:45	3:29 / 2:38	4:21 / 3:30
←J-										0:52 / 0:10	1:44 / 0:53	2:37 / 1:45	3:29 / 2:38
←K-											0:52 / 0:10	1:44 / 0:53	2:37 / 1:45
←L-												0:52 / 0:10	1:44 / 0:53
←M-													0:52 / 0:10

0:52 此次休息的最长时间
0:10 此次休息的最短时间

反复潜水侧面图

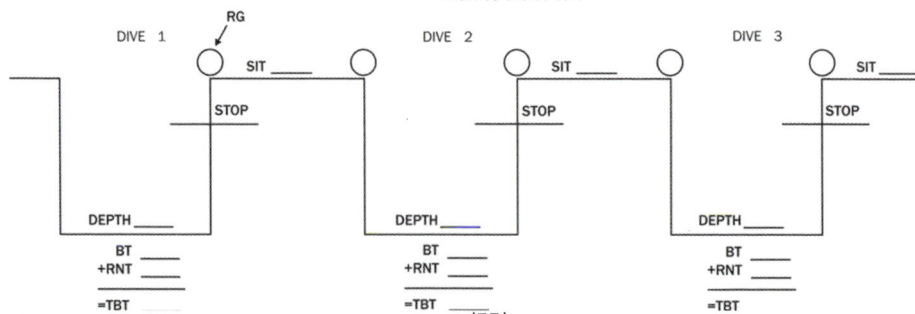

定义

潜水时间（BT） 从潜水者离开水面开始下潜时开始计时，到潜水者安全停顿或回到水面时计时停止，以分钟为单位（不足一分钟按一分钟计）。在反复潜水时，这也是实际潜水时间（ABT）。

潜水深度（DEPTH） 使用英尺或米计量潜水中达到的最大深度。当深度超出使用表格所列的范围，使用深度数值更大的下一个可用的表格作为依据。

免减压停顿时间限制 一名潜水者在不做减压停顿的前提下可以在水下某一深度停留的最长时间。表 A 列出了所有深度的这个数据。反复潜水、残留氮时间（RNT）必须被算到潜水时间（BT）里，并且总潜水时间（TBT）不得超过免减压停顿时间限制。

反复潜水 当前一次潜水的水面休息时间最小值为 10 分钟时，任何潜水都要在水面休息时间表（表 B）指定的时间范围内进行。如果反复潜水的深度小于 35 英尺（约 10.7 米），可以使用残留氮时间（表 C）的值来计算总潜水时间（TBT）。

反复潜水组别代号（RG） 以英文字母代表潜水者身体内的残留氮量，与水面休息时间表中指定的时间对应。

残留氮时间（RNT） 位于表 C。就反复潜水而言，无论潜水的时间长短如何，都必须把残留氮时间算到潜水时间（BT）里，以计算总潜水时间（TBT）。这个值表示仍残留在潜水者身体内的之前潜水吸收的氮。

安全停顿 建议在所有潜水活动中，在上浮到 15～25 英尺（约 4.6～7.6 米）的深度时，进行安全停顿 3 分钟。

水面休息时间（SIT） 位于表 B。从潜水者结束潜水回到水面时开始计时，到潜水者开始入水进行下一次潜水时停止计时。其间在水面停留的休息时间必须达到 10 分钟以上。

总潜水时间（TBT） 通过潜水时间（BT）加上残留氮时间（RNT）计算得出。如果潜水深度超出了当前表的规定范围，使用下一组数值更大的表格作为依据。

规则

上浮速度 潜水者在水中应该以每分钟 30 英尺（约 9.1 米）或者更慢的速度上浮。

潜水深度小于 25 英尺（约 7.6 米） 当潜水深度小于 25 英尺（约 7.6 米）时，并没有特定的免减压停顿时间限制。然而，如果反复潜水深度小于 25 英尺（约 7.6 米），则必须按 35 英尺（约 10.7 米）来计算残留氮时间（RNT），参见表 C。

超过了免减压停顿时间限制 如果潜水者失误并且水下停留时间超过了免减压停顿时间限制（参见表 A），潜水者必须根据减压停顿表（参见表 D），通过减压停顿来结束潜水。一旦回到水面，这些潜水者至少在 12 小时内严禁乘坐飞机。

潜水后飞行 飞行时，在水面以上休息的时间越长，出现减压病的概率越小。在飞机上升海拔达到加压飞行的高度［或地面海拔 1000 英尺（304.8 米）的高度］前，潜水者至少应有 12 小时的水面以上休息时间。计划在几天内数次潜水或用潜水计算机辅助潜水的潜水者，应该采取额外的预防措施，水面以上休息时间应大于 12 小时。如果进行了需要减压停顿的潜水，那么潜水者在进行飞行或在飞机上升到一定海拔前，至少需要 24 小时的水面以上休息时间。

高海拔潜水 没有计算高度调整的话，这些空气潜水减压表不适用于在海拔超过 1000 英尺（304.8 米）的高度进行的潜水。

潜水的顺序 反复潜水时应该保证每次潜水的深度等于或浅于之前潜水的深度。

运动潜水的最大深度 运动潜水者的潜水深度不应超过 100 英尺（约 30.5 米）。

运动潜水的时间限制 在任何潜水中，总潜水时间（TBT）不应超过免减压停顿时间限制。需要强制进行减压停顿的潜水不应列入计划之中。

表 D
减压时间表

深度英尺米*	潜水时间（分钟）	第一次停顿时间（分钟：秒）	20英尺处减压停顿时长（分钟）	合计时间（分钟：秒）	反复潜水组别	深度英尺米*	潜水时间（分钟）	第一次停顿时间（分钟：秒）	20英尺处减压停顿时长（分钟）	合计时间（分钟：秒）	反复潜水组别
40 12.2	135		0		M	**90** 27.4	24		0		G
	150	0:40	6	7:20	O		30	2:20	4	7:00	J
	160	0:40	14	15:20	Z		35	2:20	14	17:00	L
	170	0:40	21	22:20	Z		40	2:20	23	26:00	M
	180	0:40	27	28:20	Z		45	2:20	31	34:00	N
50 15.2	80		0		K	**100** 30.5	18		0		F
	90	1:00	2	3:40	M		25	2:40	6	6:20	J
	95	1:00	4	5:40	N		30	2:40	15	18:20	L
	100	1:00	8	9:40	O		35	2:40	26	29:20	M
	110	1:00	21	22:40	O		40	2:40	36	39:20	N
60 18.3	51		0		I	**110** 33.5	16		0		F
	60	1:20	2	4:00	L		20	3:00	3	6:40	I
	65	1:20	7	9:00	L		25	3:00	14	17:40	K
	70	1:20	14	16:00	N		30	3:00	27	30:40	M
	80	1:20	23	25:00	O		35	3:00	39	42:40	N
70 21.3	42		0		I	**120** 36.6	10		0		D
	50	1:40	9	11:20	L		15	3:20	2	6:00	H
	55	1:40	14	16:20	M		20	3:20	8	12:00	J
	60	1:40	24	26:20	N		25	3:20	24	28:00	L
	70	1:40	44	46:20	O		30	3:20	38	42:00	N
80 24.4	32		0		H	**130** 39.6	6		0		C
	35	2:00	1	3:40	J		10	3:40	1	5:20	G
	40	2:00	10	12:40	K		15	3:40	4	8:20	I
	45	2:00	17	19:40	M		20	3:20	17	21:20	K
	50	2:00	24	26:40	M		25	3:20	34	38:20	N

潜水减压表

✓ 实际潜水时间（ABT）——从潜水者离开水面进行下潜时开始计时，到潜水者开始休息停顿或回到水面时停止计时，这段时间称为实际潜水时间，以分钟为单位（不足一分钟按一分钟计）。

✓ 免减压停顿时间限制（NDSL）——潜水者可以待在一个指定的深度（参见表 A）的最长时间。反复潜水时，表 C 里对应的残留氮时间（RNT）加上实际潜水时间（ABT）可计算出总潜水时间（TBT），而且总潜水时间也不得超过表 A 中指定的免减压停顿时间限制。同时，表 C 针对不同的深度和不同的反复潜水组合，分别列出了它们的实际潜水时间（ABT），以防止出现总潜水时间超过免减压停顿时间限制的情况。

✓ 反复潜水——距离前一次潜水结束不足 12 小时且至少有 10 分钟水面休息时间的潜水。对于潜水深度小于 40 英尺（约 12.2 米）的潜水，使用表 C 中 40 英尺（约 12.2 米）的对应值来确定总潜水时间（TBT）。

✓ 反复潜水组别代号（RGD 或 RG）——用某个字母表示潜水者潜水后 12 小时内身体内残留氮的量。

✓ 残留氮时间（RNT）——在反复潜水中，这个数据加上实际潜水时间（ABT）可确定总潜水时间（TBT），该数据以分钟为单位。残留氮时间抵偿了潜水者在上一次潜水中残留在身体内的氮排出的时间。

✓ 水面休息时间（SIT）——从潜水者结束潜水回到水面时开始计时，到潜水者进入水面下开始下一次潜水时停止计时（不足一分钟的按一分钟计），这段时间称为水面休息时间。最短的水面休息时间为 10 分钟。

✓ 总潜水时间（TBT）——实际潜水时间（ABT）和残留氮时间（RNT）的总和。如果表里没有列出某个深度对应的具体时间，就用下一个最长的可用时间作为这个深度的对应数据。

潜水减压表的使用

在本小节中，我们将仔细研究潜水减压表中的某些要素，包括第 215 页和第 216 页展示的这些潜水表格。

表 A 提供了免减压停顿时间限制（NDSL），也就是在免减压停顿的条件下，潜水者可以在不同的深度停留的最长时间。表 A 还为各种潜水侧面图提供了一个字母代号，这个字母代号表明在你的身体内的残留氮量。

表 B 为水面休息时间表,将不同的水面休息时间(SIT)用不同的字母来表示。当你第一次进行水面休息时,会拿到一个对应组别的代表字母;当你排出氮气时,可以获得表中更低位置上的代表字母。

表 C 为残留氮时间表,基于之前一次或多次潜水中身体内残留氮量,提供调整后(减少后)的免减压停顿时间限制。表 C 还将你身体内残留氮量通过一定的计算方式转化为在不同深度所停留的时间;残留氮时间加上实际潜水时间可以计算出反复潜水的总潜水时间。

表 D 为减压时间表,提供当总潜水时间(实际潜水时间加上残留氮时间)超过最大免减压停顿时间时,必须进行的减压停顿的时间长度。

现在,你已经准备好学习如何使用空气潜水减压表来制订潜水计划了。用表 A 来确定潜水中的最大免减压停顿时间。这是你在潜水中达到最大深度时可以停留的最长时间。如果你的总潜水时间超过最大免减压停顿时间,你必须使用表 D(这将在稍后讨论)来完成强制性减压。你的目标是避免超过免减压停顿时间限制。

水平为行,垂直为列,在表 A 里找到你计划潜水的最大深度;移到该行的最后,找到对应的 NDSL。潜水之后,对应同一行,找到第一个超过你实际潜水时间的数值(以分钟为单位),沿着该数字所在列向下,找到你此次潜水的代表字母(从 A 到 M)。例如,在 50 英尺(约 15.2 米)处潜水 30 分钟,会被分配到 E 组。记住,无论是潜水深度,还是潜水时间,只要超过了表中所列出的数字,都要使用下一个更大的数字来进行估算。

接下来,使用表 B 来决定你所进行的反复潜水的代表字母。代表字母取决于你下次潜水前在水面的休息时间。水面休息时间越长,你的代表字母就越靠前。

在表 B 中找到你在表 A 里所获得的代表字母,沿该列向下移动,直到找到你的水面休息时间所在的那个时间范围(格式显示为"小时:分钟",例如"1:26"是 1 小时 26 分钟)。记住,只要你超过(哪怕一点点)表上所列的数值范围,就必须采用表里的下一个更大范围(而不是最接近的范围)来进行评估,然后在时间范围的一行移动到最左边，找到对应的代表字母，这个代表字母就是你的反复潜水组别代号。例如，根据表 A 得出的你的组别为 E，你在水面的休息时间为 2 小时，那么对应的代表字母就是 C，因为采用的休息时间范围应为 1 小时 45 分钟到 2 小时 39 分钟。

使用表格 C 来确定你调整后的反复潜水的最大免减压停顿时间，以及你计划的潜水深度处残留氮时间（这个时间必须被计算到你的实际潜水时间中）。例如，如果你之前潜水的反复潜水组别代号为 C，你计划的下一个潜水深度是 50 英尺（约 15.2 米），那么你的实际潜水时间（潜水深度越深，潜水时间的数值越小）不得超过 57 分钟。此外，不同深度（在深度列坐标上，随深度增加坐标上的位置上升）的残留氮时间必须被计算到你的实际潜水时间中。如果你在 50 英尺（约 15.2 米）处潜水时间为 40 分钟，反复潜水组别代号为 C，

表 A 总潜水时间表（分钟）

表 B 水面休息时间表（精确到分钟）

将 23 分钟的残留氮时间算到你的总潜水时间（TBT）中，总计为 63 分钟。

结束一次反复潜水后，重新在表 A 中通过你的总潜水时间获得一个新的反复潜水的代表字母。例如，开始时你的反复潜水组别代号为 C，在深度为 50 英尺（约 15.2 米）处潜水 40 分钟，计算出总潜水时间为 63 分钟。根据表 A，50 英尺（约 15.2 米）的潜水深度和 63 分钟的总潜水时间会将你的下一次反复潜水代码规定为 I。

只有当出现你在某一深度超过免减压停顿时间限制的紧急情况时，才使用表 D。你一定要尽力避免需要进行强制性减压的潜水活动。如果你无意中发现自己的总潜水时间超过免减压停顿时间限制，

219

表 C

残留氮时间表（分钟）

反复潜水的深度（英尺/米）

35/11	40/12	45/14	50/15	55/17	60/18	70/21	80/24	90/27	100/30	110/33	120/36	130/39	
15/153	13/122	12/90	11/69	10/53	9/42	8/34	7/25	7/18	6/13	5/11	5/5	4/2	◄A—
24/144	21/114	18/84	17/63	15/48	14/37	12/30	10/22	9/15	8/10	8/7	7/6	6	◄B—
33/135	29/106	25/77	23/57	20/43	19/32	16/26	14/18	12/12	11/7	10/6	9/1		◄C—
43/125	37/98	32/70	29/51	25/37	22/27	19/22	16/14	16/4	14/3	13			◄D—
53/115	45/90	40/62	35/45	32/31	29/22	25/17	22/10	19/5	17	16	14	13	◄E—
64/104	55/80	48/54	42/38	38/25	35/16	29/13	25/7	22/2	20	17	15		◄F—
75/93	64/71	56/46	49/31	44/19	40/11	34/8	29	26	21	19	18		◄G—
88/80	74/61	67/38	58/23	51/12	47/5	39/33	33	29	25	22			◄H—
101/67	85/50	79/29	69/15	58/5	53	44	38	33	30	22			◄I—
116/52	97/38	83/19	73/7	65	58	49	42	37	33	30	22		◄J—
132/36	109/26	93/9	82	65	54	46	37	33	27				◄K—
149/19	122/13	104	90	76	61	51	42	36	32				◄L—
169/11	136	115	99	88	72	65	49	36	32				◄M—

提示：对于深度小于 35 英尺（约 10.7 米）的反复潜水，使用 35 英尺（约 10.7 米）的对应数据。

新的反复潜水的组别

你可以参考表 D 来确定所需要的减压时间。例如，如果你在 60 英尺（约 18.3 米）处的总潜水时间（TBT）超过 51 分钟（NDSL），但未达到 61 分钟，你需要在深度 20 英尺（约 6.1 米）处进行 2 分钟的减压。你的总上浮时间（包括减压时间）为 4 分钟。潜水加压后你的反复潜水组别代号变为 L。这个例子仅供紧急情况参考。除非你完成了专业训练并满足了所有的安全要求，否则你的潜水计划从一开始就不能包括需要进行强制性减压的潜水活动。

使用特种设备的潜水计划

如果你在潜水中使用氮氧混合气，那你必须使用特殊的潜水减压表。你需要通过专业的氮氧混合气使用培训课程来了解如何使用这些特殊的潜水减压表。不要在未经过适当培训的情况下就尝试专业潜水。当你的潜水深度超过 130 英尺（约 39.6 米）的深度限制只

表 D

减压时间表

深度 英尺/米*	潜水时间（分钟）	第一次停顿时间（分钟：秒）	20英尺处减压停顿时长（分钟）	合计时间（分钟：秒）	反复潜水组别
40 12.2	135		0		M
	150	0:40	6	7:20	O
	160	0:40	14	15:20	Z
	170	0:40	21	22:20	Z
	180	0:40	27	28:20	Z
50 15.2	80		0		K
	90	1:00	2	3:40	M
	95	1:00	4	5:40	N
	100	1:00	6	9:40	O
	110	1:00	21	22:40	O
60 18.3	51		0		I
	60	1:20	2	4:00	L
	65	1:20	7	9:00	L
	70	1:20	14	16:00	N
	80	1:20	26	25:00	O
70 21.3	42		0		I
	50	1:40	9	11:20	L
	55	1:40	14	16:20	M
	60	1:40	24	26:20	N
	70	1:40	44	46:20	O
80 24.4	32		0		H
	35	2:00	1	3:40	J
	40	2:00	11	12:40	K
	45	2:00	17	19:40	M
	50	2:00	24	26:40	M
90 27.4	24		0		G
	30	2:20	4	7:00	J
	35	2:20	14	17:00	L
	40	2:20	23	26:00	M
	45	2:20	31	34:00	N
100 30.5	18		0		F
	25	2:40	3	6:20	J
	30	2:40	15	18:20	L
	35	2:40	26	29:20	M
	40	2:40	36	39:20	N
110 33.5	16		0		F
	20	3:00	3	6:40	I
	25	3:00	14	17:40	K
	30	3:00	27	30:40	M
	35	3:00	39	42:40	N
120 36.6	10		0		D
	15	3:20	2	6:00	H
	20	3:20	8	12:00	J
	25	3:20	24	28:00	L
	30	3:20	38	42:00	N
130 39.6	6		0		C
	10	3:40	1	5:20	G
	15	3:40	4	8:20	H
	20	3:40	17	21:20	K
	25	3:20	34	38:20	M

有几英尺（1 英尺约等于 0.3 米）时，吸入压缩空气不是特别危险的一件事；但如果超过最大深度限制（最大深度限制随气体混合物成分的不同而变化），吸入混合气体可能导致癫痫发作和溺水。压缩空气以外的气体混合物仅适用于经过必要的潜水训练且配备了专业装备的潜水者。

潜水侧面图的要素和规则

潜水者使用的潜水侧面图有几种不同的类型，涉及规划潜水时间和潜水深度两个方面。图 7.3 展示了一张标准的潜水侧面图。通常情况下，下潜到一定深度并停留指定的时间，在潜水侧面图中会通过一个多角图形展示出来。而多级潜水侧面图展示的是在给定时间内由深至浅的潜水过程。当你把一次潜水划分成一系列步骤时，你可以把它作为分步潜水。锯齿形潜水侧面图描述的则是一次由深到浅再折回深处的潜水活动。在实际生活中尽量避免这种类型的潜水。另外，还有一种突发潜水侧面图，它描述的是实际潜水时间很短的潜水活动，例如为了解开缠绕的锚而进行的潜水。你也应该避免进行此类潜水。这类潜水在潜水侧面图上通常呈尖峰形，因此又被称为尖峰潜水。图 7.4 展示了 4 种潜水侧面图。

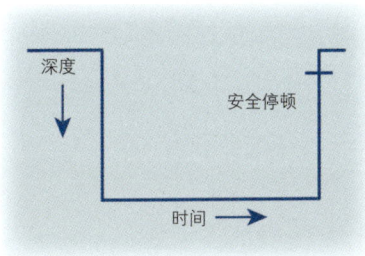

绘制潜水侧面图

在计划潜水和记录潜水时，将潜水概况通过绘图的方式记录下来，包括计划和实际的潜水深度、减压时间、潜水时间、反复潜水组别代号和水面休息时间等。反复潜水还包括残留氮时间和总潜水时间。绘制潜水侧面图的一个简单方法就是使用图 7.5 所示的这种工作表。有些潜水计算机可以自动记录你的潜水侧面图，并能显示以供回顾。

使用潜水减压表来制订潜水计划，可以避免紧急减压。你有 3 个选项可以用来制订反复潜水计划，不需要强制减压。如果你的残留氮时间妨碍你进行你期待的潜水，你可以减少潜水的持续时间，或减小潜水的深度，或增加潜水的水面休息时间。

图 7.3

标准的潜水侧面图

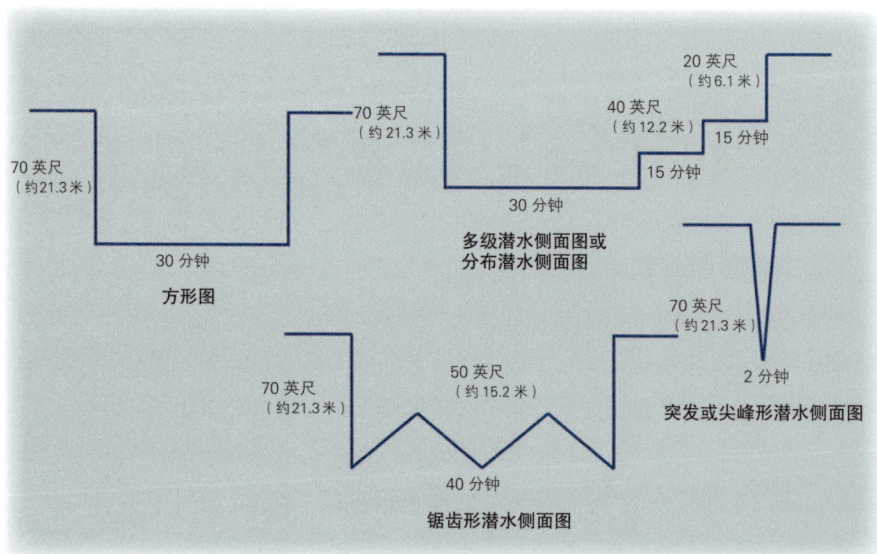

70 英尺
（约21.3 米）

70 英尺
（约 21.3 米）

20 英尺
（约 6.1 米）

40 英尺
（约12.2 米）

15 分钟

15 分钟

30 分钟

多级潜水侧面图或
分布潜水侧面图

30 分钟

方形图

70 英尺
（约21.3 米）

2 分钟

突发或尖峰形潜水侧面图

70 英尺
（约21.3 米）

50 英尺
（约 15.2 米）

40 分钟

锯齿形潜水侧面图

潜水侧面图的
类型

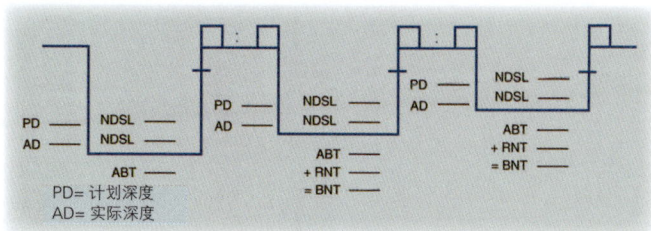

PD
AD

NDSL ___
NDSL ___

PD
AD

NDSL ___
NDSL ___

PD
AD

NDSL ___
NDSL ___

ABT ___
+ RNT ___
= BNT ___

ABT ___
+ RNT ___
= BNT ___

ABT ___
+ RNT ___
= BNT ___

PD= 计划深度
AD= 实际深度

使用此类工作表格来
计划你的潜水活动

特殊程序

当出现不寻常的情况时，我们需要启用特殊程序。你应该知道下列所有情形的潜水配置计划程序。

寒冷或吃力的潜水——尤其当潜水条件特别寒冷或让你感到吃力时，选择下一个更大的时间数值来计划潜水。如果潜水地点不仅寒冷而且状况很差，用下一个更大的时间和深度数值来计划潜水。

变化的上浮速度——如果你的上浮速度超过每分钟 30 英尺（约9.1 米），你的休息时间至少要延长两分钟。你上浮得越快，越应该延长休息时间。

多级潜水——按照方形图来规划多级潜水，假设在整个潜水过程中你都位于最大的潜水深度处。不要试图根据已有的表格数据去推断潜水减压表里没有的数据。

省略减压——如果在潜水过程中你需要减压但未能成功进行，使用以下步骤进行省略减压。如果潜水后你没有出现减压病的症状，就仍然待在水平面以上，尽可能呼吸浓度最高的氧气，休息、喝水，并且随时监测是否有减压病的症状出现，至少等待24小时才能再次潜水。如果你怀疑自己患上了减压病，你可以在高压设备中进行一次医疗检查。美国海军有一个水中减压的程序，但是潜水医学专家一致认为这个程序是不适当的，除非你别无选择。

休息停顿导致你的实际潜水时间或总潜水时间超过了免减压停顿时间限制——如果休息停顿导致实际潜水时间或总潜水时间超过了最大免减压停顿时间，就通过潜水侧面图所使用的免减压潜水数据来确定反复潜水组别代号。

强制减压后的潜水——如果在潜水过程中需要强制减压，在潜水结束后要等待至少24小时才能进行下一次潜水。

反复潜水的残留氮（排出）时间超过之前潜水的实际潜水时间——如果反复潜水的残留氮（排出）时间超过前一次潜水的实际潜水时间，就使用残留氮（排出）时间来计划这次反复潜水。

潜水后的海拔变化——由于高度增加会使大气压力减小，因此潜水后继续升高海拔会增加患减压病的可能性。潜水后在山上开车或飞行都可能会引起减压病。潜水后，要待在海平面高度，直到体内的残留氮排出，这样才不会患上减压病。

潜水者警报网络（DAN）建议，在完成一次免减压潜水后，潜水者至少要等待12小时再乘坐商业客机（高于8000英尺或约2438.4米）。如果你在几天内反复潜水，那么至少要等待18小时再进行飞行。如果你在潜水中需要减压，那么到起飞的时间间隔必须远远大于18小时。延长你结束潜水到飞行的时间间隔，可以减小患减压病的概率。

DAN并未提供关于在更低海拔地区飞行或开车的建议。目前最广泛使用的海拔测量表是瑞士潜水表格。瑞士潜水表格比美国海军军用潜水减压表所使用的数据模型的"半衰期"要长很多。使用合理的方法在潜水后延迟变化海拔，使得美国海军军用潜水减压表中的水面休息时间与瑞士潜水表格中的水面休息时间相同。 接近于延迟的合理方法使得美国海军军用潜水减压表的水面休息时间与瑞士潜水表格的这些数据相当。在表 7.1 中，转换后的美国海军军用最短水面休息时间限定了在不同海拔地区要达到条件范围内的氮含量所需的最短时间。

高海拔是指任何海拔超过 1000 英尺（304.8 米）的高度。海拔延迟时间表提供海拔 10 000 英尺（3048 米）内推荐的延迟时间。使用海拔延迟时间表时，在表头水平一行，你会看到反复潜水组别代号。

表 7.1　海拔延迟时间表

海拔 （英尺/米）	ABC	D	E	F	G	H	I	J	K	L	组别 *
2000/610	0:00	0:00	0:00	0:00	0:00	0:00	0:00	0:00	0:00	2:26	K
3000/914	0:00	0:00	0:00	0:00	0:00	0:00	0:00	0:00	2:37	4:08	J
4000/1219	0:00	0:00	0:00	0:00	0:00	0:00	0:00	2:53	4:30	5:51	I
5000/1524	0:00	0:00	0:00	0:00	0:00	0:00	3:04	4:57	6:29	7:44	H
6000/1829	0:00	0:00	0:00	0:00	0:00	3:20	5:24	7:12	8:38	9:54	G
7000/2134	0:00	0:00	0:00	0:00	3:41	6:02	8:06	9:43	11:10	12:36	F
8000/2438	0:00	0:00	0:00	4:08	6:50	9:11	11:04	12:41	14:19	15:40	E
9000/2743	0:00	0:00	4:57	8:06	10:48	12:58	14:51	16:39	18:11	23:09	D
10 000/3048	0:00	6:18	10:37	13:25	15:56	18:05	20:10	21:18	23:24	24:50	C

注意：表里所列的时间代表的是在上升到表中所列海拔前的建议延迟时间，这个时间与美国海军军用潜水水面休息时间相同，延迟系数为 5.4。表中时间的表达格式为"小时：分钟"（例如，"5：24"是 5 小时 24 分钟）。

* 代表针对相应海拔所推荐的最小反复潜水组别代号。

概述应急计划

当你绘制潜水侧面图时，你还应该为突发事件制订准备计划。你应该知道，如果你在潜水时无意中超过计划潜水深度或时间，甚至二者兼而有之时，你该怎么办。图 7.6 所示的这个简单的矩阵会对你很有帮助。使用潜水表格潜水时，你应该提前准备一个潜水的应急矩阵并随身携带它。潜水计算机也可以自动提供应急信息。

当你做完潜水计划以后，你需要实施它。潜水计划的第一条规则是计划你的潜水活动，然后按你的计划潜水。你和你的潜伴应该尽一切努力去做你们在潜水前达成一致的事情。当环境迫使你改变计划时，启用应急计划有助于你继续顺利潜水。应急计划需要解决潜水中可能发生的意外事件，例如你应该知道当发生下列情况时你应如何处理。

当你计划从一艘船的正面浮出水面时，发现实际出水点在船的下游。

无法到达或使用原本选择好的岸上的退出点。

结束潜水的位置离你预计的结束地点有一段很长的距离。

潜水时间超过允许的最大潜水时间（ART 或 TBT）。

在潜水时潜水计算机发生故障。

没有做预防性减压直接上浮到了水面。

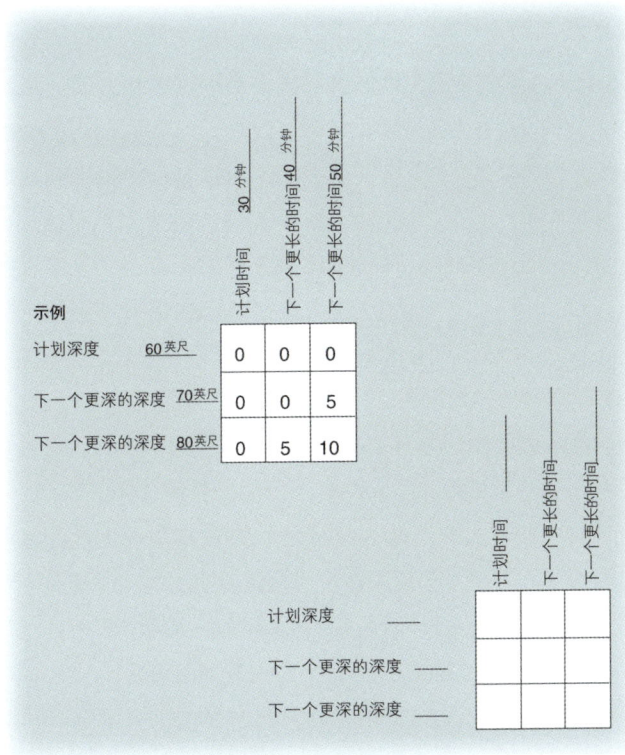

注：1 英尺约等于 0.3 米。

图 7.6

应急矩阵可以帮助你处理意料之外的事情

潜水计算器和潜水计算机

　　尽管潜水计算机在使用过程中可能会出现一些问题，但是其带来的好处也很多，因为潜水计算机简化了潜水计划。强烈建议你尽快准备一台潜水计算机。当然，你也要确保了解如何使用潜水表格和潜水计算器，这样的话，即使你没有潜水计算机也知道如何计划一次潜水。虽然潜水计算机大大降低了潜水表格的使用概率，但是潜水者必须保证知道如何使用潜水表格，以防潜水计算机无法正常工作。

　　潜水计算器是可以循环利用的潜水计划设备，并且消除了潜水表格所需要的算法。潜水计算器提供预先计算好的数字，无须进行加减运算。潜水计算器的辅助线则有助于避免使用潜水表格时出现的串行问题。

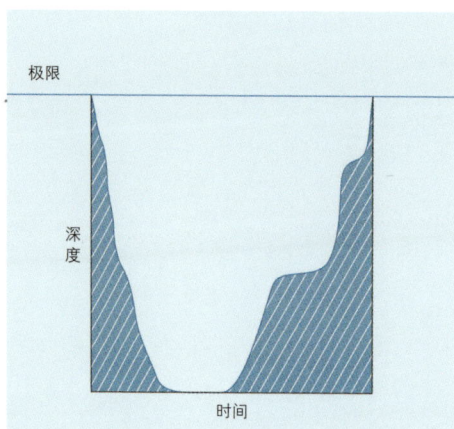

　　潜水表格通常以 5 英尺或 10 英尺（约 1.5 米或约 3.0 米）为增量，并且要求所有的潜水时间均按最大潜水深度来计算。如果你第一次下潜的深度比后面的潜水深度都要深，你会处于不利境地，因为潜水表格默认在整个潜水过程中都潜到最大的深度处（见图 7.7）。在潜水结束后，你会得到一个比你应得的更高的反复潜水组别代号。潜水表格是帮助提前计划的工具，而潜水计算机提供实时的减压状态信息。

　　潜水计算机使用 1 英尺（约 0.3 米）的增量绘制潜水侧面图，并且不断计算吸入的氮量。当你在多级潜水中改变潜水深度时，只有你吸入的氮才会被折算到总时间里面，不会出现潜水表格中按最大深度计算的情况（见图 7.7）。因此在多级潜水后，你的残留氮时间小于使用潜水表格计算出的时间。避免不利后果是潜水计算机作为潜水计划设备的主要优势。潜水计算机还通过滚动顺序显示不同深度的时间限制，提供预先规划的信息。

　　不管你选择什么类型的潜水计算机，你都需要了解一些基本的原则。首先，一定要仔细阅读潜水计算机附带的说明书。在使用潜

潜水计算机

优点

- 避免潜水表格按最大深度计算的不利后果。
- 提供精确的潜水侧面图信息。
- 可以存储潜水侧面图。
- 可以消除人工潜水计划的常见错误。
- 可以提供额外的功能，如指明上浮速率等。

缺点

- 属于电子设备，可能发生故障。
- 售价和服务费都很昂贵。
- 每名潜水者必须有一台自己专用的潜水计算机。
- 不同类型的潜水计算机使用的数学模型不同，一个团队若使用不同类型的潜水计算机会导致一些冲突。
- 潜水计算机提供的所有潜水计划信息不一定均与实际情况相吻合。你必须学会使用潜水计算机使用指南。潜水时，你必须随身携带你的潜水计算机，因为它可以持续提供你的减压状态信息，跟踪记录你的残余氮量。

水表格潜水后，至少等待 24 小时再使用潜水计算机进行潜水。不要超过制造商指定的上浮速率，并且在每次潜水结束时，在 15 ～ 20 英尺（约 4.6 ～ 6.1 米）处进行 5 分钟的休息停顿。如果你超过了你的潜水计算机指定的上浮速率，你就需要延长你的预防性暂停时间，至少要与你上浮到暂停处所需的时间相同。不做深度超过 80 英尺（约 24.4 米）的反复潜水。保持你的潜水计算机处于激活状态，直到排气完成。如果潜水计算机发生故障时你的潜水深度超过 30 英尺（约 9.1 米），立即进行一次休息停顿并终止潜水。如果你的潜水计算机发生故障或你不小心关掉了它，在 24 小时内不要继续潜水。

如果你的潜水时间超过了最长潜水时间，必须进行减压。潜水计算机会显示一个你可以上浮到的最小深度。当你减压时，这个上限深度会越来越小，直到潜水计算机表明你可以浮出水面。在水面进行短时间的休息后，潜水计算机开始滚动显示不同深度潜水时的时间限制。再次潜水前至少要等待 24 小时，直到在所有深度潜水的时间上限被显示出来。

包含潜水表格的备份计划内容对于绘制潜水侧面图非常有益；然而，对于潜水计算机计划的多级潜水，使用潜水表格做备份计划并不可行。

现代潜水计算机提供了许多功能。下面列出了一些潜水计算机可能包含的功能。

· 不同气体的使用范本
· 减压暂停的数据
· 一个提供潜水气瓶压力和剩余空气量数据的无线信号发射器
· 潜水侧面图全部的历史数据
· 多步骤上浮速率指标
· 海拔调整
· 潜水计划模板
· 背光显示屏
· 发声警报

一个包含集成的无线信号发射器和电子式潜水罗盘的潜水计算机，可以在你潜水前、过程中和结束后提供潜水计划信息。闭路式循环呼吸器里面的处理器也是潜水计算机的一个变体，可以提供详细的潜水计划信息。潜水计算机的优点足以让人忽视其缺点，现在潜水计算机已经几乎成为水肺潜水者的必备装备。

潜水后回顾

潜水后，你和你的潜伴应该一起回顾你们的经历。你的实际潜水活动和潜水计划相符吗？如果有偏离计划的地方，偏离的原因是什么？你可以通过不同的计划或方法来防止这种偏离吗？怎样在下次潜水中得到改进？有些问题的解决需要调研或专业人士的建议和意见。每一次的潜水经验都会影响你未来的潜水计划。你与潜伴一起进行的潜水应该进展得越来越顺利。每次你去了一个新的潜水地点，你的潜水流程都应该随之进行调整。和你的潜伴回顾每一次潜水并讨论未来的潜水活动，是对未来潜水计划特别有益的部分。即使你的潜伴是个新手，你也应该和他一起制订潜水计划，并在潜水之后一起讨论，总结经验。

总结

　　俗语说"失败的计划就等于在计划着失败"，这对水肺潜水者来说是一条真理。潜水计划的所有阶段都很重要，你应当按照推荐的步骤进行计划，在适当的时候进行实地调研，制订应急计划，与你的潜伴讨论潜水活动。

　　潜水侧面图是潜水计划的重要组成部分。一定要保守地计划你的潜水活动。没有任何潜水计划能保证你在潜水后不会患减压病。潜水深度、潜水时间和潜水频率与患减压病的风险正相关。不要连续多天潜水和多次潜水，因为反复多次潜水会使你更容易患减压病。每一次潜水结束后，都进行一次休息停顿，水面休息时间应为 1 小时或更多。经过连续 3 天的反复潜水后，再次潜水要至少间隔一天。多多运用你良好的判断力和常识。

谢尔曼坦克，塞班岛，北马里亚纳群岛

第八章

潜水机会

潜水大发现

通过本章的学习，你将能够做到以下事项。

1. 列出对于初级潜水者而言的 11 项特别兴趣点和对于高

级潜水者而言的 6 项特别兴趣点。

2. 列出至少 5 种继续潜水学习的方法。

3. 列出至少 3 种加入当地潜水团体的方法。

4. 列出在准备潜水旅行时应该采取的几项措施。

作为一名有资质的潜水者，你可以做很多事情。例如：你可以学到更多的知识；可以在不同的海域潜水；在被公认为专业人员后，你还可以在帮助他人学习潜水的同时赚钱。潜水机会比比皆是。

雪花石膏海蛞蝓，瓦雄岛，美国华盛顿州

继续学习

一名好的潜水者从不停止学习。你不可能只在一门介绍性的课程中学完你需要的所有潜水知识。在完成你的入门级课程学习之后，你可以立即报名参加中级或高级的潜水课程。这些课程可以让你在专业人员的监督和帮助下获得额外的经验，帮助你开发其他重要的技能（如导航），并带你进入潜水的特别有趣的领域。当你确定了一个你向往的潜水专业领域后，你就应该完成与这个主题相应的专业课程学习。专业课程可以帮助你在一开始就享受你所喜爱的潜水专业领域，还可以帮助你避免错误或受到伤害。刚入门的潜水者可能感兴趣的专业领域如下。

- 水下摄影
- 干服潜水
- 水下狩猎和采集
- 漂流潜水
- 水下环境
- 洞穴潜水
- 潜水救生救援
- 高海拔潜水
- 夜间潜水
- 高氧潜水
- 船潜

经验丰富的潜水者可能对以下专业领域感兴趣。

- 沉船潜水
- 河潜
- 冰下潜水
- 搜索与恢复
- 洞穴潜水
- 循环呼吸器潜水
- 深潜
- 混合气体潜水

参加课程是学习潜水的一个途径，其他途径包括参与研讨会、讲习班和会议。你也可以查看潜水出版物的日历公告，以了解你所在地区的已定潜水活动。潜水活动在不断地更新变化，因此你需要不断更新你的有关潜水医疗、潜水装备和潜水程序的知识。

你可以通过阅读图书、杂志和报纸了解更多关于潜水的内容，例如，订阅周期性刊物可以使你阅读到你想了解的关于潜水的更多知识，你也可以浏览为潜水者开设的专业网站。

另一个让你继续学习的方法是参加潜水俱乐部，潜水俱乐部为潜水者提供了丰厚的好处，其中就包括提供培训。它们通常会在当地举办一月一次的专题性兴趣讲座。

继续学习对你能够安全潜水并且享受潜水乐趣非常重要。当你的潜水知识不断增加时，你也许会对帮助其他人学习潜水感兴趣。

当地的潜水机会

并非只有住在沿海地区才能经常潜水或涉足潜水领域。在那些非沿海地区，你可以在潜水商店、潜水俱乐部等提供的地方潜水。如果你想涉足潜水领域的话，你可以在你所在的区域寻找所有和潜水相关的企业和团体，如潜水俱乐部、潜水商店、船潜服务机构和潜水刊物出版机构等。你可以加入潜水俱乐部，参加它举办的聚会及潜水活

水下摄影为你留住潜水时的美丽瞬间

动；查找当地的潜水网站，与当地的其他潜水者联系；继续进行潜水课程学习；参加当地的潜水研讨会、讲习班、会议和展览。你在参加潜水活动时，应注意跟其他潜水者交流，要抓住一切机会向比你有经验的人学习。

潜水旅行

　　许多潜水者非常享受异国风情的潜水之旅，而且在这个世界上有成千上万个美丽又令人兴奋的潜水地点可供选择。如果你打算去别的地方进行潜水旅行，你需要知道如何安排潜水旅行、如何准备及如何享受你的旅程。

　　某些旅行社会专门为向往潜水旅行的人提供有价值的信息，因此选择这些旅行社来安排行程是一个好主意。你可以考虑购买一个潜水旅行套餐，其中包括住宿和潜水项目。在各类潜水出版物上刊登的潜水胜地广告就会宣传这些套餐，也会经常提供价格较低的潜水表演。许多度假村都有免费咨询电话，你可以打电话咨询，以获取关于潜水旅行套餐的信息。为了确保获得最优价格，你需要在预订之前进行多方比较。如果你从潜水度假村得到的宣传册是过期的，请与它们联系并咨询最新的优惠活动。

　　当你规划潜水旅行的行程时，你需要决定是要从居住的潜水船

很多潜水目的地都备有气瓶供潜水者使用

上潜水还是从度假村的岸边潜水。潜水船会在一天之中穿梭于多个地点，你可以在不同的地点潜水，并且可能会到一个少有人去的地方潜水。如果你不晕船，并且潜水也是你旅行的唯一目的，那么居住在潜水船上的旅行对你而言会是一次非常奇妙的经历。

如果你不介意拘束一些，而且又想参加潜水之外的活动，就可以考虑制订从岸边潜水的旅行方案了。很多漂亮的岛屿和度假村除了提供潜水活动以外，还提供各种各样的其他休闲活动。在靠岸的潜水区域，你的旅行团队中的非潜水成员通常也可以找到其他令他们非常享受的娱乐项目。

在所有梦幻般的目的地中做出选择是很困难的事情，不过许多潜水期刊上的文章可帮助你决定去哪里潜水。当然，其他潜水者的建议、潜水俱乐部或潜水商店赞助的旅行方案及旅游演说也能帮助你做决定。

当你决定进行潜水旅行后，你就需要尽可能多地获得有关当地潜水活动的信息。你可以获取并查阅关于这个地区的宣传册、录像带和其他可能的资料，互联网则是另一个优秀的资源获取渠道。和曾经去过该地潜水的潜水者多多交流吧！你提前准备得越充分，你的旅行经历就越愉快，你就会越享受。

当你选择好了你的潜水目的地后，你应该规划自己的行程，以书面形式将各项准备工作做好，并了解有关取消、退款、补偿事项的规定。

研究并计划你的潜水旅行时，你要从了解你去潜水时的水温处于当地全年水温的哪个状态着手，这样可以安排适当的防护。请记住，较多的防护工作总比过少的好。另外，你还要确保你所有的装备处于良好的工作状态。

做好防晒措施，避免晒伤。热带地区的日光会比其他地区更加刺激和强烈，你应使用防晒霜，并且要一直使用防晒霜，即使在水里也是一样；你还要使用有防晒成分的润唇膏。否则，你在几天之后就会晒成一个"黑球"，建议你不要做这种愚蠢的尝试。晒伤足以毁掉一个珍贵的假期，而且被晒伤了才进行防护往往是很痛苦的。在热带地区只需几分钟，日光就可以让一个未做好防护的人被晒伤，因此一定要小心！

提前获得并准备好旅行中需要的所有文件。护照和签证可能需要花几个月的时间办理。此外，你要确认你要去的地方是否需要免疫接种。

你要知道你在目的地期待经历什么；知道当地的电压，如果携带了只能在不同电压下工作的电器，记得带转换器；你还要了解货币的汇率，可以考虑随身带一个便携计算器来帮助计算。

如果你带有昂贵的相机或珠宝，要向离境海关办公室申报，这样可以避免回来的时候你的这些财产被海关征税。

不要拖延你的准备工作。拖延可能导致你的行程被取消，而且你可能无法退款。

控制所携带的行李的数量。对于潜水旅行，你并不需要太多的衣服，除非你打算参加一些正式的活动。准备好短裤和T恤、一些泳衣，以及用于参加烛光晚餐的情侣套装就足够了。经验丰富的潜水旅行者一般都轻装上阵。

旅行社一般会提供运输船和定额的行李重量，这样你就不必随身携带所有物品。你在收拾行李的时候，要记住有可能你所能携带的行李重量是有限制的。超重行李的费用一般很高。为了防盗，你应避免炫耀昂贵的潜水和摄影装备。用不显眼的箱子运输你的装备会相对安全一些，且你应时常确认装有昂贵装备的行李的安全。

你还要预备一些治疗恶心、腹泻和感冒的药物。

乘坐飞机是潜水旅行常用的交通方案，这一过程中你通常会面临时差和脱水问题。下面是关于乘坐飞机的一些提示和建议。

你应在你潜水活动的前一天到达目的地，在抵达的当天就开始潜水是不明智的安排。

在乘坐飞机时，每隔一小时就喝一杯水或果汁，以防脱水。避免摄入酒精、牛奶和含糖饮料。

避免在飞行时吃得太饱或过咸。吃清淡的食物比吃脂肪类食物好一些，其对抑制脱水有帮助。如果你乘坐的航班不提供饭菜，你可以考虑订购沙拉和水果等特殊膳食，或自备食物。

旅行时要经常洗手。因为你手上的细菌可能会进入你的眼睛和鼻子，并导致感染。

请记住，飞机行李舱是非增压的，低气压可能会损坏你的仪器仪表盘。因此，你应该把这些物品放置在随身携带的行李箱中或将其置于密闭的容器里。

到达目的地后，你应做一些运动，并喝大量的水来补充身体流失的水分。控制你的酒精摄入量，以防脱水。

你应尽快预订回程机票，特别是如果你要去另一个国家。

在潜水目的地，你的第一次潜水应该是定向的潜水，然后再根据你感受到的这个水域的浮力对潜水做出相应的调整。在较浅的静水区潜水的过程中，你应查看并熟悉装备的情况，避免在还没有适应的情况下就进行深海潜水或在开放水域潜水。

经过3天反复潜水，1天不要潜水，你的身体已经处于排气状态。外出购物或参加本地的巡演都能让你感到耳目一新。在你潜水的最后一程结束后，在你乘坐回程航班之前，你应允许自己享受一天悠闲的日子。回程前为自己安排一个非潜水日，有助于预防由高度引起的减压病，也给你时间来冲洗、晾干和收拾你的潜水装备。在最后一天，浮潜是一个不错的活动，你的面镜、呼吸管与散热片可以迅速变得干燥，然后在最后一分钟打包。

计划得很好的潜水旅行会很有趣，令人兴奋，令人难忘。你可以通过研究你的目的地并做适当准备，规避令人沮丧和失望的体验。愿你潜水愉快！

潜水目的地

潜水中最开心的莫过于可以去游览很多国家和地区。潜水者既可以在国内也可以在国外找到奇妙的潜水地点。你可能会想去以下这些受欢迎的潜水目的地，书中的很多照片就出自这些地方。

美国加利福尼亚州

在美国加利福尼亚州（简称加州），天幕般密集的海藻覆盖着海面，带给潜水者难以忘怀的体验。海藻为大多数海洋生物提供了庇护所。岩层为很多其他生物提供了生存条件，如鲍鱼、龙虾和海鳗等。夏季，在加州海岛附近，住在潜水船上或离岸潜水都是一件非常有意思的事情。在加州，从岸边潜水可能相对困难一些，因为海浪大、水下能见度低。在潜水之前通过波浪进行地域考察是非常有必要的。

美国华盛顿州

皮吉特湾是被冰川雕刻成的景观，构成了一个巨大的海洋水体。与普通的近海水域相比，这片水体被保护得更好。皮吉特湾里有许多沉船和人工鱼礁，是许多生物的避风港。皮吉特湾里有世界上最大的章鱼、巨型鳕鱼、猴面鳗鱼和橙色与白色相间的海葵。皮吉特湾的水较冷，大部分时间能见度在 15 ~ 20 英尺（约 4.6 ~ 6.1 米）。

冰冷的海水保护着沉船，孕育了世界上最大的章鱼

美国佛罗里达州

佛罗里达州可以说具备美国最好、最多样化的潜水条件。从清澈的泉水到河流，佛罗里达州有许多壮观的潜水地点。洞穴潜水很受欢迎，但潜水者需要经过专门的培训。佛罗里达州的海岸拥有丰富的沉

船资源。基韦斯特岛拥有漂亮的珊瑚礁和五颜六色的鱼。所有的潜水者都应该把佛罗里达州列在自己的潜水日志中。

美国新英格兰地区

美国新英格兰地区的水域向潜水者提供了种类繁多的潜水活动，而且这里的水较冷。沉船、珊瑚礁、海藻和其他海洋生物都会吸引你的注意力。有钳的龙虾和其他有趣的生物都十分吸引人。如果有时间，你应该尝试去新英格兰地区冒险。

北美洲的五大湖

这些巨大的淡水湖拥有保存完好的沉船资源。许多沉船的残骸都在深水区，因此你必须经过专门的培训才能探索它们。那些对五大湖潜水不熟悉的潜水者应该接受潜水导游的服务。如果你喜欢沉船潜水，这是你必去的潜水地之一。

美国夏威夷

美国夏威夷提供了令人兴奋的潜水体验，其中包括良好的能见度、壮观的水下地貌、美丽的珊瑚鱼、大海龟和巨大的海洋哺乳动物等。夏威夷是一个热门的潜水目的地，如果有机会，你应该去夏威夷！

在类似美国夏威夷这样的热门潜水地，潜水活动具有无限的可能性

加勒比海

加勒比海名不虚传，是世界上最受欢迎的潜水地之一。该地区包括珊瑚礁、沉船、陡坡等，拥有独一无二的生物多样性，令人叹为观止。这里的水下能见度通常极好，每一个潜水度假村都让人惊艳。几乎每一个有经验的潜水者都会谈论在加勒比海的潜水经历。

在温暖的南太平洋，不寻常的战争残留物和当地的热带风情奇妙地混搭在一起

南太平洋

南太平洋为潜水者提供了地球上最美丽的潜水环境之一。潜水者可以看到梦幻般的软珊瑚、海扇和令人称奇的鱼，能见度非常好。许多海域都有沉船残骸和战争残留物。前往南太平洋潜水可以让你发现水上和水下无与伦比的美。

中东

位于中东的潜水目的地是红海，这是个无与伦比的潜水地点。岩体、丰富的物产、多样的生物及清澈的海水，使这里成为最令人向往的潜水胜地之一。如果你负担得起住宿船和岛上居住的费用，你将欣赏到令人难忘的美景。

要想了解世界上流行的潜水目的地的详细信息，你可以在互联网上搜索。许多网站都提供了全面的信息。前往具有异国情调的潜水目的地是潜水活动令人感到愉快的原因之一。

就业机会

有些人非常喜欢潜水，并且希望从事相关的职业。而那些愿意为自己的目标付出努力的人将得到这样的就业机会。休闲潜水行业的职位包括度假胜地的潜水向导、教练、记者、潜水旅游协调员、零售营业员、销售人员和制造商等。人们也可以在非休闲潜水领域从事相关工作，如科研、考古、工程研究、船体清洁、打捞、水下修理等。无论怎么选择，都要遵循两个基本原则：在尝试之前先完成相关的辅导训练，使用适当的全套装备进行工作和活动。接受职业训练的机会比比皆是。如果你有兴趣在潜水行业工作，你可以在潜水期刊上获得有关训练的信息。

领导机会

当你已经成为一名经验丰富的潜水者，你可能会想帮助别人学习、享受潜水。你可以参加教授课程，成为一名合格的潜水教练或助理教练。许多人既从事与潜水相关的兼职工作，又在同行业中处于领导地位。当你准备好要进行领导培训后，请联系你的潜水培训机构并获得相关信息。

总结

一定要记住，一个好的潜水者从不停止学习。在尝试任何特殊的潜水活动以前，你都应该完成额外的培训，尽可能多地阅读，加入潜水俱乐部，并继续学习和参加各项潜水活动。利用每一个机会更多地了解潜水。

运用你所学到的一切来增强潜水能力和积累潜水经验。参加潜水之旅和潜水活动，研究并深入规划你的潜水旅行，这样可以最大限度地减少你的失望。你可以有很多机会在世界各地进行潜水探险。

作为一名潜水者，你有机会为潜水社区做出贡献：你可以秉持着在任何时候都负责任的态度，也可以鼓励其他潜水者采取负责任的行动；你能帮助潜水者建立良好的形象，这涉及潜水对环境的影响问题，也能帮助别人学习潜水。无论你的行为只关乎个人还是能直接影响到其他人，你都可以有所贡献。因此，现在就做出这个积极的决定，加入潜水者的行列吧！

参考书目

Auerbach, P. (1987). *A medical guide to hazardous marine life.* Jacksonville, FL: Progressive Printing.

Barnhart, R., & Steinmetz, S. (1986). *Dictionary of science. Maplewood*, NJ: Hammond.

Bascom, W. (1964). *Waves and beaches*. Garden City, NY: Anchor Books.

Bove, A., & Davis, J. (1990). *Diving medicine*. Philadelphia: W.B. Saunders.

Divers Alert Network. (1989). *Medical requirements for scuba divers*. Durham, NC: Author.

Edmonds, C., Lowry, C., & Pennefather, J. (1981). *Diving and subaquatic medicine*. Mosman, NSW, Australia: Diving Medical Centre.

Foley, B. (1989). *Physics made simple*. New York: Doubleday.

Graver, D. (2004). *Aquatic Rescue and Safety*. Champaign, IL: Human Kinetics.

Lee, P., Lidov, M., & Tyberg, T. (1986). *The sourcebook of medical science*. New York: Torstar.

Lehrman, R. (1990). *Physics the easy way*. Hauppauge, NY: Barron's Educational Series.

Lippmann, J. (1992). *The essentials of deeper sport diving*. Locust Valley, NY: Aqua Quest.

Maloney, E. (1983). *Chapman piloting seamanship and small boat handling*. New York: Hearst Marine Books.

McGraw-Hill Professional Publishers (1998). Concise encyclopedia of science. Camden, Maine: McGraw-Hill.

Miller, J. (Ed.). (1979). NOAA *diving manual* (2nd ed.). Washington, DC: U.S. Govern-ment Printing Office, U.S. Department of Commerce.

National Association of Underwater Instructors (NAUI). (1991). *Advanced diving technol-ogy and techniques*. Montclair, CA: Author.

Professional Association of Diving Instructors (PADI). (1998). *The encyclopedia of recre-ational diving*. Santa Ana, CA: Author.

Sebel, P., Stoddart, D., Waldhorn, R., Waldmann, C., & Whitfield, P. (1985). *Respiration: The breath of life*. New York: Torstar.

Taylor, E. (Ed.). (1985). *Dorland's illustrated medical dictionary*. Philadelphia: W.B. Saunders.

Whitfield, P., & Stoddart, D. (1984). *Hearing, taste, and smell: Pathways of perception*. New York: Torstar.

关于作者

丹尼斯·K. 格雷弗（Dennis K. Graver）是一位有着超过 38 年水肺潜水经验的潜水者和潜水教练。他编写了 27 本关于水肺潜水方面的教材和图书，其中包括人体运动出版社之前出版的 3 版《水肺潜水》（*Scuba Diving*）。在担任国际专业潜水教练协会（PADI）总监期间，他设计了 PADI 潜水训练模式，编写了《PADI 潜水训练模式》（*PADI Dive Manual*）一书，给潜水教学带来了革命性的变化。在担任国际专业潜水教练协会总监期间，他还编写了一系列潜水教程。同时，他在诸多业内杂志上发表了大量文章。

自 1977 年起，从红海到澳大利亚的大堡礁，格雷弗拍摄了大量的水下奇景。他已经赢得了无数的水下摄影大奖。他所拍摄的照片曾经登上了诸多杂志的封面，并成为不少潜水教材、影像资料的素材。

现在，格雷弗和妻子居住在美国华盛顿州的卡梅诺岛。